JN295521

魏晋南朝の遷官制度

藤井　律之　著

京都大学学術出版会

プリミエ・コレクションの創刊に際して

「プリミエ」とは、初演を意味するフランス語の「première」から転じた「初演する、主演する」を意味する英語です。本コレクションのタイトルには、初々しい若い知性のデビュー作という意味がこめられています。

いわゆる大学院重点化によって博士学位取得者を増強する計画が始まってから十数年になります。学界、産業界、政界、官界さらには国際機関等に博士学位取得者が歓迎される時代がやがて到来するという当初の見通しは、国内外の諸状況もあって未だ実現せず、そのため、長期の研鑽を積みながら厳しい日々を送っている若手研究者も少なくありません。

しかしながら、多くの優秀な人材を学界に迎えたことで学術研究は新しい活況を呈し、領域によっては、既存の研究には見られなかった溌剌とした視点や方法が、若い人々によってもたらされています。そうした優れた業績を広く公開することは、学界のみならず、歴史の転換点にある21世紀の社会全体にとっても、未来を拓く大きな資産になることは間違いありません。

このたび、京都大学では、常にフロンティアに挑戦することで我が国の教育・研究において誉れある幾多の成果をもたらしてきた百有余年の歴史の上に、若手研究者の優れた業績を世に出すための支援制度を設けることに致しました。本コレクションの各巻は、いずれもこの制度のもとに刊行されるモノグラフです。ここでデビューした研究者は、我が国のみならず、国際的な学界において、将来につながる学術研究のリーダーとして活躍が期待される人たちです。関係者、読者の方々共々、このコレクションが健やかに成長していくことを見守っていきたいと祈念します。

第25代　京都大学総長　松本　紘

目 次

序章

第一節　魏晋南朝における九品官制の展開

西暦二二〇年、禅譲によって、前後併せて四〇〇年の長きにわたった漢は滅び、かわって魏（曹魏）が成立した。内藤湖南はこれをもって、中国中世の開始を告げる重要な転機とみなしたが、中国の官僚制度においても漢魏の交替は非常に重要な画期であった。すなわち、九品官人法の施行とそれにともなう九品官制の導入である。

それまでの官僚の地位は、その俸給として与えられる穀物容量の多寡によって表されていた。具体的には、万石を頂点として、中二千石・二千石・比二千石、千石・比千石、六百石・比六百石…と続く序列であり、こうした石だてのランクを官秩と呼んだ。

そうした官秩による官僚身分体系は、九品官人法の施行によって、一品を頂点として、二品・三品～九品からなる官品によって表象するかたちへと変化した。九品官人法は隋代に廃止されて科挙にとってかわられるが、九品官制は正従あるいは上下が付け加えられつつ、中国においては辛亥革命によって清朝が倒されるまで用いられ続けた。九品官制は、遣唐使によって日本にもたらされ、品は位へと変わったものの、現在においても使用されている。参考として、宮崎市定氏による官秩と曹魏の官品の対照表を挙げておく。

以下、魏晋南朝において九品官制がどのように展開したかを概観する。曹魏時代の九品官制の特徴の一つは、政策立案機関として重視されながら低い官秩のままとどめおかれた尚書系統の官職の地位が大きく引き

官秩・官品対照表

<table>
<tr><th colspan="2">後漢</th><th colspan="2">曹魏</th><th></th></tr>
<tr><th>秩</th><th>官</th><th>官</th><th>品</th><th></th></tr>
<tr><td rowspan="2">万石</td><td>三公</td><td>三公</td><td>一</td><td rowspan="5">公卿大夫</td></tr>
<tr><td>大将軍</td><td>大将軍</td><td>二</td></tr>
<tr><td>中二千石</td><td>九卿</td><td>九卿</td><td>三</td></tr>
<tr><td rowspan="2">二千石</td><td>州牧</td><td>州領兵刺史</td><td>四</td></tr>
<tr><td>郡太守</td><td>郡太守</td><td>五</td></tr>
<tr><td>千石</td><td>京兆大県令</td><td>諸県・署令秩千石者</td><td>六</td><td rowspan="2">上士</td></tr>
<tr><td>六百石</td><td>諸署令・京兆次県令</td><td>諸県令相秩六百石以上者</td><td>七</td></tr>
<tr><td>四百石</td><td>少府黄門署長等</td><td>諸県・署長</td><td>八</td><td rowspan="3">下士</td></tr>
<tr><td>三百石</td><td>京兆小県長</td><td rowspan="2">諸県・署丞</td><td rowspan="2">九</td></tr>
<tr><td>二百石</td><td>太史丞等</td></tr>
</table>

上げられたことである。尚書系統の中でも特に重要なのは尚書八座と呼ばれる尚書の上層官職であり、後漢時代は尚書令（一人）・尚書僕射（一人）・尚書（六人）の計八人によって構成されたため八座と呼ばれた。当時の官秩は、尚書令が千石、尚書僕射と尚書が六百石で、県令程度の地位に過ぎなかったが、曹魏においてはいずれも三品となり、漢代の閣僚クラスであった九卿と肩を並べるに至ったのである。尚書以外にも、のちの隋唐時代に尚書とあわせて三省を構成する中書・門下の長官こと中書監・中書令、侍中もやはり三品とされている。こうしてみると、三品には重要な官職が詰め込まれすぎている感があるが、つづく晋南朝において、これらの官職の地位は再編されていくことになる。

さて、九品官制導入の契機となった九品官人法とは、郡に（のちには州にも）設置された中正なる役職についたものが任官希望者の才能や徳行を審査し、郷品を与えた上で登用・任官する制度である。最初に官職に任命されることを起家（あるいは釈褐・解褐とも）と呼び、最初に任命された官職を起家官と呼ぶ。郷品も官品と同じく九品からなり、両者には密接な関係があった。すなわち、官吏として任用された人物は、与えられた郷品から四等低い官品の官職――郷品が一品であれば五品官――から起家し、最終的には郷品と官品の数字が一致するように昇進させることを目的としたシステムであったと考えられている。

九品官人法は、本来任官希望者個人に対する審査がたてまえであったが、曹魏につづく西晋では、任官希望者の父祖の経歴が重視されるようになった。重視された父祖の経歴とは、父祖がついた官職の高下であり、高官の子弟に高い郷品が与えられたことを意味する。そうした連中は高い官品の起家官から（何か問題を起こさない限り）比較的容易に高官に達し、次の世代に高い郷品を与えることが可能となる。このようなサイクルの継続によって、高い郷品を世襲的に獲得する家系――貴族をうむこととなる。

こうした欠陥を抱える九品官人法に対して批判がなされたが、その代表的なものが、劉毅による「上品に寒門なく、下品に勢族なし」（『晋書』巻四五　劉毅伝）という有名な文句であり、家柄によって郷品が左右されていたことを端的に示すものである。しかしながら、こうした批判意見を汲んで対応策を実施することができないまま西晋は内乱によって滅亡し、その亡命政権である東晋が建康にて成立した際、中原から逃れてきた北来の貴族が、流寓先である呉地方の名族の上位に位置することに成功した結果、九品官人法の貴族化は決定的となった。このように、郷品を媒介として形成された貴族ではあったが、その家格が固定していたか流動的であったか研究者によって意見が分かれている[1]。父祖の経歴が参照される以上、夭折などによって高官に達しなかった人物の子弟は高い郷品を獲得することが困難となるはずだから、家格には流動性があったとする説は首肯できる。しかしながら、王謝と並び称される琅邪の王氏・陳郡の謝氏を頂点とした、高い郷品を容易に獲得できる一流貴族の家系が東晋時代に形成されたことは疑いなく、そうした連中が、江南土着の南人、あるいは東晋成立に遅れて南方に逃れてきた晩渡北人を排除して高官を独占的に獲得したのであった。

さて、郷品は九等からなるが、一品が与えられることは希で、基本的に二品が郷品の最高評価であったため、家柄と郷品二品とが結びついた門地二品が形成され、それと同時に彼らが起家する六品が次第に重要な意味を持つようになった。

九品官人法の貴族化によって、九品官制にも大きな変化が生じた。同じ官品であっても門地二品の連中が優先的に任命される官職とそれ以外の官職——門地二品より家柄・郷品の劣る連中が任命される——との間に優劣が生じるようになったのである。その優劣は清濁という観念によって表現された。こうした官職の清濁—清官・濁官の区別がいよいよ明確になってくると、高い官品の官職であっても、それが濁官であれば、低い官品の清官に劣るとみなされるようになった。つまり、官品の上下よりも官職の清濁が重視された結果、官品にもとづいた人事は事実上不可能となり、官品は有名無実となって、九品官制そのものが動揺する事態となったのである。

官品を基準とした人事が不可能になってから、人事の基準となったのは班である。班とは、本来は朝廷における席次を意味するタームであったが、のちに「班、即ち階なり」(『隋書』巻二六 百官志上)と呼ばれたように、階段を一歩ずつのぼるが如き昇進の順序を示すタームとしても用いられるようになった。一流の貴族達は起家官として最も高い評価を与えられた秘書郎、およびそれに次ぐ評価を得た著作佐郎から、基本的に清官のみを経由して昇進していく。これは「清塗」とも呼ばれた最上級のエリートコースである。それより家柄の劣る者は、奉朝請などを起家官として、「清塗」よりもやや劣る濁官を経由して昇進する。さらに家柄の劣る者は、奉朝請よりも劣る起家官(あるいは九品官制の外側に置かれた低い官職)から、さらなる濁官を経由して昇進する。このように、東晋につづく宋斉時代には、各起家官に対応した、特定の官職からなる昇進経路が形成されていった。こうした昇進経路中の官職を一つずつ経由していくことによって、官位を上昇させていったのであり、班とは、そうした官位の階段の一段なのであった(2)。

こうした、班による人事が確立した宋斉時代ではあったが、その後半においては、確立したはずの昇進経路が混乱する事態に陥った。それは、一流貴族に従来抑圧されてきた寒門や、庶人出身である寒士が台頭してきたことが原因である。当時の一流貴族とって、職務とはあまり熱心に励むべきものではなく（むしろ、熱心でないほうが「清」と評価された）、下位のものにほぼ丸投げされていた。寒門・寒人はこうした貴族の怠慢につけこんで、政治方面では、中書舎人・尚書令史・典籤といった、濁官ながら要職を得て実権を掌握した。ただしこれらの官職の地位は低く、昇進経路が乱されることはなかった。

問題となったのは、軍事方面である。軍事は貴族達がことに嫌った分野であったが、宋斉時代には、地方長官に任命された皇族が中央に対してしばしば反旗を翻して内乱となり、また、南朝と敵対する北魏との戦争、宋斉交替などによって、軍功をあげる機会に恵まれていた。そうした機会を逃さず軍功をあげた寒門・寒士出身の将軍たちに、貴族達が独占してきた「清塗」中の官職が与えられるようになったのである。そもそも宋斉の初代皇帝からして、軍功によってのし上がった寒門出身の武人であった。

そのような状況下において斉から梁への王朝交替をなしとげたのが梁の武帝・蕭衍である。彼は斉の宗室であるから寒門出身ということになるが、高い教養を身につけた知識人であり、寒門・寒士の台頭を抑制して貴族達と協調する道を選択した。ただし、それは貴族に対する妥協ではなく、門地だけではなく才能や学問を要求する賢才主義によって、貴族達の変革を試みている。このような変革者であった武帝によって、有名無実となっていた九品官制は大きく改変される。武帝の官制改革は、即位当初の天監二年（五〇三）と天監七年の二度行われているが、天監二年の改革では従来の九品官制の枠内での改革に過ぎず、重要なのは七年の改革である。

この改革の主眼は三つある。第一に、従来の一品～六品官を十八班に再編したことである。この十八班は官品と異なり、十八班が最高位であるが、十八班は正一品、十七班は従一品、十六班は正二品、と正従九品で呼ばれることもあったので、十八班は再定義された九品ということもできる。そして、この十八班制こそ、先に述べた班による昇進経路を集大成したものである(3)。

第二に、従来の七品～九品官を切り捨てて、流外としたことである。切り捨てられた官職グループの正式名称は「位不登二品」で、郷品三品以下の連中がつくべき官職であったことを意味する。これは後世の胥吏の起源となった。

第三に、十八班とは別に将軍だけの序列をつくったことである。将軍の序列も班を基準とするが、流内二四班、流外八班からなる。当時の将軍は中央にて禁軍を統括するものと、地方官を指揮するものとに大別できるが、十八班から独立したのは後者である。これらの将軍は宋斉時代に九一種存在したが、武帝による改革後は流内の将軍だけでも一二五種に増加している。将軍はさらに百種ほど追加され、また、大通三年(五二九)には序列も改変されて二四班(流内二五、流外九)となった。宋斉時代と比べて将軍の種類が倍以上になったのは、将軍が軍功によって昇進しすぎるのを遅らせるためと考えられている。

これらをまとめると、第一の主眼は、宋斉時代に進展した班による人事制度を追認し、各昇進経路中の官職を十八班内に数値化して位置づける形で九品官制を再編すること、第二、第三の主眼とは寒門・寒士が必要以上に昇進するのを阻害するシステムを構築することであったと言い換えることができよう。ただし、先に述べたように、武帝が真に目指したのは賢才主義であり、要職ながら濁官であった中書舎人を家柄に関係なく任命したり、科挙の先駆けと評価すべき試験制度を実施して、才能ある人物を登用することを忘れなかった。

さて、梁が侯景の乱を契機として滅亡すると、つづく陳では梁の十八班制を引き継いだ後、独自に改変した九品官制を施行した。梁の滅亡の際、南朝の貴族は壊滅的打撃を受けたが、陳では任子制（恩蔭）によって新たな貴族の再生産を目指そうとしていたと思しい。この任子制は、父親が到達した官職によって子の郷品ではなく起家官が決定されるというシステムであったことが注目されるが、任子のサイクルが連続的に機能する前に、陳は三十年で隋に併呑され、南朝は終焉をむかえる。

以上が、魏晋南朝における九品官制の変遷の概略である。

第二節　魏晋南朝遷官制度に関する研究史

遷官制度とは一般にはあまりなじみのない言葉ではあるが、遷官とは、文字通り、ある官職から別の官職への異動を意味する言葉である。

魏晋南朝の遷官制度研究の出発点は宮崎市定一九五六である。同研究は、漢から唐にかけての官僚制度の変遷を概観した上で、魏晋南北朝における九品官人法の起源・変遷・終焉を史料に即して解明し、あわせて当時の社会像をも描いた大著である。

その内容は多岐にわたるが、魏晋南朝の遷官制度にかかわるトピックを抜き出しても、郷品と起家官の関係、九品官人法の貴族化と門地二品の形成、官職の清濁およびそれによる九品官制の破綻、品制から班制への移行、胥吏の淵源、将軍の虚号化、九品官人法の廃止と科挙への展望など多岐にわたっており、前節の内容などは、その後の研究成果も反映させてはいるが、基本的には同研究の要約であるといっても過言ではない。

宮崎市定一九五六の登場以降、郷論や清議、士庶区別といった貴族制に関する論争が華々しく行われてきた裏側で、魏晋南朝の遷官制度研究は、宮崎氏の体系を「撞き崩す」のではなく出発点とし、継承・発展あるいは補正する形で成果が着実に積みかさねられてきた。

その一つが、越智重明氏によって提唱された族門制論である。もとは一九六〇年代に発表されたもので あったが、越智重明一九八二として集大成された。族門制とは、簡単に言えば、西晋末に形成された甲族（上級士人層）、次門（下級士人層）、後門（上級庶民層）、三五門（下級庶民層）からなる身分制であり、甲族等は家格を指す用語でもある。甲族は郷品一～二品を得て五～六品官から起家し、一品官を極官とする。次門はそれよりランクが低く、郷品三～五品を得て七～九品官から起家し、五品官を極官とする。後門はさらに格が劣り、郷品六～九品をえて、流外一～四品から起家し、第七品中の二品勲位を極官とする。三五門はこうした官僚制度とは無縁で兵役に徴発される一般庶民層である。以上のように東晋南朝においては、家格によって、与えられる郷品と到達しうる官品が截然と定義されていた、というのが族門制論の概略である。

族門制論は、後述する中村圭爾氏による批判をうけたあと、越智氏自身による修正をへて野田俊昭氏によって継承され、野田氏は多数の業績を生み出している。もちろん族門制が全て受け入れられているわけではなく、そもそも族門制を成立させ得るような、固定的な家格が存在したかという根本的な批判もあるのだが、(4)筆者は遷官制度研究として以下のような問題点が存在すると考える。

前節において、東晋以降、官職の清濁が昇進の基準となったため官品は有名無実となったことを述べた。それをうけて、族門制にもとづく研究では、「某官は官品の上では四品であるが、宋斉時代においては実質的には三品の価値を有していた」というように、百官志などに見える官品とは別の「実質的な官位」を想定するが、その判断基準は、ある官職についたことによって「貴」「達」と評されれば三品、「通」「通貴」と評されれば四品であるという。しかしながら、「貴」「達」「通」「通貴」という評価と官品との関連が具体的かつ確実な史料によって明らかにされていないし（特に「通」「通貴」）、上記の手法によって復元された「実質的官位」には不可解な点がある[(5)]。

越智・野田両氏が「実質的な官位」を想定するのは、族門制に合致させること以外にも、天監七年における九品制から十八班制への改変に先立ち、天監二年に、梁の武帝が九品の枠組みを維持したまま制度を改変したことを念頭においている可能性はある。しかしながら、官人のキャリアから想定し得るのはあくまでも官職間の相対的な地位の上下関係に過ぎず、九品官制の枠内で「実質的な官位」を想定することにはあまり意味がないと考える。しかしながら、「実質的な官位」という枠を取り払うと、野田氏の研究には依拠すべき点は多数ある。特に、地方官間の相対的な上下関係および清濁を明らかにした野田俊昭一九九〇は非常に重要である。

その後、族門制を批判する形で登場したのが中村圭爾一九八七ｂである。宮崎市定一九五六は、品制から班制への移行について概略を示しただけであったが、中村氏の研究はそれを具体的な官職を挙げつつ班を定義づけ、梁の十八班制の意義を明らかにしたのである。

前述したように、秘書郎を最高の起家官として、中書郎・黄門郎・吏部郎・司徒左長史・侍中といった清官をたどるエリートコースが存在したことは知られていたが、それより劣る官職から起家した連中が、具体的にどういうルートを通ったかについては、検討の余地が残されていた。それを踏まえ、中村氏は『大唐六典』や『通典』中に断片的に引用される、南朝の昇進規定を用いて基本的な昇進コースを再現し、それをベースとして、正史にみえる南朝官人のキャリアを蒐集・分類し、具体的な官職を明記した起家官別の昇進経路を復元した。そして、その昇進経路をもとに従来の九品官制が梁の十八班制へと再編成されたことを論証したのであった（前節の注3も中村氏の研究成果にもとづく）。ただし、中村圭爾一九八七ｂには、地方官の地位を全て均一のものとして扱うなどの問題点があり、野田俊昭氏から批判をうけたが、現段階で最も依拠すべき基礎的研究と考える。

ついで、中国における研究状況についても簡単に整理しておきたい。中国の研究において、管見の限り、中村圭爾一九八七bのごとく、具体的な昇進経路を示す研究や、九品班制から十八班制へと移行したことの意義を述べる論文は管見のかぎり見あたらない。汪徴魯一九九五は魏晋南北朝の遷官制度に関してもっともまとまった研究書と思われるが、その第四章第二節「昇遷・平転与降品之関係」において、宋斉以降の人事が官品を無視していることを述べるだけで、そこから先には踏み込んで論じていないのである。先述したように宮崎市定一九五六はもとより、越智重明一九八二、中村圭爾一九八七bも官品通りの人事が行われていないことを出発点としており、品制から班制への移行に関して、日中間の認識の差は非常に大きい。これは、宮崎市定一九五六の中国語訳が、二〇〇八年に韓昇・劉建英両氏による全訳が出版されるまで、部分訳しか存在しなかったことも大きいように思われる(6)。

さて、ここまで述べてきた各研究は、全て単独の官職の遷官を対象としたものであったが、実際には、魏晋南朝の官人は官職を兼任することが常態となっており、官人の地位を検討するためには帯びる全ての官職に注意すべきことを指摘する研究が登場した。以下、具体的な史料にもとづいて解説しよう。

時に薛安都散騎常侍・征虜将軍・太子左率爲り、殷恆中庶子爲り。(蔡)興宗先に安都を選びて左衞將軍と爲し、常侍故の如く、殷恆黃門と爲し、校を領せしむ。太宰安都の多と爲すを嫌い、單に左衞と爲さんと欲す。興宗曰く「率衞相い去ること、唯阿の閒たり。且つ已に征虜を失わば、乃ち超越には非ず、復た常侍を奪わば、頓りに降貶と爲らん。若し安都晩達の微人と謂わば、本より宜しく裁抑し、名器をして軽からしめざるべく、宜しく貫序有るべし。謹しみて選體に依り、安都に私するに非ず」と。（劉）義恭曰く「若し宮官宜しく超授を加うべくんば、殷恆便ち應に侍中たるべし、那ぞ黄門と爲るを得るのみならん」と。興宗又た曰く「中庶・侍中、相い去ること實に遠し。且つ安都の率と作ること十年、殷恆の中庶たること百日のみ、今ま又た校を領せしむれば、少とは爲さざるなり」と。選令史顏禕之・薛慶先等をして往復論執せしめ、義恭然る後に案に署す。既に中旨もて安都を以て右衛と爲し、給事中を加えしむれば、是れにより大いに義恭及び（戴）法興等に忤い、興宗を呉郡太守に出す。（『宋書』巻五七　蔡興宗伝）

この史料は宋の前廃帝時代のもので、東宮の属官である太子左衛率の薛安都と、太子中庶子であった殷恒の転出先をめぐって、吏部尚書の蔡興宗と太宰の劉義恭との間でかわされた議論が中心となっている。蔡興宗は

薛安都：散騎常侍・征虜将軍・太子左衛率→左衛将軍・散騎常侍
殷恒：太子中庶子→黄門郎・領校

という人事案を提示したが、劉義恭がクレームをつけた結果、薛安都は右衛将軍・給事中とされたことがわかる。さて、薛安都の散騎常侍・征虜将軍・太子左衛率から左衛将軍・散騎常侍への異動案について、劉義恭は「多」を嫌って、散騎常侍を加えず左衛将軍のみを与えるべきだ、とした。それに対して蔡興宗は、「率衛相い去ること、唯阿の閒たり」――太子左衛率から左衛将軍への異動は、横滑りと殆ど代わらない程度の昇進に過ぎず、なおかつもと保持していた征虜将軍が省かれており、さらに散騎常侍までも奪ってしまえば降格人事になる、と述べている。すなわち散騎常侍を加えれば昇格、加えなければ降格となるわけであ

る。一方で殷恒の、太子中庶子から黄門郎領校――黄門郎が五校尉（屯騎・歩兵・越騎・長水・射声）のいずれかを帯びること――への異動案について、劉義恭は黄門郎ではなく侍中とすべきだと主張した。それに対して蔡興宗は、殷恒の太子中庶子在任期間が百日であったこと、また「中庶・侍中、相い去ること實に遠し」――太子中庶子から侍中への昇進は破格であり、くわえて単なる黄門郎ではなく校尉も加えてあるから「少」ではない、と述べている。すなわち太子中庶子から黄門郎となっただけでは降格となるが、校尉を付け加えられた黄門郎への異動は少なくとも降格にはならないわけである。蔡興宗の意見を整理すると次のようになろう。

左衛将軍・散騎常侍≧散騎常侍・征虜将軍・太子左衛率＞左衛将軍

黄門郎・領校≧太子中庶子＞黄門郎

前節にて述べたように、当時は官品の上下よりも官職の清濁の方が重視されていたため、官品とは乖離した人事が行われていたのだが、別の官職に異動する以外にも、官職を加えることによって昇進とみなす人事が行われていたことがわかる。岡部毅史氏は、この史料に注目し、南朝の官資は必ずしも一つの官職のみによって表現されるのではなく、加官などを含めた、官人が帯びる肩書き全てに注意する必要があることを指摘し、官人の地位を調整するために加えられる官職を、地位の重さを調節する「分銅」という巧みな比喩によって表現したのである（岡部毅史二〇〇一）。

そして、もう一つ重要なのは、地位を調節する「分銅」は、単に付け加えられるだけではなく、その重さもまた上下する、ということである。

入りて侍中と爲り、御史中丞に遷り、驍騎将軍を領す。甲族向來多く憲臺に居らず。王氏分枝を以て烏衣に居る者、位官微減す。僧虔此の官と爲るに、乃ち曰く「此れ是れ烏衣諸郎の坐處、我れ亦た試みに爲るべきのみ」と。復た侍中と爲り、屯騎校尉を領す。(『南斉書』巻三三　王僧虔伝)

この史料は前引の『宋書』蔡興宗伝とほぼ同時期のもので、御史中丞が王僧虔のような一流貴族に与えられる官職ではなかったことを示す事例として、しばしば引用されている。しかし、王僧虔が侍中から御史中丞に異動したとき驍騎将軍を帯びていたこと、さらに御史中丞から侍中に復職したとき屯騎校尉を帯びていた点が重要である。王僧虔の遷官を整理すると次のようになる。

侍中→御史中丞・領驍騎将軍→侍中・領屯騎校尉

単独の官職に注目した場合、侍中から御史中丞へは降格、逆に御史中丞から侍中へは昇進となるが、それぞれに加えられた官職に注目すると、驍騎将軍から屯騎校尉への異動は降格となる。さらに、岡部毅史二〇〇一を踏まえれば、侍中→侍中・領屯騎校尉への異動は屯騎校尉という「分銅」がついたことによって昇進となるのである。図示すると上のようになる。

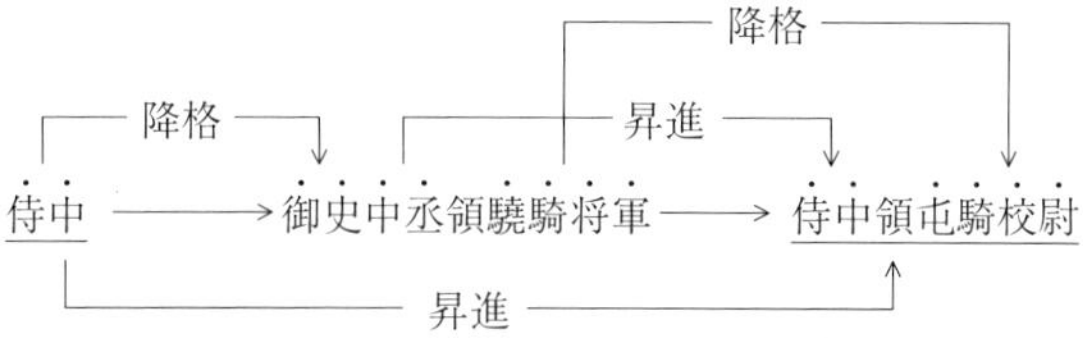

このような、官職を兼任した際に片方は昇格し、もう片方は降格するという複雑な人事に注目されたのが閻歩克氏であった。閻歩克氏は、驍騎将軍や屯騎校尉といった、禁軍の将軍を兼任する事例に注目し、ある官職と禁軍の将軍とを兼任する人物が別ポストに異動した際、兼任している禁軍の将軍のランクが引き下げられている現象について、

これは決して降格人事ではなく、片方の官職の地位が上がれば、もう片方を少し下げることによって、官人の地位が上昇しすぎないよう調節していると指摘されたのである（閻歩克二〇〇〇a）。王僧虔の事例だと、御史中丞・領驍騎将軍から侍中・領驍騎将軍への異動は過度の昇進となるため、帯びている将軍を屯騎校尉に引き下げる――すなわち、地位調整用の「分銅」の目方を軽くすることによって、その地位を調節しているというわけである。

岡部氏、閻歩克氏ともに、南朝における官職兼任の重要性を指摘しただけにとどまっているが、官職を兼任させることを昇進とみなす、あるいは一度の遷官において昇降を複雑に絡み合わせて官人の地位を調節するという方法は、中国の官僚制度において類をみない、南朝特有のものである。つまり、両氏の研究をさらに推し進めることによって、魏晋南朝遷官制度の特質を一層明確にすることが可能となろう。

第三節　本書の課題と構成

前節で述べたように、単独の官職間での遷官を中心とする研究を出発点として、南朝の官人の地位は複数の官職によって表象されていたこと、また、それの官職が複雑に上下することによって地位が調節されていたということが岡部毅史氏と閻歩克氏によって明らかにされた。この両氏の成果を出発点として、次のような課題を設定することができる。

・岡部毅史氏は、官人の地位を調整するために、あたかも「分銅」のごとく他の官職を兼任させたことを指摘したが、「分銅」を付け加えられたことによって、地位は具体的にどのように変化したか。

・閻歩克氏が「分銅」の重量変化について検討したのは西省の将軍に限定されているが、他の将軍、あるいは別の官職にも同様の機能があったか否か。

・「分銅」を付加して官人の地位を調整するという人事は、他の時代には例のない、南朝独自のものであり、人事手続きにも影響を及ぼしたと考えられるが、当該時代の人事手続きは、いかなる独自性を有していたか。

本書は「魏晋南朝の遷官制度」と題し、如上の課題に答えることを目的とする。取り扱う時期を魏晋南朝として北朝を省いたのは、周知の通り、これらの王朝の間において、遷官制度をはじめとする各種制度が直接的に継受されていることが理由である。

以下、各章の目的とするところを簡介するが、いずれも将軍と関わるため、本書で使用する将軍の呼称――内号将軍と外号将軍についてあらかじめ定義しておきたい。

内号・外号将軍という呼称を用いたのは宮崎市定氏であった。(7)宮崎氏は内号とそれと対になる外号将軍について「内号とは中央政府の一部をなすもので、天子の直属下にある軍隊を指揮する将軍である…（中略）…これに対し外号は地方の都督、刺史以下の帯する将軍号で地方兵を指揮するか、或いは指揮する筈の文武臣に与えられる。内号将軍は流内十八班のその中にその名を列ねているが、朝廷に儀式などある場合は彼らもそれぞれの班に従って列席するのである」と定義している。この理解に従えば、梁の十八班制施行後も十八班内に残り続けた将軍号を内号将軍、十八班から独立して独自の序列を形成した将軍号を外号将軍と定義したと解釈できるのだが、宮崎氏は続けて「別系統に列せられた将軍の中にも、四中将軍、即ち中軍将軍、中衛将軍、中撫将軍、中権将軍の如きは、ただ施して内にありと注記され、便宜上この表の中に加えただけで実は内号将軍なのである。八鎮将軍の中、左右前後の四鎮、八安将軍の内、前後左右の四安も同様である」と、外号将軍として独立したはずの将軍号の中にも内号将軍が含まれるとしているため、氏の定義は少々複雑になっている。

本書にて用いる内号・外号将軍の定義は、宮崎氏のそれを単純化したものである。すなわち、梁の十八班制施行後も十八班内に残り続けた領軍将軍・護軍将軍・中領軍・中護軍、および左右二衛将軍や五校尉など、『南斉書』百官志が西省と呼ぶ将軍・校尉など(8)を内号将軍、十八班から独立して独自の序列を形成した将軍(およびその前身である、征虜・冠軍・輔国・寧朔などの将軍)を外号将軍と定義する。

本書の構成は以下の通り。

第一章「特進の起源と変遷」では、漢代に起源を有し、朝会に参加する列侯に一等高い席次を与えるだけの加官であった特進が、南朝において光禄大夫の序列に吸収され、隋唐散官序列の淵源へと変化していくプロセスを、その要因である魏晋期の官僚身分体系の変化とあわせて明らかにする。

第二章「侍中領衛考」では、南朝にて「宰相の便坐」として極めて高く評価された「侍中領衛」をはじめとする、侍中が内号将軍を兼任した事例を中心として、官職の兼任によって具体的に官人の地位がどのように変動するかを検討し、侍中領衛の起源およびそのバリエーションが形成された理由と意義について明らかにする。

第三章「南朝における外号将軍の再検討」では、第二章での手法を援用して、外号将軍にも内号将軍と同様に官人の地位を調整するための機能を有していたこと、および地方官・軍府属僚との関連を明らかにし、外号将軍の運用に関する通説を修正する。

第四章「満と解」では、南朝において、過失がないにもかかわらず、ポスト削減などによって任期満了前に官職を解かれる事例が非常に多かったことを踏まえ、こうした解職措置に対してどのようなケアがなされていたかを検討し、当該時代における人事手続きの独自性について明らかにする。

第五章「寒門軍功層の台頭とその昇進径路の形成」では、中村圭爾氏が復元した昇進経路のうち最上層に位置する、侍中より司空へといたる経路の成立時期を明らかにする。この経路には、領軍将軍や護軍将軍など、内号将軍の最上位に位置する将軍が含まれているが、それらの就任者の分析を通じて、宋斉時代後半に寒門武人が台頭した際に形成された別系統の昇進経路を明らかにする。

最後に、終章において各章の要旨を整理したうえで、あらためて魏晋南朝遷官制度の特質を総括し、貴族制社会を支えたシステムの一端を明らかにする。

[注]

（1）川合安二〇〇五。

（2）中村圭爾一九八七b。

（3）先に、曹魏九品官制では、三品に要職が多く詰め込まれていると述べた。前述した三品官のうち、中書監は滅多なことでは与えられなくなり、また九卿は筆頭である太常をのぞきその地位は下落した。また、かつて同格だった六つの尚書のうち、吏部尚書は他の尚書（列曹尚書）より一等高い扱いをうけることとなった。こうした同一品内の優劣にもとづき、宋斉時代には班にもとづく昇進順序が確定していく。それらの官職の昇進順序を整理し、梁の官班を付記すると、十二班：侍中→十三班：列曹尚書・中書令→十四班：吏部尚書・太常→十五班：尚書僕射→十六班：尚書令となる。本来同格―水平であった三品官が、班によって垂直に序列化されたことを示している。

（4）川合安二〇〇四。

（5）その代表的なものが将軍の地位である。もと三品官であった征虜将軍と輔国将軍の実質的地位について、野田俊昭一九八六によると征虜将軍の実質的地位は三品のまま、野田俊昭一九八九によると輔国将軍の実質的地位は下落して五品となったとされている。さて、征虜と輔国の間には、冠軍将軍（三品官）が存在することが知られているが、野田氏は冠軍将軍の実質的地位について言及していない。ただし、野田俊昭一九八九が輔国将軍の実質的地位を五品とした論拠は、黄門郎に先んじて輔国将軍に任命される事例がみられることであり、冠軍将軍にも同様の事例がみえるため（『南斉書』巻二八　垣栄祖伝)、野田氏の手法に従うと、冠軍将軍の実質的地位は五品ということになる。すなわち、本来三品官の将軍が、三品と五品に分かれたことになる。四品に格下げされた将軍が存在しないことも不可解だが、征虜と冠軍の間に、家格によって昇進が阻まれるほどの大きな断層があったとは考えられない。というのも、族門制の定義によると三品の征虜将軍に到達できないはずの連中が、冠軍から征虜へと、いともたやすく昇進しているからである。

例えば、江夏王国侍郎を起家官とし、次門に相当する王玄載(『南斉書』巻二七)、直廂を起家官とし、おそらく後門に相当する曹虎(『南斉書』巻三十)、起家官が不明で、おそらく後門か三五門に相当する任農夫(『宋書』巻八三)などがそれにあたる。ここに挙げたのは軍職や地方官を歴任し、清官とは縁のない連中である。

また、梁の武帝が将軍の序列を再編した際、征虜は十六班、冠軍は十五班とされ、しかも、この二つの班で一つの品を構成しており(『隋書』巻二六 百官志上)、三品の征虜と五品の冠軍がわざわざ一つの品に再編されたことになってしまう。征虜・冠軍・輔国の実質的地位の推定方法に問題があると考えざるを得ない。

(6) 中公文庫版の礪波護氏の解説参照。

(7) 宮崎市定一九五六、第二編第四章、「梁陳時代の新傾向 六 将軍号」。

(8) 『南斉書』巻十六 百官志

左右二衞將軍、驍騎將軍・游擊將軍。晉世以來、謂領・護至驍・游爲六軍。二衞置司馬次官功曹主簿以下。左右二中郎將。前軍將軍・後軍將軍・左軍將軍・右軍將軍、號四軍。屯騎・歩兵・射聲・越騎・長水五校尉、虎賁中郎將、冗從僕射、羽林監、積射將軍、彊弩將軍、殿中將軍・員外殿中將軍、殿中司馬督、武衞將軍、武騎常侍。自二衞・四軍・五校已下、謂之西省、而散騎爲東省。

第一章　特進の起源と変遷

はじめに

唐朝草創期の諸制度は、先行する隋に加え、古来の制度をも集大成したものである。[1]その唐代官僚の肩書きは、散官・職事官・勲官・爵の四つによって構成される。これらのうち、最も重要なのは実際の職務を有する職事官であるが、職事官を与えられるためには散官を帯びておかなければならない。その散官は品階の上下を示すもので、唐制を模倣した日本では、位階と名を変え、なおかつ一位・二位として完全に数値化されたが、唐の散官は、官職名で表記されたところに大きな特徴があり、また文武にわかれる。

唐代の文武散官の名称を見てみると、武散官が従五品下と正六品上を境にして将軍と尉の二つに綺麗に分かれるのに対して、文散官は大きく三つに分かれる（附表1参照）。二十九階ある文散官のうち、従二品の光禄大夫以下、従九品下の将仕郎に至る二十七の官の名称は漢の光禄勲の属官、大夫と郎に起源があり、武散官と同じく従五品下と正六品上を境に大夫と郎に分かれている。しかし、光禄大夫の上に位置する従一品の開府儀同三司と正二品の特進は特殊な官で、のちに述べるように、二官ともやはり漢代に起源があるが、本来は加官で、開府儀同三司は主に将軍に加えられて三公と同じ待遇を与え辟召を許すものであり、特進はさらに特殊で、列侯爵に加わって朝位を与えるものであった。

ただ、唐代散官の前身である北周の散員、隋の散職・散官では、唐代のように開府儀同三司・特進・光禄大夫の順に並んだことがない。特に開府儀同三司と特進は決して同時には現れないのである。[2]唐代文散官の、

附表1　唐の文武散官

	文散官	武散官
正一品	—	—
従一品	開府儀同三司	驃騎大将軍
正二品	特進	輔国大将軍
従二品	光禄大夫	鎮軍大将軍
正三品	金紫光禄大夫	冠軍大将軍
従三品	銀青光禄大夫	雲麾将軍
正四品上	正議大夫	忠武将軍
正四品下	通議大夫	壮武将軍
従四品上	太中大夫	宣威将軍
従四品下	中大夫	明威将軍
正五品上	中散大夫	定遠将軍
正五品下	朝議大夫	寧遠将軍
従五品上	朝請大夫	游騎将軍
従五品下	朝散大夫	游撃将軍
正六品上	朝議郎	昭武校尉
正六品下	承議郎	昭武副尉
従六品上	奉議郎	振威校尉
従六品下	通直郎	振威副尉
正七品上	朝請郎	致果校尉
正七品下	宣徳郎	致果副尉
従七品上	朝散郎	翊麾校尉
従七品下	宣義郎	翊麾副尉
正八品上	給事郎	宣節校尉
正八品下	徴事郎	宣節副尉
従八品上	承奉郎	禦侮校尉
従八品下	承務郎	禦侮副尉
正九品上	儒林郎	仁勇校尉
正九品下	登仕郎	仁勇副尉
従九品上	文林郎	陪戎校尉
従九品下	将仕郎	陪戎副尉

一種独特な序列がなぜ形成されたのか従来論じられなかったのは、おそらくこれが原因であろう。(3) しかし、序列の起源が北朝にないとしても、唐制が西魏・北周のみならず、北斉や南朝の制度をも集大成したものであることを考えるならば、南朝の制度、及び漢代からの変遷過程、特に爵の加官という異質なものがなぜ散官の序列に混入されたのかについて触れておくことは決して無意味ではなかろう。

本章は、漢代から南朝にかけての特進の変遷を通じて、唐代文散官の上位序列の起源、特進の周囲にあった列侯、将軍、光禄大夫との関連、及び唐制への影響を探ろうとするものである。特進を主たる対象とするのは、本来爵に対する加官であったことに加え、開府儀同三司・光禄大夫(4)と異なり、朝位のみを示す官として最も早く設置されたことによる。

第一節　特進と奉朝請、就第

（一）特進の基本的性質

特進は『宋書』巻三九　百官志上に

特進、前漢の世置く所なり、前後二漢及び魏、晉以て加官と爲し、本官の車服に從い、吏卒無し。

とあり、前漢に起源を持つ加官とされているが、前漢のその他の加官、例えば侍中や給事中等とは異なる点がある。それらの加わる対象が主に官であり、かつ非常に多いのに対し[5]、特進は列侯という爵のみに加わるものであった。

この、官ではなく列侯爵に加わるという性質は、特進が設置された前漢期の例を見れば明らかである。前漢に特進を与えられた者は十一名いるが、その殆どが無官でかつ列侯であった（附表2を参照）。そして後漢から魏にかけて特進を与えられた者も官の有無こそあれ、全て列侯である[6]。ただ『宋書』は「前後二漢及び魏、晉」と晉も含めているが、晉以後の特進は魏以前の特進と機能が異なり、その一因を、魏の最末期に設置された五等爵制に求めることができる（この変化に関しては第三節で述べる）。また、特進にはこれといった職掌があるわけではなく朝位——朝会における席次が与えられるだけであった[7]。

さて、特進は加官という点から、前漢では加官群によって構成される内朝に属したといわれる。事実、『漢書』巻八四　翟方進伝に成帝鴻嘉二年頃の、前漢最初の中朝官の議とされる記事に[8]「願わくば中朝の特進列侯、将軍以下に下し、國の法度を正せ」とあるので、中朝官の議に加わり得る資格があったとは言える

附表2　前漢の特進

皇帝	名前	侯名	同時に保持する官	備考	出典
宣帝	許広漢	平恩侯	−	太子外祖父	『漢書』97上
元帝	王禁	陽平侯	−	元后父	『漢書』98
成帝	王譚	平阿侯	−	成帝舅	『漢書』98
	王商	成都侯	−	成帝舅	『漢書』98
	王立	紅陽侯	−	成帝舅	『漢書』98
	許嘉	平恩侯	−	−	『漢書』97下
	張禹	安昌侯	−	−	『漢書』81
	薛宣	高陽侯	給事中	−	『漢書』83
哀帝	傅晏	孔郷侯	−	傅后父	『漢書』19下
	傅喜	高武侯	−	−	『漢書』82
	王莽	新都侯	給事中	−	『漢書』99上
	王莽	新都侯	−	−	『漢書』99上
平帝	なし				

凡例　同時に保持する官は、特進を追贈された際に同時に送られた官を含む。
「贈本官」とあるものは採らなかった。

だろう。しかし内朝における具体的な機能や関連は見いだすことはできない。ただ、同じく列侯への加官と考えられ、内朝に属するとされるものに奉朝請があり、[9]「以特進奉朝請」という用法があるが、これでは二つ加官が与えられることになる。奉朝請とは本当に加官で内朝に属するのだろうか。また、列侯に対する謹慎措置を意味するとされる就第というタームがあるが、「以特進就第」という表現があり、加官を与えられて謹慎するとは不可解である。特進とよく組み合わせて用いられる、奉朝請と就第には一体どのような意味があるのだろうか。

（二）奉朝請

奉朝請は魏晋以後、六品官の駙馬都尉、奉車都尉、騎都尉の三都尉の事を指すようになる。その呼称の由来を、『宋書』巻四十　百官志下は

> 奉朝請、員無く、亦た官たらず。漢東京罷省の三公・外戚・宗室・諸侯、多く朝請を奉ず。朝請を奉ずとは、朝會請召を奉ずるのみ。

と記し、後漢からの制とするが、『続漢書』百官志五　列侯条には

舊、列侯の朝請を奉じ長安に在る者、位は三公に次ぐ。

とあり、この二つの記事から考えるに、奉朝請とは前漢、後漢とも長安、洛陽、すなわち京師にあって朝会に参加することを意味しよう。

さて、『史記』『漢書』『後漢書』の本文に奉朝請とある場合、注の多くは『史記』巻一〇七　魏其侯竇嬰伝『史記集解』所引の漢律に「律、諸侯春天子に朝するを朝と曰い、秋は請と曰う」とある、春朝・秋請と解釈する説を採るが、この漢律を奉朝請の注として用いるのは問題がある。なぜならば、朝請という行為は季節によって制限されないからである。

朔望、諸姫主朝請するに、后の袍衣の疎麤なるを望見し、反りて綺縠と以爲い、就きて視て、乃ち笑う。

（『後漢書』皇后紀第十上　明徳馬皇后）

これは諸公主が皇后に朝見した事例だが、朔望に朝請が行われている。朔と望は毎月訪れるものであり、春と秋に限定されるわけではない。また、前将軍・光禄勲を免ぜられて庶人となった蕭望之に関内侯が与えられた時のことを、『漢書』巻三六　楚元王伝・劉向は

上感悟し、詔を下して（蕭）望之に爵關内侯を賜い、朝請を奉ぜしむ。

と記し、『漢書』巻七八　蕭望之伝には

後數月、御史に制詔すらく「國の將に興らんとするに、師を尊びて、傅を重んず。故の前將軍（蕭）望之朕に傅たること八年、道びくに經術を以てし、厥の功茂り。其れ望之に爵關内侯を賜い、邑六百戸を食ませ、給事中たらしめ、朔望に朝せしめ、坐は將軍に次がしめよ」と。

とあって、「奉朝請」は「給事中、朝朔望、坐次将軍」と言い換えられている。ただ、給事中は『漢書』巻十九上 百官公卿表上・晋灼注所引の『漢儀注』に「諸吏、給事中は日ごとに上りて朝謁し、尚書の奏事を平せしめ、分かちて左右曹と為す」とあるように毎日皇帝に拝謁することができ、わざわざ参朝する日を朔日と望日とに限定する必要はない。故に、奉朝請は給事中ではなく、「朝朔望、坐次將軍」を指すことになり、朔日と望日に参朝することを意味する。

このように、奉朝請が朝朔望に置き換えられるとなると、さらに漢律と齟齬を来すことになる。封邑から月に二回参朝するのは物理的に不可能であり、朝請を奉ずるためには、京師に常時滞在する必要がある。ところが漢律の言う春朝・秋請は必ずしも常時京師に滞在することを意味しない。『史記』巻五八 梁孝王世家・褚少孫補筆に見える春朝の次第によれば、封国から来朝した諸侯王、列侯が長安に滞在できる期間は二十日に満たないし、長安に行くこと自体が十数年に一度訪れる希な機会である[10]。また、代理人を派遣すれば封邑にいても秋請を行うことができた[11]。故に「春朝天子曰朝、秋曰請」という漢律はあくまで春朝・秋請を指すのであって、朝朔望と同義の奉朝請を指すわけではないのである。

ただ、一つ疑問が残る。それは蕭望之の例に見た、毎日拝謁できるはずの給事中が、何故改めて朔日と望日とに参朝せよと命じられたのかという点である。侍中、給事中以下、内朝を構成する加官を帯びるには、大夫等の本官が必要であり、無官の場合には列侯であれば加官を帯びることが可能であった[12]。ここに挙げた蕭望之は加官を帯びるための本官がなく、また関内侯であったため、[13]特別に奉朝請（朝朔望）させて、本官とすべき列侯の代わりとしたのである。言い換えるならば奉朝請（朝朔望）は従来指摘されてきたような内朝に関わるものではなく、外朝（本官）に関連する、より一般的なものだったのである。

では奉朝請（朝朔望）はいかなる列侯に与えられたのだろうか。『漢書』巻六十　杜周伝に

（杜）欽の兄緩前に太常を免ぜられ、列侯なるを以て朝請を奉じ、成帝の時薨ず。

とあり、太常を免ぜられた理由は、『漢書』巻十九下　百官公卿表下に

（甘露元年）雁門太守建平侯杜緩太常と為り、七年して盜賊の多きに坐して免ぜらる。

とあって、過失による免官であった。その杜緩がなぜ奉朝請とされたのか、それについて説明するためには就第について論ずる必要がある。

（三）就第

大庭脩氏が漢代の徙遷刑について考察した際、氏は就第、就国を、列侯に対する徙遷刑の一環として捉えた。[14]就国は政争に敗れて失脚したり、大逆事件に連座する等の重罪を犯した列侯に対して多く採られる措置であるから、徙遷刑の一種といえよう。ただ、氏は就第を「出仕禁止の最も軽い意味での謹慎」であったと指摘しているが（たしかに就第は、免官とともに記されることが多いのだが）、実際に就第には謹慎、言い換えれば刑罰の意味があったのだろうか。

元帝永光元年に、丞相于定国、大司馬車騎将軍史高、御史大夫薛広徳は不作と人民流亡の責任を取って骸骨を乞い、それが認められて、三人倶に安車駟馬、黄金六十斤を賜った[15]。しかし、その後の于定国、史高と、薛広徳との処置が異なっている。于定国、史高は「就第」[16]し、薛広徳は故郷の沛郡に帰った。安車駟馬を下賜されることは非常に名誉なことで、薛広徳が帰った時、沛郡の太守はわざわざ郡境まで出迎えたほどであった[17]。故に引責辞任であったとはいえ、残りの二人が自宅謹慎を命ぜられたとは考えにくい。同じく骸骨を乞うて許された丞相の張禹は

安車駟馬、黄金百斤を賜い、罷めて第に就き、列侯なるを以て朔望に朝するに特進に位し、見禮は丞相の如し、從事史五人を置き、四百戸を益封す。(『漢書』巻八一　張禹伝)

とあって、自宅謹慎を意味する就第と、参朝せよという朝朔望が同時に記されており、これでは文意が理解できない。さらに『漢書』巻八二　傅喜伝に、大司馬であった高武侯傅喜が官を免ぜられ就国させられるまでの経緯が以下のように記されている。

後數月、遂に(傅)喜を策免して曰く「君輔政出入すること三年なるも、未だ昭然と朕の逮ばざるを匡すこと有らずして、本朝の大臣其の姦心を遂ぐ、咎は君よりす。其れ大司馬の印綬を上して第に就け」と。傅太后又た自ら丞相御史に詔して曰く「高武侯喜功無くして封ぜられ、内に不忠を懷き、下に附き上を罔し、故の大司空丹と同心背畔し、命を放ち族を圮ち、德化を虧損すれば、罪惡赦の前に在ると雖も、宜しく朝請を奉ぜしむるべからず。其れ遣りて國に就かしめよ」と。

まず策を下して免官、就第させ、その措置だけでは不充分だとして再び詔を下して就国させたことからする

と、詔の奉朝請は、策における就第を言い換えたものと考えられる。また、後漢、光武帝の天下統一後に将軍が廃止された際、左将軍賈復と右将軍鄧禹はともに特進とされ、賈復は就第し、鄧禹は奉朝請となったが、二人とも国家の機密に参与した（『後漢書』列伝七　賈復伝）というから、二人に待遇の差があったとは思われず、就第と奉朝請の関係は非常に近いと考えられる。このように就第が朝朔望と併記されたり、奉朝請と近い関係を持つことから考えると、就第には謹慎ではなく別の意味があると考えた方がよいだろう。それでは就第、及び朝朔望、奉朝請との関連をどのように理解すればよいのだろうか。

漢代の官吏は官舎で生活していたから、免官とは言い換えれば官舎を出て郷里の家に帰ることであり[18]、列侯であれば京師に自宅として与えられた「第」に帰ること（就第）である。そして列侯は免官された後でも第から参朝する事が許されていたと考えれば、張禹のように就第と朝朔望が並立しうるし、杜緩のように免官された列侯が朝請を奉ずることができ、さらには傅喜や賈復、鄧禹のように就第と記されただけでも奉朝請、朝朔望を意味しうる[19]。言い換えれば、奉朝請は列侯の加官というよりも、列侯が一般的に有する特権なのであり、漢代の列侯は政争に敗れて失脚したり、大逆事件に連座する等の重罪を犯して就国させられない限り、中央官、地方官[20]を問わず免官せられても京師にある第に帰り、そこから参朝することができたのである。

そうすると、本節（一）において提示した「以特進奉朝請」及び「以特進就第」の意味も明瞭となる。すなわち、致仕や免官等によって無官となった列侯が自宅の第から参朝して特進の朝位に就く、ということであった。それでは、特進の朝位とはどの位置にあったのだろうか。節を改めて、特進設置以前の列侯の朝位から論ずる。

第二節　漢代

（一）列侯の朝位

漢代における朝位の基準となるものに「三公」「九卿」「大夫」「士」といった身分呼称があった。この「三」や「九」といった数は必ずしも実数を指すわけではなく、単に「公」「卿」と呼ぶ場合もある（以下、官ではなく身分を指す場合は「　」を付す）。

これらの「公」「卿」「大夫」「士」という身分呼称が官秩によって区分されていたこと、そして標識として身分に対応した印綬が与えられていたことは、王啓原氏、渡辺信一郎氏、福井重雅氏、阿部幸信氏が指摘している(21)。まず王氏と阿部氏は、印綬と「公」「卿」「大夫」「士」という身分が対応していることを指摘し(22)、福井氏、渡辺氏は、年頭に臣下が身分に応じた贄を差し出して臣従を示し、君臣関係を更新する委贄儀礼に注目し

月朔歳首毎に、大朝を爲し賀を受く。其の儀、夜漏未だ七刻を盡きざるに鐘鳴り、賀及び贄を受く。公侯は璧、中二千石・二千石は羔、千石・六百石は雁、四百石は雉なり。（『続漢書』礼儀志中第五）

という後漢の委贄儀礼の記事と、『白虎通』瑞贄・見君之贄等を比較、検討し、官秩と印綬と身分呼称が一致することを指摘した。すなわち、万石が金印紫綬で委贄儀礼において璧を執る「公」、中二千石〜比二千石が銀印青綬で羔を執る「卿」、千石〜比六百石が銅印墨綬で雁を執る「大夫」、四百石〜比二百石が銅印黄綬で雉を執る「士」としたのである(23)。

ただ、ここには問題点が二つある。第一に、これら「公」「卿」「大夫」「士」という身分が確立したのは前漢末の三公制導入以後で、それ以前は「卿」の上に「上卿」という身分があり、該当する官に金印紫綬の前後左右将軍と、銀印青綬の御史大夫とがあって[24]、官秩、印綬、身分呼称はまだ完全には一致してはいない。第二に、前掲『続漢書』礼儀志には「公侯は璧」とあった。「侯」は無論列侯だが、官秩とは何ら関係のない爵であり、前節で挙げた『続漢書』百官志の「旧、列侯の朝請を奉じ長安に在る者、位は三公に次ぐ」という記事だけでは、官秩によるその他の身分との位置関係は不明瞭であろう。それでは三公及び特進設置以前において、朝見の際、列侯はどこに位置していたのだろうか。

天子が群臣に朝見する際、天子は南面し、文官は東側、武官は西側に整列する。この「文東武西」という配置を具体的な官名を含めて確認しうる最古の事例は、前漢最初期に叔孫通が朝見の儀礼を定めた際の記事である。

漢七年長樂宮成り、諸侯群臣十月に朝す…功臣列侯諸将軍軍吏次を以て西方に陳なり、東郷す。文官丞相以下東方に陳なり、西郷す。（『史記』巻九九　叔孫通伝）

ここに見えるように、列侯は武官とともに西側の列にあった。無論、列侯は武官ではないが、軍功爵としての性格によって武官の側にあったのだろう。漢初、列侯は主爵中尉に管轄されたことになっているが[25]、武帝太初元年に主爵中尉が右扶風へと改変され、首都圏の一部を担当する行政官となると、列侯は大鴻臚の管轄へと変わり、外国として把握されるようになったが、その際も変わらず（強いて文武に分ければ）武官の側にあったことは、先に挙げた『漢書』蕭望之伝の「坐は將軍に次がしめよ」という記事からも確認できる。この史料は元帝期のものである。

それでは、今度は皇帝から見て手前と奥、すなわち南北方向における朝位はどうであったか。この点に関しては既に伊藤徳男氏の指摘がある(26)。氏は『漢書』に見える上奏文の連署を検討、整理し、三公制導入以前の朝位の基本構造を、丞相とそれに比せられる太尉（大司馬将軍）・大将軍・驃騎将軍・車騎将軍・衛将軍、その次に「上卿」の位にある前後左右将軍と御史大夫・列侯、その下に太常以下中二千石の諸卿が続く、と想定した。筆者もそれに従うのだが、氏の指摘するように、全ての列侯が「上卿」に位していたとはいえないと思われる。氏が引く『漢書』巻六八　霍光伝中の、昌邑王の廃位を請う上奏文は群臣の総意によるものであったが、上奏文の連署の中に列侯は四名しか見えない。朝位を有した列侯はそれ以外に多数いたはずだし、先に挙げた杜緩のような免官せられた列侯が「上卿」に位していたとは考えにくく、「上卿」を先頭として、皇帝から見て奥、南側に連なっていたのであろう。また、氏はこれらの序列を文武に分けてはおられなかったが、武官の側に属するものだけを順に拾い上げれば、太尉・大将軍・驃騎将軍・車騎将軍・衛将軍・前後左右将軍・列侯となって、蕭望之伝の「坐次將軍」という記載も生きてくる。

前漢、三公及び特進が設置されるまでの列侯は武官の側にあり、「上卿」の位にある前後左右将軍の次に位置していた。言い換えれば列侯の最上位は「上卿」に止まるのであった。

（二）前漢

前漢、特進が設置されたのは宣帝期で、与えられたのは宣帝許皇后の父、元帝の外祖父の許広漢であった。この時は「特進に位せしむ」と記されるのみで具体的な位置は記されてはいない。先に挙げた史料だが、前漢三公制導入以前に特進を与えられた張禹の例に安車駟馬を賜い、罷めて第に就き、列侯なるを以て朔望に朝して特進に位し、見禮は丞相の如し、従事史五人を置く。

とある。おそらく許広漢も同じ待遇を与えられたと考えられるから、列侯の最高位であった「上卿」から一等「特に進」んで丞相と同格の位にあり、特進は列侯――特に前漢では無官の列侯に与えられたから、その延長として武官側にあったと考えられる。具体的には衛将軍に次いだのであろう。そして三公制が導入されて丞相、「上卿」、「卿」という序列が「公」「卿」へと改まると、特進は

其れ黄郵聚の戸三百五十を以て（王）莽に益封し、特進に位し、給事中たらしめ、朔望に朝するに見禮は三公の如くし、車駕は緑車に乗りて従わしめよ。（『漢書』巻九九上　王莽伝上）

と、同格となる対象が丞相から三公へと変わり、「公」の朝位を与えられ、それに対応して奉朝請の列侯の最上位は「上卿」から「卿」以下に整理されたと考えられる。

また前漢の特進は幕府を開く場合があった(27)。この開府という権限は、前漢においては三公及び将軍のみに許された特権である(28)。しかし特進によって開府する事例は前漢のみ見られ、後漢以降には見られない。それは特進と類似した機能を有する開府儀同三司が形成されたことと関連がある。後漢に目を転じよう。

（二）後漢

まず、開府儀同三司の形成と特進との関連について述べる前に、後漢の特進と列侯の朝位及び、特進が加わり得る対象の拡大から論ずる。

後漢では成立当初から三公制が導入されており、列侯の朝位もそれに従って特進・朝侯・侍祠侯と整備されていたが、特進の朝位は前漢と変わってはいない。

『漢官儀』に曰く「諸侯功德優盛にして、朝廷敬う所の者位特進、三公の下に在り。其の次朝侯、九卿の下に在り、其の次侍祠侯。其の次下土小國侯、肺腑の親公主子孫なるを以て墳墓を京師に奉ずれば亦た時に隨いて朝見す。是れ隈諸侯と爲すなり。」(『後漢書』鄧禹伝注)

中興して以來、唯だ功德を以て位特進を賜う者、車騎將軍に次ぐ。位朝侯を賜わば、五校尉に次ぐ。位侍祠侯を賜わば、大夫に次ぐ。其の餘肺腑及び公主の子孫なるを以て墳墓を京都に奉ずる者、亦た時に隨い會せられ、位は博士・議郎の下に在り。(『續漢書』百官志五・列侯条)

である。前者は官秩による身分との対応関係を、後者は具体的な官との位置関係を記したものである。後漢の特進も引き続き「公」の武官側の朝位が与えられた。「公」の朝位に就き得る将軍は大将軍・驃騎将軍・車騎将軍・衛将軍の四つがあるが、『続漢書』が「車騎將軍に次ぐ」と記すのは、特進が車騎将軍と衛将軍の間に位置していたのではなく、後漢の最末期まで衛将軍が置かれなかったからである。(29)

ここに見える朝侯、侍祠侯は後漢に新設されたものだが、朝侯は奉朝請の列侯であろう。『後漢書』の列伝中には朝侯の記事が一カ所しかないが、そこから朝侯と奉朝請の列侯との共通点を見いだすことができるからである。

(永平)十年、(劉)般を徵して執金吾事を行わしめ、從いて南陽に至り、還りて朝侯と爲す。(『後漢書』列伝二九 劉般伝)

これは明帝が南陽に巡狩した際の記事で、劉般は巡守に同行する行官の執金吾に任ぜられていた。行官であったのは、真官の執金吾である馮魴が洛陽に留められていたからであり[30]、南陽から洛陽に帰還すると、劉般は行執金吾事を免ぜられて朝侯となった。この免官→朝侯という措置は、第一節（二）で述べた免官→奉朝請と同じと考えられる。前漢に引き続き奉朝請の列侯も「卿」の武官側にあったのである。残りの侍祠侯はどの身分に対応するか記されておらず、また関連する史料が少ない為、その位置は曖昧だが、列侯として武官側に位置していたであろう。しかし『後漢書』中の記事を見る限り、侍祠侯は郊祀の為に封国から徴せられて一時的に朝位を有するだけで、特進、朝侯とは異なり、恒常的に京師に留まることはできなかった[31]。

さて、前漢の特進は無官の列侯に「公」の朝位を与える為に用いられていたが、後漢から、九卿以下の官に任ぜられた者にも列侯であれば特進が加えられ、「公」の朝位が与えられるようになった。また、特進が与えられたのちに九卿以下の官に任ぜられても

（建武）二十年…帝三公職を參つを以て、已むを得ず乃ち（竇）融を策免す。明年位特進を加う。二十三年陰興に代わりて行衛尉事たるも、特進なること故の如し。（『後漢書』列伝十三　竇融伝）

と「卿」以下の朝位に就かず、特進のまま「公」の朝位に留まり続ける場合もあった[32]。このように後漢では官の有無を問わず特進が与えられているが、将軍は特進が加わる対象とはなっていない[33]。なぜならば将軍には専用の加官が存在したからであり、それはのちに特進と序列を形成することになる開府儀同三司であった。

（四）開府儀同三司の形成

開府儀同三司については、廖伯源氏の研究が最も意を尽くしているが、(34)氏の関心が将軍にあるため、特進については触れてはおられない。以下、氏の所説と重複する部分が多いことをあらかじめ断った上で、開府儀同三司の形成、及び、特進との関連について論ずる。

開府儀同三司の起源に関する諸説には

開府儀同三司、漢官なり。殤帝延平元年、鄧隲車騎将軍と為り、儀三司と同じくす。儀同の名、此れより始まるなり。魏に及び黄権車騎将軍なるを以て開府儀同三司たり。開府の名、此れより起こるなり。（『晋書』巻二四　職官志）

『東観漢記』に曰く、鄧隲字昭明。延平元年拝して車騎将軍儀同三司と為る。儀同三司隲より始まるなり。

『齊職儀』に曰く、開府儀同三司、秦漢聞こゆる無し。始めて建初三年馬防車騎将軍儀同三司事と為る。

魏黄權を以て車騎開府と爲す。此の後甚だ衆し。將軍開府すれば大司馬の朱服に依り、光祿大夫開府すれば司徒の皁服に依る。（三者とも『芸文類聚』巻四七　儀同）

とあり、これらの説より見れば、儀同三司が初めて与えられたのは馬防か鄧隲かで説が分かれているが、開府儀同三司が初めて与えられたのは魏の黄権とする説は共通しているようである。特に『晋書』職官志は、開府儀同三司と儀同三司を別のものとして解釈しているように見受けられるが、「開府」――正しく言えば

「開府辟召」――は既に後漢献帝期に劉表に与えられている。[35] では、劉表が最初の開府儀同三司かというと、廖氏が既に指摘しておられるように、儀同三司と記されただけであっても実際には開府儀同三司と同義なので、[36] 結局、馬防が先か鄧隲が先かという問題にたどり着くことになる。

ただ、実のところこの二人は最初の開府儀同三司ではない。後述するように、馬防に与えられたのは開府儀同三司ではなく班同三司であり、また鄧隲より以前に開府儀同三司を与えられたと考えられる事例が存在するからである。では最初の開府儀同三司は一体誰で、いかなる理由によって設置され、また特進とどのような関係があったのか。これらの問題を明らかにするためには、開府儀同三司を加えられた将軍号に注目する必要がある。

先に挙げた開府儀同三司に関する諸説中に見える将軍は全て車騎将軍であった。また、本節（三）にて引いた『続漢書』百官志の「唯だ功徳を以て位特進を賜う者、車騎将軍に次ぐ」という記事の劉昭注補に

胡廣『漢制度』に曰く、功徳優盛にして、朝廷の敬異する所の者、特進を賜い、三公の下に在り、車騎の下には在らず。

とあって、百官志の説とは異なっている。胡広は後漢の人であるから、その説には何らかの根拠があろう。なぜ胡広は、特進は「車騎の下には在らず」と言い、また開府儀同三司の起源の中に車騎将軍の名が現れるのか。

後漢の天下統一後、左右将軍と雑号将軍は廃止されて特進と奉朝請の列侯とに分別されたが、[37] 後漢を通じてほぼ常設に近かった将軍が三つあり、それは大将軍・車騎将軍・度遼将軍であった。[38] このうち度遼将軍は幷州五原郡に常駐していたから、洛陽に留まり得たのは大将軍と車騎将軍であった。前漢では両者とも金印

紫綬を与えられた「公」であったが、後漢の天下統一後、最初に車騎将軍となった馬防に関する記事によれば

『漢官儀』に曰く、馬防車騎将軍と爲り、銀印靑綬、卿の上に在り、席を絶つ。（『続漢書』輿服志下第三十・紫綬条）

と銀印青綬になっている。しかし、銀印青綬ならば当然「卿」の朝位に就くべき所を、「在卿上、絶席」とあって、身分と朝位が異なっているが、これは『後漢書』列伝十四　馬防伝が

詔して防を徵して還し、車騎將軍に拜し、城門校尉なること故の如し。防貴寵なること最も盛んにして、九卿と席を絶つ。

と記す通り、馬防が「貴寵」——具体的には外戚であったことによるのであり、「貴寵」でなければ銀印青綬として「卿」の朝位に就いていたはずである。また「絶席」によって得られた朝位は『宋書』巻三九　百官志上が

漢章帝建初三年、始めて車騎將軍馬防をして班三司に同じからしむ。班同三司此れより始まるなり。

と述べる通り、三司——「公」の朝位であったが、後漢の車騎将軍が「公」の朝位を有していなかったからこそ班同三司が与えられたと考えるべきであろう。すなわち、後漢の車騎将軍は身分、朝位ともに銀印青綬の「卿」へと格下げになったのであった。ただ、馬防は「公」の朝位を得たとはいえ、銀印青綬のままであったことは前掲『続漢書』輿服志に見える通りであり、『宋書』百官志が儀同三司ではなく敢えて班同三

司としているのも、銀印青綬のまま班——朝位のみが、三司と同じになったという点を強調していると解釈したい。また、将軍であるから武官側に位置していたであろう。加わる対象が車騎将軍、列侯と異なってはいるが、「公」の武官側の朝位のみを与えたという意味で、班同三司は特進と全く同じものなのであった。しかしこれ以後、班同三司には朝位以外の諸権限が付け加えられることによって特進との明確な差別化がなされる。馬防の次に車騎将軍となった竇憲は

乃ち憲を車騎將軍に拜し、金印紫綬、官屬司空に依る。（『後漢書』列伝十三　竇憲伝）

と、ここで始めて金印紫綬と「公」と同じ官属を与えられている。そして、先に挙げた『続漢書』輿服志下第三十・紫綬条注の続きに

和帝竇憲を以て車騎將軍と爲し、始めて金紫を加え司空に次がしむ。

とあるように、班同三司と同じく「公」の朝位を得、また掾を辟召しており[39]、これが最初の開府儀同三司と考えられる。すなわち、開府儀同三司は銀印青綬の「卿」へと格下げになった車騎将軍に「公」の朝位及び権限——官属、辟召権、金印紫綬を与える所から始まったのであった。以後、安帝期の閻顕に至るまでの車騎将軍の殆どが絶坐、もしくは儀同三司を与えられている[40]。

このように後漢初期の車騎将軍が儀同三司を必要とし続けていた事から考えれば、先に挙げた胡広の説は理解できるであろう。後漢の車騎将軍は銀印青綬の「卿」なのであるから、儀同三司が与えられない限り「公」の朝位を有する特進の上位には就き得ないと言っていたのである。最終的に文散官として完成する開府儀同三司、特進という序列は、車騎将軍＋開府儀同三司、列侯＋特進という武官側の朝位から始まったも

のなのであった。
閻顕以降の車騎将軍に儀同三司が与えられた例は見られないが、掾属を辟召した例が見られるので[41]、後漢中期頃に儀同三司を吸収して前漢と同じ状態に戻ったと考えられる。車騎将軍が朝位、権限ともに「公」に復すると、儀同三司が与えられる対象は、後漢末に増加し、かつ常官化した雑号将軍に拡大していった[42]。しかし、この将軍の常官化と増加によって、漢代の「公」「卿」「大夫」「士」という身分は大きく揺らぎ、その結果、特進の位置も大きく変化することになる。

第三節　魏晋

（一）礼制の転換

漢魏革命によって漢魏の朝廷が入れ替わった際、漢の列侯は関内侯より下の関中侯へと降格され朝位を失ったが[43]、それにとってかわったのは、主に魏の列侯ではなく増加し常官化した将軍であった[44]。奉朝請というタームではないが『三国志』巻四十　劉封伝・裴注所引『魏略』に

（孟）達死して後、（丁）儀宛に詣りて司馬宣王に見え、宣王勸めて來朝せしむ。儀京師に至るに、詔して轉じて儀を樓船將軍に拜し、禮請の中に在らしむ。

とあり、この「禮請」を趙一清氏は奉朝請と同義とする[45]。後漢の天下統一後、将軍が廃止されて特進と奉朝請の列侯に分別されたことは先述したが、三国鼎立の状態では将軍→列侯という置換がなされなかったので

ある。このため魏では（列侯であることが条件だが）将軍にも特進が与えられるようになった。ただ、車騎将軍より格上の驃騎将軍にも特進が与えられているのは、将軍の増加、常官化による価値下落が原因であろう。事実、驃騎将軍等金印紫綬の将軍――金紫将軍の身分について見ると、魏の委贄儀礼に関する記事に[46]

魏明帝青龍二年、詔して司空に下すらく「征南将軍見に金紫督使、位高く任重し。近者の正朝、乃ち卿校と同じく羔を執るは、非なり。自今以後、特進に従い、應に璧を奉ずべきこと故事の如くせよ」と。（『通典』巻七五　天子上公及諸卿校大夫士等贄）

とあって、金紫将軍は羔を贄とする「卿」となっており、また、それが問題視されている。さらに、後漢の車騎将軍が印綬まで銀印青綬へと格下げになったのとは異なり、金印紫綬のまま「卿」となっていて、漢代の金印紫綬＝「公」という図式が崩れている。一方、特進は漢代と同じく璧を執っている[47]。璧を執り得るのは「公」か「侯」で、特進は列侯として璧を執るわけだが、列侯の朝位は「公」か「卿」以下のいずれかに分かれるのは前節で論じた。明帝の意図は金紫将軍の身分を「卿」から「公」に引き上げることにあり、「公」の朝位を有するからこそ特進を引き合いに出したのであろう。この詔に対して、博士の高堂隆は、金紫将軍以外の諸官の身分、及びその判断基準をこう論ずる。

博士高堂隆議して曰く、「周禮を按ずるに『公は桓珪を執る』公は上公九命の、陝を分かちて理む、及び二王の後を謂うなり。今の大司馬公・大將軍、實に東西を分征すれば、上公と謂うべし。山陽公・衛國公は、則ち二王の後なり…周禮を按ずるに、王の官唯だ公のみ璧を執る。漢代の大將軍、驃騎・車騎・衛將軍、府を開き掾屬を辟召して、公と儀を同じくすれば、則ち璧を執るは可なり。『孤は皮帛、卿は羔』孤は天子七命の孤、及び大國四命の孤を謂い、公に副たりて王と道を論じ、六卿より尊し、其の贄を執るに、虎皮を以て束帛を表す。今の九卿の列、太常・光祿勳・衛尉、六卿より尊く、其の贄を執ること孤の如きなり。其の朝正、皮帛を執るは可なり。三府の長史、亦た公の副にして、孤に似ること有りと雖も、實は卿より卑しければ、中大夫の禮可なり。公の孤、天子に覜聘し、及び其の君に見ゆるに、其の贄は豹皮を以て束帛を表す。今未だ其の官有らず、意は山陽公の上卿を謂い、以てこれに當つべし。卿は六官六命の卿、及び諸侯の三命再命の卿を謂うなり。今の六卿及び永壽・永安・長秋・城門五校皆羔を執るは可なり。諸侯の卿、自ら其の君においても亦たこれの如し、天子の卿大夫羔鴈を飾るに繢を以てす。諸侯の卿大夫羔鴈を飾るに布を以てす。州牧郡守功德を以て勞を賜い、秩中二千石に比す者、其の入りて朝覲するに、宜しく卿に依りて羔を執るべし。金紫將軍秩中二千石、卿と同じ。『大夫は鴈を執る』とは天子の中下大夫の四命、及び諸侯の再命一命の大夫を謂うなり、其の位卿より卑し。今の三府の長史及び五命、二千石の著わる者なり。博士儒官、歷代禮服大夫に從わば、前の如く鴈を執るは可なり。州牧郡守未だ勞を賜わざる者、宜しく大夫に依りて鴈を執り、皆飾るに繢を以てす。諸縣の秩千石、六百石の令、古の大夫なり、若し或いは會覲すれば、宜しく鴈を執り、飾るに布を以てすべし。『士は雉を執る』とは天子の三命の士、及び諸侯の一命再命の士を謂うなり。府史以下、比長庶人の官に在るに至るまで、亦たこれを士と謂う。諸縣の四百石、三百石の長、士禮に從いて雉を執るは可なり」と。（同上）

ここで高堂隆が身分分けに用いた典拠は、彼が言う通り『周礼』で、春官の大宗伯と典命である。ここでは省略したが、諸侯王にあたる「侯」「伯」、公主にあたる「子」「男」を除くと、漢代の「公」「卿」「大夫」「士」という身分に加え、「卿」の上に新たに「孤」が見える。これは『周礼』に見える六卿説と九卿説を同時に満足させるべく、孤の数を三と定めて九卿を三孤と六卿として解釈したもので、(48) 高堂隆はこれを魏の九卿の官にあてはめて太常・光禄勲・衛尉を「三孤」としたのである。身分分けの基準は、魏から導入された官品ではなく、漢代と同じく官秩であることは明らかで、金紫将軍は中二千石という官秩によって「卿」と判断されている。そして「公」の定義は何かというと、「開府辟召掾屬」、すなわち開府儀同三司を与えられることであり、再び将軍から開府の権限が奪われたことを意味する。州牧郡守が「勞」[49]の有無によって「卿」と「大夫」に変化し得る曖昧な部分もあるが、秩千石と考えられる三府の長史等から判断して、千石が「卿」と「大夫」を分ける基準として良い。『周礼』を典拠としてはいるが、ほぼ漢代式を踏襲している。

　高堂隆の説では、金紫将軍は理念上、官秩による身分にうまく組み込まれていたかに見えるが、嘉平六年の朝位を示したものと考えられる、斉王芳の廃位を請う上奏文の連署に

> 是において乃ち群臣と共に奏を永寧宮に爲して曰く「守尚書令太尉長社侯臣孚、大將軍武陽侯臣師、司徒萬歳亭侯臣柔、司空文陽亭侯臣沖、行征西安東將軍新城侯臣昭、光祿大夫關内侯臣邕、太常臣晏、衛尉昌邑侯臣偉、太僕臣嶷、廷尉定陵侯臣繁（毓）、大鴻臚臣芝、大司農臣祥、少府臣褒（袤）、永寧衛尉臣禎（楨）、永寧太僕臣閎（閣）、大長秋臣模、司隸校尉潁昌侯臣曾、河南尹蘭陵侯臣肅、城門校尉臣慮、中護軍永安亭侯臣望、武衛將軍安壽亭侯臣演、中堅將軍平原侯臣德、中壘將軍昌武亭侯臣廙、屯騎校尉關内侯臣陔、步兵校尉臨晉侯臣建、射聲校尉安陽鄉侯臣溫、越騎校尉睢陽侯臣初、長水校尉關内侯臣超、侍中臣小同、臣顗、臣酆、博平侯臣表、侍中中書監安陽亭侯臣誕、散騎常侍臣瓌、臣儀、關内侯臣芝、尚書僕射光祿大夫高樂亭侯臣育、尚書關内侯臣觀、臣嘏、長合鄉侯臣亮、臣贊、臣騫、中書令臣康、御史中丞臣鈐、（太學）博士臣範、臣峻等稽首して言わく…」（『三国志』巻四　三少帝紀・斉王芳　裴注所引『魏書』[50]）

とあって、高堂隆が「孤」とした太常の上に行征西安東将軍新城侯臣昭がある（もう一つ注目すべきは、光禄

勲の属官であった光禄大夫も太常以下の諸卿の上位となった点だが、これについては（二）にて述べる）。この臣昭は司馬昭で、彼の本官安東将軍は開府儀同三司も特進も与えられていない単なる金紫将軍＝「卿」であった[51]。このように、高堂隆の身分分けは現実の朝位に何ら影響を及ぼしてはいなかったし、漢代以来の官秩による身分分けでは、将軍の増加に伴う金紫将軍の身分低下に対応することはできなくなっていたのである。

このため、「孤」と金紫将軍は、魏晋革命直前の咸熙元年に律令・官制・礼制の改革が行われた際、身分分けの基準を変えることによって解決がはかられる。『喪服要記』の撰者賀循は、晋における身分、及びその判断基準をこう述べる。

晉賀循云わく「古者の六卿、天子の上大夫なり。今の九卿・光祿大夫・諸秩中二千石なる者これに當つ。古の大夫六卿に亞ぐ、今の五營校尉・郡守・諸秩二千石なる者これに當つ。古の中士上士大夫に亞ぐ、今の尚書丞郎・御史及び秩千石・縣令官六品に在る者これに當つ。古の中士上士に亞ぐ、今の東宮洗馬・舍人・六百石・縣令官七品に在る者これに當つ。古の下士中士に亞ぐ、今の諸縣長丞尉官八品九品に在る者これに當つ」と。

（『通典』巻四八　諸侯大夫士宗廟夾注）

賀循は東晋成立初年に没しているから、この身分分けは西晋期のものであろう。ここでは官秩と官品が併記されているが、「上士」の尚書丞郎・御史は県令官六品と同じく六品、「中士」の東宮洗馬、舎人も県令官七品と同じく七品で[52]、明らかに官品による身分分けである。残りの官品は、九卿・光禄大夫が三品、五営校尉が四品、郡守が五品であるから、「六卿」＝三品、「大夫」＝四・五品、「上士」＝六品、「中士」＝七品、「下士」＝八・九品となる。この移行に伴い、以前「卿」であった二千石、「大夫」であった千石がそれぞれ「大夫」「士」へと格下げとなった[53]。三品に相当する「六卿」より上位の、一品・二品の身分について、ここ

漢の身分区分

官秩	身分	贄	印綬
万石	公	璧	金印紫綬
中二千石	卿	羔	銀印青綬
二千石			
千石	大夫	雁	銅印墨綬
六百石			
四百石	士	雉	銅印黄綬
三百石			
二百石			

比秩は省略した

→

西晋の身分区分

官品	身分	贄
一品	公	璧
二品	孤	皮帛
三品	卿	羔
四品	大夫	雁
五品		
六品	上士	雉
七品	中士	
八品	下士	
九品		

では触れられていないが、先に見た通り「六卿」の上には「三孤」と「三公」があり、「六卿」と言う以上、賀循が「三孤」を想定していたことは間違いない。また、晋の「孤」は賀循個人が提唱したものではなく、礼制改革の担当者の荀顗が正式に採用した身分であった[54]。ただ、先の賀循の説では九卿の官を「六卿」としており、高堂隆が九卿の官を「三孤」と「六卿」に分けたのとは異なっている。それでは何が「孤」とされたかというと、金紫将軍であり[55]、特進であった。『北堂書鈔』巻五二所引の『傅咸集』に

公は品第一、珪を執り、侍臣の上に坐す。特進は品第二、皮帛を執り、侍臣の下に坐す。

とあって、特進は皮帛を贄とする二品の「孤」とされている。傅咸は恵帝元康四年に没し、また、魏の特進は「璧」を贄としていたから、これは西晋初期の記事と考えてよい。漢魏を通じて、「侯」の身分で「公」の朝位についていた特進がなぜ「孤」とされたのだろうか。

（二）特進と光禄大夫

繰り返し述べた通り、漢魏において特進を与えられる条件は列侯爵を有する事であった。しかし、礼制改革と同時に、列侯の上級爵として五等爵

が設置され、魏の列侯の大半に五等爵が与えられた[56]。これによって特進が与えられる条件が列侯爵から五等爵を有する事へと移行したかというとそうではない。晋代に特進を与えられた者を爵のみに注目してみると、五等爵のみならずその上位にある諸侯王や、列侯の下位にある関内侯まで非常に幅広い[57]。つまり、五等爵の導入によって特進は爵との関連、及び列侯の加官という本来の機能を失っていたのである[58]。そして、従来武官側に位置していたが、『晋書』職官志に

左右光祿大夫、金章紫綬を假し、光祿大夫の金章紫綬を加うる者、品秩第二、祿賜、班位、冠幘、車服、佩玉、吏卒羽林及卒を置き、諸賜給する所皆な特進と同じ。

とあって、文官側に位置している。おそらく、特進が「孤」とされたのは、同じく二品官の金紫将軍[59]と「孤」として文武対にすることを意図したものであろう。これによって、晋における身分は、一品が「公」、二品が「孤」となり、金紫将軍の身分、及び朝位との乖離は一応解決されたのである[60]。

ただ、晋代において、二品のみならず、一品から三品の将軍と寄り添う形で対になったのは光禄大夫であった。魏の光禄大夫が太常以下の諸卿より上位にあったことは先に見た。漢代、比二千石であった光禄大夫は、魏において中二千石に引き上げられ、三品官となった。また、漢代では印綬がなかったが、魏における例を確認できないものの、晋以降光禄大夫には銀章青綬が仮せられるようになり、まれに銀青光禄大夫と呼ばれる（以下三品の光禄大夫を銀青光禄大夫と呼ぶ[61]）。さらに、将軍の加官であった開府儀同三司が与えられるようになり、金印紫綬が与えられる[62]。その際、魏では光禄大夫開府儀同三司とはならず、左光禄大夫開府儀同三司、右光禄大夫開府儀同三司のいずれかとなる。晋ではこれら三種の光禄大夫に加え、二品官として、左光禄大夫、右光禄大夫を置いた。開府儀同三司の場合と違って三公待遇は与えられず、属僚もないに等し

いが、印綬は金章紫綬である。同じく二品官として金紫光禄大夫も置かれた。この光禄大夫は光禄大夫加（仮）金章紫綬とも呼ばれる。さらに、この金紫光禄大夫にも開府儀同三司が与えられたから、晋代、光禄大夫は、左、右、金紫光禄大夫開府儀同三司（一品、金章紫綬）、左、右、金紫光禄大夫（二品、金章紫綬）、銀青光禄大夫（三品、銀章青綬）の計七種となり

一品	二品	三品
左・右・金紫光禄大夫開府儀同三司	左・右・金紫光禄大夫	銀青光禄大夫
将軍開府儀同三司	金紫将軍	三品将軍

という形で将軍と対となった。このように、光禄大夫による序列が形成されたために、左、右、金紫光禄大夫と朝位を同じくする特進は浮いてしまうのだが、晋の特進とこれら光禄大夫との関連は実のところよくわからない。ただ、前掲『傅咸集』の続きに

舊制有るを以て、今啓すらく特進宜しく璧を執りて公に繼がしむべし、と。

とあり、これを受けてかどうかは不明だが『通典』巻三四　文散官・特進に

晉惠帝元康中令を定め、特進位諸公に次ぎ、開府驃騎の上に在らしむ。

と、特進は「公」に引き上げられている。これによって、以前のように「公」の朝位についたとすれば、二品の左、右、金紫光禄大夫と班位が同じという先程の説と矛盾してしまう。果たして特進が二品の「孤」とされたのは一時的なものであったのか、それを調べるには志だけではなく紀伝に見える実例を検討すれば良いのだが、『晋書』の性格上、紀伝で官歴が異なることがまま見受けられ、特進が同時に保持する官に法則

性がなく、また、東晋では専ら追贈官として用いられているため、晋の特進は、爵の影響から脱し、二品の文官となったという程度しか指摘できない。しかし、ここで挙げた「公」について、また、光禄大夫との関連は南朝の事例から明らかにすることができる。南朝に目を転じよう。

第四節　南朝

先に見た通り、特進が「公」とされたのは晋の恵帝の令によってであり、それは『南斉書』百官志、『隋書』百官志の梁官制の記述にも引き継がれ、特進は「従公」とされているが[63]、列伝中からは「公」や「従公」としての用例は見当たらない。『南斉書』巻三三　王僧虔伝は、王僧虔が侍中・左光禄大夫・開府儀同三司を授けられようとした時のことを

授かるに及び、僧虔兄の子倹に謂いて曰く「汝の任朝に重く、行當《まさ》に八命の禮有るべし。我れ若し復た此の授あらば、則ち一門に二台司有り、實に畏懼すべし」と。乃ち固辞して拝さず、上優してこれを許し、改めて侍中・特進・左光祿大夫を授く。

と記す。彼の拒んだ台司――「公」――開府儀同三司のかわりに与えられたのが特進であった。逆に台司を望んで儀同（開府儀同三司）を請うた梁の沈約は武帝に許されず、かわりに特進を与えられている（『梁書』巻十三　沈約伝）。言い換えれば「公」を避ける手段として特進は用いられているのであり、南朝の特進が「公」や「従公」ではなかったことを端的に示している[64]。

しかし西晋初期と同じ状態だったわけではない。宋・斉・梁に特進となった人物が同時に保持する官に注

附表3　南朝の特進

王朝	皇帝	名前	爵名	同時に保持する官	備考	出典
宋	武帝	なし				
	少帝	范泰	陽遂郷侯	金紫光禄大夫・散騎常侍	−	『宋書』60
	文帝	范泰	陽遂郷侯	車騎将軍・侍中・江夏王師	追贈	『宋書』60
		王球	−	金紫光禄大夫・散騎常侍	追贈	『宋書』58
		王敬弘	−	左光禄大夫・侍中	−	『宋書』66
		謝澹	−	金紫光禄大夫・侍中	−	『南史』19
		殷穆	−	右光禄大夫・始興王師	−	『宋書』59
	孝武帝	何尚之	都郷侯(?)	左光禄大夫・侍中	−	『宋書』66
		顔延之	−	金紫光禄大夫・散騎常侍	追贈	『宋書』73
		朱脩之	南昌県侯	金紫光禄大夫	−	『宋書』76
		朱脩之	南昌県侯	侍中	追贈	『宋書』76
		羊玄保	−	右光禄大夫・散騎常侍	−	『宋書』6
		褚湛之	都郷侯	驃騎将軍・尚書左僕射・侍中	追贈	『宋書』52
	前廃帝	劉休仁	建安王	左光禄大夫・護軍将軍	−	『宋書』72
		劉遵考	営浦県侯	右光禄大夫・散騎常侍・崇憲太僕	−	『宋書』51
	明帝	劉遵考	営浦県侯	右光禄大夫・侍中・崇憲太僕	−	『宋書』51
		王玄謨	曲江県侯	左光禄大夫・護軍将軍	−	『宋書』8
		王僧朗	−	左光禄大夫・侍中	−	『宋書』85
		劉思考	−	金紫光禄大夫・散騎常侍	追贈	『宋書』51
	後廃帝	王琨	−	金紫光禄大夫・散騎常侍・弘訓太僕	−	『南斉書』32
	順帝	なし				
斉	高帝	なし				
	武帝	王延之	−	右光禄大夫・州大中正・竟陵王師	−	『南斉書』32
		王延之	−	右光禄大夫・散騎常侍	追贈	『南斉書』32
		王僧虔	−	左光禄大夫・侍中	−	『南斉書』33
		張緒	−	金紫光禄大夫・散騎常侍	追贈	『南斉書』33
	鬱林王	なし				
	海陵王	なし				
	明帝	なし				
	東昏侯	なし				
	和帝	なし				
		王份	−	左光禄大夫・侍中	−	『梁書』21
		何胤	−	右光禄大夫	不就	『梁書』51
		夏侯詳	豊城県公	右光禄大夫	−	『梁書』10

梁	武帝	徐勉	−	右光禄大夫・中衛将軍・侍中	−	『梁書』25
		沈約	建昌県侯	左光禄大夫・侍中・太子少傅	−	『梁書』13
		陸杲	−	金紫光禄大夫・州大中正	−	『梁書』26
		蕭琛	−	金紫光禄大夫	−	『梁書』26
		袁昂	−	左光禄大夫・司空・侍中・尚書令	−	『梁書』31
	簡文帝	なし				
	豫章王	なし				
	元帝	裴之高	都城県男	金紫光禄大夫	−	『梁書』28
	貞陽侯	なし				
	敬帝	なし				
陳	武帝	章景明	広徳県侯(*1)	金紫光禄大夫	追贈	『陳書』7
	文帝	王沖	安東亭侯(?)	左光禄大夫・侍中・中権将軍・開府儀同三司(*2)	−	『陳書』17
		徐世譜	魚復県侯	安右将軍・侍中(?)	−	『陳書』13
	廃帝	なし				
	宣帝	杜稜	永城県侯	侍中・鎮右将軍・護軍将軍	−	『陳書』12
		陸繕	−	金紫光禄大夫・侍中	追贈	『陳書』23
		張種	−	金紫光禄大夫(?)	追贈	『陳書』21
		沈欽	建城侯	翊左将軍・侍中	追贈	『陳書』7
		王通	平楽亭侯	左光禄大夫・安右将軍・侍中	−	『陳書』17
		王瑒	−	護軍将軍・侍中	追贈	『陳書』23
		周弘正	−	国子祭酒・州大中正	−	『陳書』24
	後主	徐陵	建昌県侯	左光禄大夫・侍中・鎮右将軍	追贈	『陳書』26
		謝伷	不明	−	−	『陳書』6(*3)
		沈恪	東興県侯	金紫光禄大夫・散騎常侍	−	『陳書』12
		陳伯恭	晋安王	鎮右将軍	−	『陳書』28
		陳伯仁	廬陵王	不明	−	『陳書』6(*4)
		陳伯智	永陽王	翊左将軍・侍中	−	『陳書』28
		袁敬	−	金紫光禄大夫	−	『陳書』17

体例は附表1に同じ。
*1 追封。
*2 この開府儀同三司は中権将軍の加官。
*3 無伝。
*4 紀伝で官歴の齟齬あり。

目すると、范泰・朱脩之・褚湛之の三人に追贈された場合を除いて、みな左・右・金紫の三光禄大夫のいずれかを有している（附表3を参照）[65]。つまり、特進は左・右・金紫光禄大夫の加官となっていたと想定し得るのである。南朝の光禄大夫は唐代のように職事官と截然と区別されていたわけではなく、また他官に転出していく場合が多いのだが、諸光禄大夫を遷転し、かつ特進となったものの官歴を検討することにより、特進と諸光禄大夫との関係を把握できる。光禄大夫・特進・開府儀同三司には〔　〕を付した。

宋　王敬弘　尚書令→〔左光禄大夫・特進〕・侍中→〔左光禄大夫・開府儀同三司〕・侍中[66]

　　范泰　〔金紫光禄大夫〕・散騎常侍・国子祭酒→〔金紫光禄大夫・特進〕・散騎常侍・国子祭酒→〔金紫光禄大夫・特進〕・散騎常侍→〔左光禄大夫・特進〕・侍中・国子祭酒・江夏王師

　　顔延之　〔銀青光禄大夫〕→〔金紫光禄大夫〕・湘東王師→〔金紫光禄大夫〕→（追贈）〔金紫光禄大夫・特進〕・散騎常侍

　　羊玄保　散騎常侍・崇憲衛尉→〔金紫光禄大夫〕→〔右光禄大夫〕→〔右光禄大夫・特進〕・散騎常侍

　　王琨　〔金紫光禄大夫〕・弘訓太僕・散騎常侍→〔金紫光禄大夫・特進〕・弘訓太僕・散騎常侍→〔右光禄大夫・特進〕・弘訓太僕・散騎常侍

梁　王份　尚書左僕射・侍中・将作大匠→〔右光禄大夫〕・散騎常侍→〔左光禄大夫・特進〕・侍中

そして先の、開府儀同三司を拒否して（また拒否されて）特進を与えられた、斉の王僧虔、梁の沈約の例を加えうる。二人は左光禄大夫を有していた。これらの例から開府儀同三司・特進という序列と、左・右・金紫という光禄大夫の序列とが複合していたことがわかる。図示すると

一品	二品	三品（官品は宋品）
左・右・金紫光禄大夫＋開府儀同三司	左・右・金紫光禄大夫＋特進	
	左・右・金紫光禄大夫	銀青光禄大夫

となる。特進は西晋において形成された光禄大夫の序列の中に組み込まれていたのである。品制から班制に移行した梁では左右光禄大夫と金紫光禄大夫との間に差が生じているが、左・右・金紫を問わず開府儀同三司・特進が加えられており、この序列に変化はない[67]。なお、陳を除外したのは例外が多く見られるからで、特進が光禄大夫の加官としてではなく単独で与えられた可能性も否定できないが、光禄大夫を有しているものも混在し、また、

〔右光禄大夫〕・安右将軍・州大中正→〔左光禄大夫〕・安右将軍→〔左光禄大夫・特進〕・安右将軍・侍中と遷転した王通の例も見られるので、陳にもこの序列が引き継がれた、と一応考えておきたい。それでは、西晋における礼制の転換と五等爵の導入によって爵から切り離された特進が、なぜ光禄大夫の加官に取り込まれていったのか。

特進が「公」（正確には光禄大夫開府儀同三司）を避ける為に用いられていたことは先に見た。では南朝の「公」は忌避すべきものだったのか。南朝に限らず魏晋以後の政治の中枢は尚書等に移り、「公」に実権は殆どない。宋初、范泰が司徒のことを「外戚高秩次第の至る所なるのみ（『宋書』巻四六　趙倫之伝）」と言っているのは――もとよりこれは范泰の戯れ言だが――三公、ひいては「公」についてよく言い表している。ただ、政治中枢となった尚書も、尚書令を筆頭に職務を放棄し、中書や門下でも同様の状態となって、実権は中書舎人や尚書令史の手に落ち、最終的には顔之推を概嘆せしめた南朝貴族の空洞化をもたらすようになる。

これを『通典』巻二二　尚書令の「齊梁舊左僕射を用い、司空に美遷す」[68]という記事と照合するならば、尚書令以下の諸官とても南朝では、最終的に「公」へと至る「障害物競走のように、ただ通過しさえすればよい」[69]ポストに過ぎなくなる。皇帝や側近の寒人の側からすれば、貴族を尚書等から排除して「公」へと押しやることは文字通り敬遠だが、貴族もそれを拒みはしなかったし[70]、家格が劣る場合でも、沈約のように自ら「公」となることを求めたものがいたのである。

しかし王僧虔の言葉を借りれば、一門に台司は一人で充分であり、朝隠の一種かもしれないが、偽善も含めたその他の理由によって「公」を避けようとする人物は多かった。そのような「公」を避けた人物の受け皿としての需要、及び特進と左・右・金紫光禄大夫の班位が同じであったことが、特進を光禄大夫の序列の中に組み込み、かつ開府儀同三司・特進という序列を生む要因となったと思われる。ただ、開府儀同三司を避けたものばかりに特進が与えられたわけではなく、王敬弘のように特進から開府儀同三司へと進むものもいた。

以上、陳では検討の余地が残るものの、漢代、列侯の加官であった特進は、南朝では光禄大夫の序列に組み込まれ、これによって光禄大夫は計十種となり四つのブロックを形成するようになった。この四つのブロックが唐の文散官の、あの独特の上位序列の起源だったのは言うまでもないだろう。この序列は北魏孝文帝の官制改革の際に北朝にも採用されたであろうが、先述したように北周・隋では、開府儀同三司・特進・光禄大夫と続く序列は現れなかった。その一因として、西魏以後の府兵制の進展により、開府儀同三司のバリエーションの上開府儀同三司や上儀同三司等が生まれ、六柱国を頂点とする指揮系統に組み込まれたことが挙げられる。ただバリエーションを生んだのはあくまで将軍の開府儀同三司であり、文官側になぜこの序列が残らなかったのか検討する必要はあるが、別の課題に属するであろう。ここではこの序列の持つ意義、及び唐制への展望を述べて結びにかえたい。

むすびにかえて

従来の散官研究では、唐代散官の最も重要な機能である階官としての機能がいつ生じたかという点に関心があったために、整理・体系化されておらず、致仕・養疾の官としての性格が強い南朝の諸大夫は等閑視され、光禄大夫による序列形成についても触れられることはなかった。先述した通り、南朝では散官と職事官という制度上の区別はなく、光禄大夫の四つのブロックは三公と九卿の間に位置するし、致仕・養疾によって光禄大夫に任ぜられたものが多いことも否定しない。しかし、致仕・養疾の官としての性格も唐代散官に影響を及ぼしている。

ここで一旦列侯爵に戻って考えてみたい。漢代の列侯は朔望参朝する事ができ、その際朝位の基準となったのは官秩による身分であった。これは、大庭脩氏が指摘されるように官制秩序と爵制秩序の接点である。(71)同じく氏が指摘されるように漢代を通じて官制秩序が爵制秩序を凌駕した結果、後漢末の霊帝中平四年には関内侯までもが売爵の対象となり、列侯は二十等爵最後の砦となっていた。しかし、晋の五等爵導入によって列侯の価値は低下し、さらには晋の東遷によって爵そのものが実質的価値を失うと、漢代の列侯が果たしていた役割は魏晋南朝にかけて、光禄大夫と将軍に分化していくのである。

列侯に限らず（商鞅変法後の）爵は本来軍功に対する褒賞であった。しかし、前漢では軍功によらずに列侯となる場合があった。王子侯と恩沢侯である。そのうち恩沢侯となるものは丞相と外戚であった。宗室の王子侯を除外すると、列侯は軍功あるもの、丞相（のち三公）、外戚に与えられるようになったわけである。

この三者の内、早くも後漢において三公の封侯は立ち消えになり、列侯が与えられる対象は軍功あるもの、外戚となった。この両者は南朝に入ると、軍功に対する褒賞は将軍へと変わり[72]、外戚に与えられるのは専ら金紫光禄大夫へと変化していった（附表4を参照）[73]。

この、列侯から将軍・光禄大夫へという流れは奉朝請（朝朔望、就第）についてもあてはまる。奉朝請と同義とされる礼請将軍については第三節㈠において既に見た。そして光禄大夫は魏晋以後第に帰るようになるが[74]、この就第も奉朝請、朝朔望とリンクする。第三節㈡で挙げた斉王芳の廃位を請う上奏文が作成されたのは「公卿中朝大臣会議」においてであった[75]。そこに名を連ねていた光禄大夫は紛れもなく公卿の一員であり、朔望に行われる定例の公卿議に参加していたと考えられるからである[76]。光禄大夫が致仕・養疾の官として理解されるのは、朔望に参朝するだけだからなのである。

さらにこれは唐代散官に引き継がれる。唐代の朔望朝参は在京九品以上の職事官を対象とするが、散官も——漢代の列侯のように免官されたものではなく、「以理去官者」（ただし「理」には致仕も含まれる）で、かつ五品以上に限られているが——それに加わることができた[77]。つまり光禄大夫等の名称や開府儀同三司、特進と続く序列とともに、奉朝請という特権も、列侯から将軍・光禄大夫を経由して唐の散官に継授されていくのである。『旧唐書』巻六八　尉遅敬徳伝の「（貞観）十七年、抗表して骸骨を乞い、開府儀同三司を授け、朔望に朝せしむ」という記事が『新唐書』巻八九では「老いて第に就き、開府儀同三司を授け、朔望に朝せしむ」となっているのは、宋人の手が加わっていることを差し引いても、漢代の免官→就第→奉朝請が、唐代では以理去官→就第→朝朔望として引き継がれていることの傍証となろう。特進が列侯の加官から光禄大夫の加官へと変わり、最終的に文散官の中に名称を留めたのは、礼制の転換と五等爵の導入が直接の原因ではあったが、ここで述べた、列侯から光禄大夫へ、そして散官へという趨勢に合致していたのである。

附表 4　南朝の后父

名前	后名	官名	爵名	出典	備考
趙裔	孝穆趙皇后	金紫光禄大夫	臨賀県侯*1	『宋書』41	追贈
蕭卓	孝懿蕭皇后	金紫光禄大夫	封陽県公*1	『宋書』41	追贈
臧儁	武敬臧皇后	金紫光禄大夫	高梁亭侯*2	『宋書』41	追贈
袁湛	文帝袁皇后	左光禄大夫・開府儀同三司	－	『宋書』52	追贈*3
王偃	孝武文穆王皇后	金紫光禄大夫・領義陽王師・散騎常侍	－	『宋書』41	－
何瑀	前廃帝何皇后	金紫光禄大夫・散騎常侍	－	『宋書』41	追贈*4
王僧朗	明恭王皇后	特進・左光禄大夫	－	『宋書』85	もと金紫光禄大夫
江季筠	後廃帝江皇后	金紫光禄大夫	－	『宋書』59	追贈
謝颺	順帝謝皇后	金紫光禄大夫	－	『宋書』85	追贈
陳肇之	宣孝陳皇后	金紫光禄大夫	－	『南斉書』20	追贈
劉寿之	高昭劉皇后	金紫光禄大夫	－	『南斉書』20	追贈
裴璣之	武穆裴皇后	金紫光禄大夫	－	『南斉書』20	追贈
王曄之	文安王皇后	金紫光禄大夫	－	『南斉書』20	追贈
何戢	鬱林王何妃	侍中・光禄大夫	－	『南斉書』32	追贈*5
劉景猷	明敬劉皇后	金紫光禄大夫	－	『南斉書』20	追贈
褚澄	東昏褚皇后	－	－	『南斉書』20	追贈*6
張穆之	太祖献皇后張氏	金紫光禄大夫	－	『梁書』7	追贈
郗燁	高祖徳皇后郗氏	金紫光禄大夫	－	『梁書』7	追贈
王騫	太宗簡皇后王氏	金紫光禄大夫	南昌県公*2	『梁書』7	追贈*4
徐緄	世祖徐妃	－	－	『梁書』7	不明
章景明	高祖宣皇后章氏	特進・金紫光禄大夫	広徳県侯*1	『陳書』7	追贈
沈法深	世祖沈皇后	金紫光禄大夫	建城県侯	『陳書』7	追贈
王固	廃帝王皇后	侍中・金紫光禄大夫	莫口亭侯*2	『陳書』21	廃帝即位時
柳偃	高宗柳皇后	皇后父であることによる任官無し	－	『陳書』7	－
沈君理	後主沈皇后	皇后父であることによる任官無し	－	『陳書』7	－

凡例　光禄大夫加金章紫綬は金紫光禄大夫に統一した。
*1 金紫光禄大夫を与えられた後に封ぜられた。
*2 外戚であることとの因果関係なし。
*3 皇后父としての追贈前に左光禄大夫を追贈。
*4 皇后父としての追贈か不明。
*5『南史』30 は右光禄大夫につくる。
*6『南史』28 では金紫光禄大夫を追贈。

【注】

（1）礪波護二〇一一参照。

（2）各序列は

北周散員　左右光禄大夫、左右金紫光禄大夫、左右銀青光禄大夫…

隋文帝散官　特進、左右光禄大夫、金紫光禄大夫、銀青光禄大夫…

煬帝散職　開府儀同三司、光禄大夫、左右光禄大夫、金紫光禄大夫、銀青光禄大夫…

となっている。宮崎市定一九五六、第二篇第五章、「北朝の官制と選挙制度　十五　隋代の新制度」参照。

（3）唐代散官の形成に関しては宮崎市定一九五六、高橋徹一九九五、黄清連一九八七、王徳権一九九一、窪添慶文二〇〇三、閻歩克二〇〇〇b、同二〇〇一、同二〇〇二等を参照。

（4）光禄大夫の職事がなくなり、朝位のみを示す官となるのは魏以後である。米田健志一九九八参照。

（5）『漢書』巻十九上　百官公卿表上

侍中・左右曹・諸吏・散騎・中常侍皆加官、所加或列侯・將軍・卿大夫・將・都尉・尚書・太医・太官令至郎中、亡員、多至數十人…給事中亦加官、所加或大夫・博士・議郎、掌顧問應対、位次中常侍…

（6）後漢から魏にかけて特進を与えられた者は、のべ五三名いるが、後漢初の樊宏を除き皆列侯である。樊宏は特進を与えられた時列侯ではなかったが、すぐ長羅侯に封ぜられた。

（7）『続漢書』百官志五に

中興以來、唯以功德賜位特進者、次車騎將軍。

と、位が与えられることは記されてはいるが、職掌に関する記載はない。またこの位は「以特進侯就朝位（『漢書』巻九七下　外戚伝下・孝成許皇后）」「以特進就朝位（『後漢書』列伝十三　竇景伝）」とあるように朝位を指す。

（8）永田英正一九七二参照。

（9）奉朝請を内朝官とする説は、大庭脩一九八二a及び、永田英正一九七二に見える。

（10）『史記』巻五八　梁孝王世家・褚少孫補筆

又諸侯王朝見天子、漢法凡當四見耳。始到、入小見。到正月朔旦、奉皮薦璧玉賀正月、法見。後三日、爲王置酒、賜金錢財物。後二日、復入小見、辭去。凡留長安不過二十日。小見者、燕見於禁門内、飲於省中、非士人所得入也…今漢之儀法、朝見賀正月者、常一王與四侯倶朝見、十餘歳一至。

(11)『漢書』巻十五上　王子侯表上に

重侯擔。河間獻王子。(元朔四年)四月甲午封、四年、元狩二年、坐不使人爲秋請免。

とある。代理人を派遣しなかったことが免爵の理由とされていることに注目すべきであろう。

(12)注(5)参照。

(13)関内侯が通常京師に留まり得なかったことは、『漢書』巻九十　酷吏伝・田広明の中の記事から推測できる。公孫勇の謀反を防いだ際、功有ったものを列侯に封じようとしたが、ただ一人「爲侯者得東帰不」と言った者があり、武帝はその意を汲んで関内侯とし郷里を食邑としている。列侯は京師か封邑のどちらかに居らねばならず、関内侯であれば確実に郷里に帰り得る事を端的に示していると言えよう。

(14)大庭脩一九八二b参照。

(15)『漢書』巻七一　薛広徳伝参照。

(16)『漢書』巻七一　于定国伝、巻八二　史高伝参照。

(17)『漢書』巻七一　薛広徳伝参照。

(18)大庭脩一九八二e参照。

(19)魏の例だが、『三国志』巻四　三少帝紀に

(正始)九年春二月、衞將軍中書令孫資、癸巳、驃騎將軍中書監劉放、三月甲午、司徒衞臻、各遜位、以侯就第、位特進。

とあり、同じ措置を巻一四劉放伝は

(正始)六年、(劉)放轉驃騎、(孫)資衞將軍、領監令如故。七年、復封子一人亭侯、各年老遜位、以列侯朝朔望、位特進。

と記す。致仕の紀年にズレがあるが、就第が朝朔望と言い換えられているのは間違いないだろう。

(20)『漢書』巻九二　遊侠伝・陳遵に陳遵と張竦が河内都尉、丹陽太守を免ぜられた際、「以列侯帰長安」とあって長安に帰っている。これは免官→就第と同じ作用であろう。小林昇一九四四参照。ただ、氏は奉朝請と就第を関連付けてはいない。

(21)福井重雅一九八八、渡辺信一郎一九九四、及び、同一九九六、阿部幸信一九九九参照。

(22)『漢書』巻八　宣帝紀・黄竜元年四月条『漢書補注』
王啓原曰、吏六百石有罪先請、即『周禮』議貴之遺意。『周官』小司寇注、議貴、若今時吏墨綬有罪先請、是也。百官表、秩比六百石以上皆銅印墨綬、先鄭以為貴者。蓋漢制以紫綬為公、青綬為卿、墨綬比大夫。六百石比大夫。然有其法而無明文。
(23) 例外として四百石の県長は銅印墨綬の「大夫」とされた。ただ、魏の県令が「大夫」のままであったのに対し、県長は「士」とされている。第三章第一節参照。
(24)『漢書』巻十九上　百官公卿表上
御史大夫、秦官、位上卿、銀印青綬、掌副丞相。
前後左右將軍、皆周末官、秦因之、位上卿、金印紫綬。
(25)『漢書』巻十九上　百官公卿表上は主爵中尉を秦官とするものの、前漢最初期の官名を列挙した張家山漢簡の二年律令・秩律にその名は見えず、当時の列侯が誰に管轄されていたかは不明である。主爵中尉の存在が確認できるのは、景帝期においてである（『史記』巻十一　孝景本紀）。
(26) 伊藤徳男一九五四a、同一九五四b参照。
(27)『漢書』巻九八　元后伝
乃復進成都侯（王）商以特進領城門兵、置幕府、得擧吏如將軍。
(28) 大庭脩一九八二c、及び、石井仁一九九一参照。以後、開府は三公、もしくはそれに準ずる府を有するという意味で用いる。
(29) 後漢の衛将軍は献帝興平元年に楊定が任ぜられるまで空官であった。銭大昭『後漢書補表』及び、万斯同『東漢将相大臣年表』参照。
(30)『後漢書』列伝二三　馮魴伝によれば、馮魴が執金吾を免ぜられたのは章帝建初三年の事で、その間に異動はない。前掲の銭大昭『後漢書補表』、万斯同『東漢九卿年表』も同様に解釈している。
(31) 侍祠侯は南北郊、明堂の祭祀の為に封邑から徴せられた列侯と考えられる。侍祠侯が洛陽に留まり続ける為には滞在中に何らかの官に任ぜられる必要があり、無官のままだと『後漢書』列伝二九　劉般伝に
（建武）二十年、復與車駕會沛、因從還洛陽、賜穀什物、留為侍祠侯。永平元年以國屬沛、徙封居巣侯、復隨諸侯就國。

とあって、封邑へと帰されている。また「復随諸侯就國」の諸侯は劉般と同様に封国から徴せられた列侯と考えられる。

（32）「特進如故」と記されていない場合でも、特進を与えられたのちに九卿クラスの官を遷転した場合には特進のままであり続けた可能性はある。

（33）但し、追贈の際に驃騎将軍・車騎将軍と同時に与えられている場合がある。

（34）廖伯源一九九七参照。

（35）『蔡中郎集』巻三に劉表の事跡を記した「劉鎮南碑」があり

遣御史中丞鐘繇、即拝鎮南将軍、錫鼓吹大車、策命褒崇、謂之伯父。置長史・司馬・従事中郎、開府辟召、儀如三公。

とある。ただ、蔡邕は劉表より先に没しているので、これは蔡邕自身の文章ではあるまい。なお、以後、辟召は公府掾属の辟召の場合にのみ用いる。

（36）廖伯源一九九七参照。

（37）光武帝が天下統一を果たす建武十三年前後に、兵権回収の一環として諸将軍は廃止された。その際、左将軍賈復と右将軍鄧禹は特進、建威大将軍耿弇・建義大将軍朱祐・彊弩大将軍陳俊は奉朝請の列侯とされ洛陽に徴還されている。驃騎大将軍杜茂は誅死、虎牙大将軍蓋延は病死し、また、郡太守を兼任していた将軍は、将軍の印綬を返還している。

（38）ここに挙げた三将軍以外にも、明帝期に東平王劉蒼が驃騎将軍に任ぜられていたが、諸侯王が任ぜられた官として人臣の就く官ではなくなり、霊帝期まで空官となった。銭大昭『後漢書補表』、万斯同『東漢将相大臣年表』参照。また、征西将軍も置かれたが、軍事活動が終わる度に廃止された。石井仁一九九一参照。

（39）『後漢書』列伝四二　崔駰伝

及（竇）憲爲車騎將軍、辟（崔）駰爲掾。

（40）『北堂書鈔』巻六四　車騎将軍条所引『東観漢記』

永平（元）六年、鄧鴻行車騎將軍、位在九卿上、絶坐。

『後漢書』列伝六　鄧騭伝

延平元年拝騭車騎將軍儀同三司。

『後漢書』皇后紀下第十下　安思閻皇后

皇太后臨朝、以（閻）顯爲車騎將軍儀同三司。

(41)『後漢書』列伝三八　応劭伝に

靈帝時擧孝廉、辟車騎將軍何苗掾。

とあるが、何苗は儀同三司を与えられてはいない。

(42)『後漢紀』巻二七　献帝紀・初平三年四月条

於是以呂布爲奮武將軍、假節、開府如三公。

『後漢紀』巻二九　献帝紀・建安元年二月条

春二月、執金吾伏完爲輔國將軍、開府如三公。

(43)『三国志』巻二　文帝紀に

（黄初元年十一月癸酉）以漢諸侯王爲崇德侯、列侯爲關中侯。

とある。魏では列侯・関内侯という漢代の爵の下位に名号侯・関中侯・関外侯・五大夫が置かれ、名号侯以下は虚封であった。この崇徳侯は名号侯で、また漢の宗室であったため魏晋革命まで禁固を受けていた（『晋書』巻三　武帝紀・泰始二年二月条）。それより下位の関中侯とされた漢の旧列侯には朝位はなかったであろう。魏の爵制については守屋美都雄一九六八参照。

(44)無論、奉朝請の列侯も存在したであろうが、特進の列侯しか確認できなくなる。なお、これ以後、奉朝請は朝朔望ではなく、駙馬都尉、奉車都尉、騎都尉を指すようになる。

(45)先に引いた『三国志』巻四十　劉封伝・裴注所引『魏略』の『三国志集解』に

趙一淸曰、禮請即後世之所謂奉朝請也。

とある。

(46)魏の驃騎将軍で特進が与えられたものに曹洪（『三国志』巻九）、孫資（『三国志』巻十四）がいる。

(47)漢代の特進が璧を執っていたことは

列土、特進、朝侯賀正月執璧云。（『続漢書』百官志五）

という記事から確認できる。

(48)鄭玄が「孤」の数を定めたことについては、堀池信夫一九八八参照。

(49)「労」は勤務日数で、漢代では考課の判断基準である。「労」は一定の勤務日数を無欠勤で勤めると割り増しされることがあった。「賜労」とはそれに相当するものであろうか。詳しくは大庭脩一九八二d参照。

(50) これは三公以下の諸官と、門下・尚書・中書・御史、所謂臺省の官との合同の上奏文という点で非常に興味深いものであるが、門下・尚書・中書・御史の諸官が具体的にどこに位置していたかは不明である。なお（　）内は『三国志集解』の校訂に従った。

(51) 司馬昭の嘉平六年に至るまでの官歴は『晋書』巻二　文帝紀に

轉安東將軍、持節、鎭許昌。及大軍討王淩、帝督淮北諸軍事、帥師會于項。增邑三百戶、假金印紫綬。尋進號都督、統征東將軍胡遵、鎭東將軍諸葛誕伐呉、戰于東關。二軍敗績、坐失侯…以帝行征西將軍、次長安…會新平羌胡叛、帝擊破之、遂耀兵靈州、北虜震讋、叛者悉降。以功復封新城鄉侯。

とあって、金印紫綬は与えられてはいるが、開府儀同三司や特進は与えられてはいない。

(52) 『通典』巻三七　晋官品参照。

(53) 二千石、千石の身分が引き下げられたのは、後漢の尚書郎→県令という昇進経路が、西晋では、県令→尚書郎となっていたことに代表される、地方官の価値低下も関係していよう。佐藤達郎一九九六、中村圭爾一九八七b参照。

(54) 『晋書』巻二十　礼志中に

新禮王公五等諸侯成國置卿者、及朝廷公孤之爵、皆傍親絶朞、而傍親爲之服斬衰、卿校位從大夫者皆絶緦。摯虞以爲「古者諸侯君臨其國、臣諸父兄、今之諸侯未同于古。未同于古、則其尊未全、不宜便從絶朞之制、而令傍親服斬衰之重也。諸侯既然、則公孤之爵亦宜如舊。昔魏武帝建安中已曾表上、漢朝依古爲制、事與古異、皆不施行、施行者著在魏科。大晉采以著令、宜定新禮皆如舊。」詔從之。

とある。西晋では礼解釈を巡る鄭玄説と王粛説との対立があり、荀顗は鄭玄派であったため、彼の新礼は王粛派に攻撃された。この摯虞は王粛派で、荀顗が新礼で定めた尊降制を非難した中に「孤」が見えるから、荀顗の新礼の中に「孤」が存在したことは確かである。荀顗の尊降制、及び摯虞については藤川正数一九五〇参照。

(55) 『宋書』巻十四　礼志一の晋の委贄儀礼に関する記事に

咸寧注…治禮郎引公・特進・匈奴南單于子・金紫將軍當大鴻臚西、中二千石・二千石・千石・六百石當大行令西、皆北面伏…治禮引公至金紫將軍上殿、當御坐。皇帝興、皆再拜。皇帝坐、又再拜。跪置璧皮帛御座前、復再拜。成禮訖、讚者引下殿、還故位。

とあり、公・特進・匈奴南単于子・金紫将軍は璧と皮帛を贄としているから、身分は「公」か「孤」となる。先に見たように金紫将軍は「公」ではないから、「孤」となる。
(56) 越智重明氏の指摘によれば、魏の列侯の大半は子爵を与えられた。詳しくは越智重明一九六三参照。
(57) 晋の諸侯王で特進が与えられたものに司馬蕤（『晋書』巻三八）・司馬祐（『晋書』巻五九）が、関内侯で特進が与えられたものに王彬（『晋書』巻七六）がいる。
(58) 晋代、外戚で特進となったものが殆どいないこともこれと関連していよう。
(59) 金紫将軍は『晋書』巻二四　職官志に
光祿大夫假銀章青綬者、品秩第三、位在金紫將軍下、諸卿上。

とある。光禄大夫は三品官の首位に立つから、その上に位置する金紫将軍は二品となる。
(60) ただし、身分と印綬は一致してはいない。小林聡一九九三参照。
(61) 『晋書』巻七七　諸葛恢伝
累遷尚書右僕射、加散騎常侍、銀青光祿大夫、領選本州大中正…
(62) 『三国志』巻十四　劉放伝・附孫資
正始元年、更加（劉）放左光祿大夫、（孫）資右光祿大夫、金印紫綬、儀同三司。
(63) 『南斉書』巻十六　百官志に「特進、位從公」とあり、『隋書』巻二六　百官志上に「特進、旧位從公」とある。なお、従公とは通常、『晋書』巻二四　職官志に「驃騎・車騎・衞將軍・伏波・撫軍・都護・鎭軍・中軍・四征・四鎭・龍驤・典軍・上軍・輔國等大將軍、左右光祿・光祿三大夫、開府者皆爲位從公」とあるように開府儀同三司を指す。
(64) 本紀において「公」の終称は「薨」、特進のそれは「卒」と区別されていることも傍証となろう。
(65) 例外として挙げた三人のうち、范泰・朱脩之が生前特進となった時は、それぞれ右光禄大夫・金紫光禄大夫を有している。
(66) 王敬弘は開府儀同三司が与えられた際、拒否して会稽に帰ってしまったが、擬官されたものと考えて良い。
(67) 『隋書』巻二六　百官志上の梁班では左右光禄大夫開府儀同三司が十七班、左右光禄大夫が十六班、金紫光禄大夫が十四班となっていて、金紫光禄大夫開府儀同三司がないが、『梁書』巻二八　裴之高伝に追贈された例が見える。特進を与えられた金紫光禄大夫については附表3を参照。
(68) 美遷とは班を一つ飛び越えた昇進の仕方を言う。中村圭爾一九八七b参照。

(69) 宮崎市定一九五六、第二篇第三章、「南朝における流品の発達　四　清要官の発達」参照。

(70) 王謝よりは格が落ちるが、有力貴族であった河東の柳氏のエピソードである。宋代、柳世隆が虎威将軍・上庸太守となった時、孝武帝は伯父の尚書令柳元景にこう語っている。

帝謂元景曰「卿昔以虎威之號爲隨郡、今復以授世隆、使卿門世不絶公也。」(『南斉書』巻二四　柳世隆伝)

この発言がなされたのは、柳元景が尚書令となる前に撫軍大将軍開府儀同三司、驃騎大将軍開府儀同三司を、以後は左光禄大夫開府儀同三司、司空を辞退し続けたからである(但しここで「公」を辞退し続けたのは尚書令に固執した為ではなかろう)。「公」となることが期待された柳世隆は左光禄大夫に終わったが、死後司空を追贈された。その彼もまた、生前従父弟の柳慶遠にこう語っている。

初、慶遠從父兄衞將軍世隆嘗謂慶遠曰「吾昔夢太尉以褥席見賜、吾遂亞台司、適又夢以吾褥席與汝、汝必光我公族。」(『梁書』巻九　柳慶遠伝)

そして柳慶遠も死後、中軍将軍開府儀同三司を追贈され『梁書』は「至是、慶遠亦繼世隆焉」と記す。貴族は一門から「公」を出すこと、またそれを維持することを意識していたのである。

(71) 大庭脩一九九五参照。

(72) 宮崎市定一九五六、第二篇第三章、「南朝における流品の発達　十二　将軍号の発達」、及び第二篇第四章、「梁陳時代の新傾向　六　将軍号」参照。

(73) 皇后の兄、及び皇太后の父兄の例は非常に少ないため省いたが、それらの場合は散騎系統の官が与えられたようである。

(74) 『晋書』巻四五　劉毅伝

久之、見許、以光祿大夫歸第、門施行馬、復賜錢百萬。

『晋書』巻七八　丁潭伝

詔以光祿大夫還第、門施行馬、祿秩一如舊制、給傳詔二人、賜錢二十萬、牀帳褥席。

(75) 『三国志』巻四　三少帝紀・斉王芳・裴注所引『魏書』に「是日、景王承皇太后令、詔公卿中朝大臣會議、群臣失色」とあり、この会議の結果斉王芳の廃位を請う上奏文が作成された。

(76) 魏晋南朝の公卿議については、渡辺信一郎一九九六、第Ⅰ章「朝政の構造——中国古代国家の会議と朝政」参照。

(77) 仁井田陞氏が復元した儀制令第五条(仁井田陞一九三三、及び池田温一九九七の六五三～六五四頁)に

諸在京文武官職事九品以上、朔望日朝。其文官五品以上、及供奉官・員外郎・監察御史・太常博士、毎日參。武官五品以上、仍毎月五日・十一日・二十一日・二十五日參、三品以上、九日・十九日・二十九日又參。當上日不在此例。其長上折衝果毅、若文武散官五品以上直諸司、及長上者、各准職事參。

とあるが、「各准職事參」だけではいつ参朝するかよくわからない。具体例を『旧唐書』『新唐書』より挙げると

後以年老乞骸骨、授輔國大將軍、朝朔望、祿賜同於職事。（『旧唐書』巻五八　劉弘基伝（『新唐書』巻九十））

信宿、加昌宗銀靑光祿大夫、賜防閤、同京官朔望朝參。（『旧唐書』巻七八　張昌宗伝（『新唐書』巻一〇四））

元忠懼不自安、上表固請致仕、手制聴解左僕射、以特進、齊國公致仕于家、仍朝朔望。（『旧唐書』巻九二　魏元忠伝（『新唐書』巻一二二））

永徽中致仕、加金紫光祿大夫、朝朔望、祿賜防閤如舊。（『新唐書』巻一九八　儒学上・張後胤）

咸亨初、以特進致仕、仍朝朔望、續其俸祿。（『新唐書』巻二二三上　姦臣上・許敬宗）

とあって朔望朝参を指すことがわかる。特に張後胤と許敬宗は『旧唐書』にも伝があるが、『旧唐書』では朝朔望のことが記されてはいないから、散官による朔望朝参は、ここに挙げたより遥かに多かったであろう。また、免官、免所居官、官当等の措置を受けた者は、『唐律疏議』巻二　名例律、及び、律疏に

不在課役之限、雖歴任之官、不得預朝參之例。疏議曰、不在課役者、謂有敍限、故免其課役。雖歴任之官者、假有一品職事、犯當免官、仍有歴任二品以下官、未敍之間、不得預朝參之例。其免所居官、及以官當徒、限内未敍者、亦準此。

とあって、官吏待遇は失われないが朝参に加わることができない。「以理去官者（致仕か得替）」のみ可能であった。

第二章　侍中領衛考

はじめに

宋の文帝は、沈演之を侍中・右衛将軍に任命するにあたり、次のような激励の言葉を与えた。

（元嘉）二十年、侍中に遷り、右衞將軍故の如し。太祖これに謂いて曰わく「侍中の衞を領するは、望實優顯なり。此れ蓋し宰相の便坐、卿其れこれを勉めよ」と。（『宋書』巻六三　沈演之伝）

侍中領衛――侍中が左衛・右衛将軍を領すること――に対して「望實優顯」また「宰相の便坐」という極めて高い評価を与えていることがわかる。侍中は皇帝に近侍する顧問官、左右衛将軍は、中央軍を率いる将軍の一つで、西省とも呼ばれるが、本書の定義に従えば、内号将軍の一つである。[1]

内号将軍は、魏晋南北朝の遷官制度に関する先行研究において、あまり顧みてこられなかった。というのも、梁の武帝が天監年間に九品官制を十八班制へと改変した際に、内号将軍はそのまま十八班制の中に残り続けたが、驃騎将軍や車騎将軍をはじめとする外号将軍だけの序列が独立して創設されたために唐の武散官の淵源とみなされ、研究の関心が外号将軍に集中したからである。

冒頭の沈演之伝の記事、および『南斉書』巻四三　江斅伝の、

愚謂えらく侍中を以て驍騎を領するは、望實清顯にして、納言と殊なる有り、と。

という、やはり内号将軍の一つである驍騎将軍を侍中が兼任した際に「望實清顯」という高い評価が与えられている記事に注目したのが周一良氏であり、次のように指摘した。

南朝の官制はおおよそ、本官およびその人物の官資の軽重をみて、他の職を兼領し、これを帯帖という…武位は高門が好む所ではなかったが、文職の清望官にあるものが兼任し、（文武が）兼ね合わさるのが、最もすばらしい任官であった…驍騎将軍と歩兵校尉が清望官がつねに帯帖とした官のなかで最もすぐれたものであった。

驍騎将軍など西省の将軍は、単独で任命すると貴族から嫌われるが、侍中など、清官の文官に兼任——帯帖させるのが理想的な任命のありかたであったと指摘したのである。(2)また、張金龍氏も沈演之伝に着目し、侍中領右衛将軍であった沈演之が、同時期に単なる左衛将軍であった范曄よりも、皇帝との親近度および地位が高かったと指摘している。(3)いっぽう、『真誥』にも侍中領衛に関する記事がみえる。

玄子云わく、庾生なる者、晉の庾太尉なり。北帝往に用いて撫東将軍と爲す。後に又た轉じて東海侯と爲す。今ま又た用いて鄷臺侍帝晨右禁監と爲す。近ごろ馮懷を取りて司馬と爲す。侍（侍）帝晨今世の侍中の如く、右禁監世の右衛將軍の如く、而して甚だ重し。(4)（『真誥』巻十六　闡幽微）

これは、庾生、すなわち東晋の庾亮の仙界におけるキャリアに関する記事で、彼が人間界の侍中領衛に相当する鄷臺侍帝晨右禁監とされたことがわかる。そこに陶弘景は次のような注をつけている。

説の如くんば前と大いに異なる。當に是の後侍中に遷り衞を領すれば、便ち是れ中懐（衞）將軍に勝るなり。

陶弘景がこうした注をつけたのは、これに先立つ部分に、

庾元規北太帝の中衞大將軍と爲る。

と、庾亮が中衛大将軍に任命されたとあるからで、やはりここにも陶弘景は注をほどこしている。

辛玄子の説く所、此こと大いに異なる。恐るらくは是の受前後有り、或いは能く幾ばくか廻換を被るが故なるのみ。

辛玄子の説く所、とは先述の玄子云々の部分である。つまり庾亮は侍帝晨右禁監である、また中衛大将軍であるという二つのお告げがあるため、陶弘景は庾亮が一体どちらのポストにあったのか、整合的に解釈しようとしたのである。結局、陶弘景は中衛大将軍となった後に侍帝晨右禁監となったと考えたようで、仙界においては、酆臺侍帝晨あるいは右禁監単独では、中衛大将軍に劣るが、侍帝晨と右禁監の両者を兼任すれば、中衛大将軍よりも地位が高くなるといいたいようである。

こうした官職の「足し算」は仙界のみならず人間界にも通用したようで、岡部毅史氏は、また、中村（圭爾）氏は官資を単独の官職で表現されるものとして考えられているようであるが、南朝における官資とは必ずしも一つの官職のみによって表現されるのではなかった…つまり南朝における加官や帯帖の官職を以て官人の本資を表現する際、それを調整するために付与される性格も備えていたのである。それは重さの違ういくつかの分銅を組み合わせ、軽重を測ることにもたとえられよう。

と、分銅というわかりやすいたとえをもちいて、兼任の重要性を指摘している。(5) さらに閻歩克氏は南朝の内号将軍に関して次のように指摘する。(6)

……（略）……

謝挙：侍中領歩兵校尉、太子中庶子領右軍将軍、左民尚書領歩兵校尉《《梁書》巻三七《謝挙伝》》

……（略）……

上述の〝帯帖〟の実例の中には、時に後に兼領する所の西省の将軍号が、前に比べて下降している場合がある。これは南朝官僚の肩書きが繁多で、官職が変動する際に、こちらを上げればあちらをさげてバランスをとるという方法をいつもとっているからで、それによって資望を少しだけ変動させ、上昇しすぎないようにしているのである。

閻氏が挙げた例のうち、ここでは謝挙の事例を引用した。閻氏の指摘の通り、太子中庶子から左民尚書へと遷った際に、領する所の内号将軍は、右軍将軍から歩兵校尉へと降格し、それによって昇進しすぎないようにしていると閻氏は指摘しているわけで、やはり岡部氏と同じく、南朝の官人の地位を検討する場合には、単独ではなく兼任する官職の変動にも注意を払う必要があることを指摘している。

内号将軍が岡部氏の指摘のように分銅として機能しているとするならば、その分銅によって、具体的に官人の地位がどのように変化するのか明らかにしえるであろう。しかし、閻氏は南朝の西省全体の位置づけに主たる関心があるようで、内号将軍兼任の事例をいくつか紹介するものの、それが官人のキャリアの中でどのような地位を占めるのかについては触れておられない。

本章は、こうした状況をふまえ、兼任による官人の地位をさぐる試みである。ただし、あらゆる官職を対象とした場合、地方官のランクも検討する必要があってはなはだ繁雑となるため、基礎的考察として、「望實優顯」「望實清顯」という高い評価を得ている、侍中が内号将軍を兼任する事例を主たる対象としたい。

南朝では、官職を兼任する際に加や領などの用語が使われる。ただ、その中でも兼という形式に関しては、禅譲の際に必要な太保などの上公を一時的に兼任する、(7) また外国への使者（特に対北朝）として侍中や散騎常侍を一時的に兼任する、(8) あるいは常設の官ではない起部尚書を一時的に兼任するさいに用いられているこ(9)とが多く、また下位の官のものに上位の官を「兼」ねさせた後に「即真」させて抜擢する事例も見られ、(10) 兼という形式においては、兼任した官職が分銅として機能していないと考えられる。よって、こうした兼の事例は本章では検討の対象外とし、また混同を避けるため、本章において、帯帖とは、「兼」という形式によらずに現任以外の官職を掛け持ちすること、および掛け持ちした官職と定義しておく。

第一節　侍中と内号将軍

具体例の検討に入る前に、当時の侍中と内号将軍について簡単に整理しておきたい。東晋から南朝にかけて、いわゆる門地二品の形成と併行して、官職の清濁を基準とした選挙がおこなわれるようになり、官品が逆行するにもかかわらず昇進とみなされる事例が珍しくなくなった。そのため、官品の高下ではなく特定の官職を経由することが重要視されるようになる。典型的な事例としてよく引用されるのが

（王）晏の弟詡、永明中少府卿と爲る。（永明）六年、勅すらく、位未だ黄門郎に登らざれば、女妓を畜うるをえざれ、と。詡射聲校尉陰玄智と妓を畜うるに坐して官を免ぜられ、禁錮せらること十年たらんとす。勅し

て特に詡の禁錮を原す。（『南斉書』巻四二　王詡伝）

という記事である。南斉の官品は不明であるが、宋の官品と同じとすると、三品の少府と四品の射声校尉が、五品の黄門郎以下として扱われており、官品が当時の官人の地位の表象たり得なかったことがわかる。この黄門郎は官人が清官を昇進する上での一種の関門であったことは宮崎市定氏が指摘して以来通説となっている。(11) 黄門郎の上位の清官として吏部郎や司徒左長史があり、さらにそこから昇進する上での関門となる官が侍中であった。

　こうした関門となる官は、また同時に官人の身分の基準ともなった。先ほど黄門郎が女妓を畜えるという特権をもっていたように、侍中を基準として儀礼上の特権があたえられている。

八座議して以爲えらく、太尉荀顗撰定する所の體統、五等列侯以上に通敘され、嘗て郡國太守・内史・郡尉・牙門將・騎督以上と爲りて薨ずる者、皆な諡を賜う、と。（『通典』巻一〇四　諸侯卿大夫諡議）

魏晋革命の際、きたるべき晋王朝に備えて、泰始律令の制定に代表される各種改革が行われ、そのうち荀顗は礼制を担当した。これはその際の記事である。実際にこの制度が施行されたかどうか確かめるすべはないが、西晋では五等列侯、すなわち五等爵を有し、なおかつ五品以上（郡国太守・内史・郡尉・牙門将・騎督はいずれも五品）を経験すれば、諡が与えられることになっていたらしい。それが南朝にはいると、

散騎常侍を贈り、即日哀を擧ぐ。是れより先、五等君及び侍中以上乃ち諡有り、子野特に令望を以て嘉せらるに及べば、謚貞子を賜う。（『南史』巻三三　裴子野伝）

と、五等爵および侍中以上であることが、謚を与えられるための条件とされており、もともとは侍中と同じ三品でありながら、儀礼上、散騎常侍は明確に侍中より下の身分とされていたのである。

またこうした関門となる官は、そこから先へと進む昇進の起点でもある。南朝の官人の昇進経路に関しては、宮崎氏がその摘要を示していたが、それをさらに詳しく再現したのが中村圭爾氏である[12]。その際に中村氏は以下の資料に注目した。

侍中…舊《も》と列曹尚書に遷り、中領護・吏部尚書に美遷す。（『通典』巻二一　侍中）

中書令…其れ令舊と吏部尚書に遷る。才地倶に美き者これと為る。（同右巻二一　中書令）

尚書令…齊梁舊と左僕射を用い、司空に美遷す。（同右巻二二　尚書令）

尚書僕射…齊梁舊制、右僕射左僕射に遷り、左僕射令に美遷す。其れ僕射中に處り。（同右巻二二　尚書僕射）

太常…舊と列曹尚書を用う。選曹尚書・領護に好遷す。（同右巻二五　太常）

宋の太常尚書を用い、亦た轉じて尚書と為る、選曹尚書・領護等に好選す。（『大唐六典』巻十四　太常）

これらはおもに宋斉時代の昇進経路を示したものである。中村氏はこれらの資料に加え、正史中に見える官人の経歴から起家官に応じた南朝官人の昇進経路を再現し、それらの昇進経路を基準に九品官制を再構築したのが、梁の十八班官制であったことを論証したのである。

先に挙げた昇進経路は断片的ではあるが、侍中を起点に司空にいたるまでの

附表1　侍中から司空への昇進経路

梁班		
18	司空	
17		
16	尚書令	
15	領軍・護軍将軍　尚書左右僕射	
14	中領軍・中護軍　吏部尚書	太常
13	列曹尚書	中書令
12	侍中	

昇進経路を復元することができ、図示すると附表1のようになる（中村氏も復元図を提示しているが、尚書令が表に見えず、尚書左僕射が一六班とされているため、改めた）。

表内の官は司空を除いていずれも三品であるが、太常が列曹尚書へと戻る場合を除いて、昇進経路と梁班が見事に適合している。この昇進経路によって尚書・中書・門下の長官と九卿の長の地位が定められていることに加え、内号将軍の地位も定められており、領軍将軍・護軍将軍が尚書僕射と、中領軍・中護軍が吏部尚書と同じ地位とされていることが特徴である。侍中から尚書令へと至る間にこれらの内号将軍が組み込まれた昇進経路の原型は、既に東晋において見いだすことができる。

附表2　内号将軍の階層

梁班	
12	左右衛
11	左右驍騎・左右游撃
10	雲騎・游騎
9	左軍・右軍・前軍・後軍
8	左右中郎将
7	五校尉

ついで、内号将軍に関して整理すると、領軍・護軍将軍、中領軍・中護軍以外に、『宋書』巻四十　百官志上からは左衛・右衛将軍、驍騎・游撃将軍、左軍・右軍・前軍・後軍将軍、左右中郎将、屯騎・歩兵・越騎・長水・射声の五校尉、虎賁中郎将、冗従僕射、羽林監、積射・強弩将軍、殿中将軍・殿中司馬督、武衛将軍、武騎常侍を挙げることができる。その官品は左右衛将軍、驍騎・游撃将軍、前軍・後軍・左軍・右軍将軍および五校尉が四品、左右・虎賁中郎将、積射・強弩将軍が五品、殿中将軍が六品である。周一良氏は、帯帖として最も優れた内号将軍は驍騎将軍と歩兵校尉であったと指摘している。官品の上では両者はいずれも四品であるが、先程と同じく梁班を参照すると、明確に階層が存在する（附表2）。ただし内号将軍は、梁班がそのまま適用できるわけではなく、

天監六年、左右驍騎・左右游撃将軍を置き、位二率に視う。舊ての驍騎を改めて雲騎と曰い、游撃を游騎と

曰い、左右驍・游に降ること一階。(『隋書』巻二六　百官志上)

とあるように、梁では新たに左右驍騎・左右游撃将軍が置かれているため、天監六年以前の驍騎・游撃将軍の班は雲騎・游騎将軍のそれに相当するが、左右衛将軍、驍騎・游撃将軍、左軍・右軍・前軍・後軍将軍、五校尉という大きな層にわかれていることにはかわりない。周氏は帯帖として驍騎将軍と歩兵校尉を最も高く評価しているが、驍騎・游撃将軍、また五校尉で一つの層をなしており、驍騎将軍と歩兵校尉が他を大きく引き離しているわけではないので、いずれも同格として扱うことができる。また左右中郎将や虎賁中郎将以下の内号将軍を侍中が帯帖とした例はほとんどないので考察の対象から除外する。

さて、これらの内号将軍をどのような官が帯帖としたのか、件数とあわせて提示すると、次のようになる(員外常侍と給事中は内号将軍を本官とした場合にあたえられる帯帖であるが、行論の都合上、数を挙げた)。

◎五校尉

侍中…26、黄門郎…17

散騎常侍…10、通直散騎常侍…1、員外散騎常侍…2

列曹尚書…6、吏部郎…1

秘書監…4

国子博士…2

左衛将軍…2

大鴻臚…1、太府卿…1、少府卿…1

車騎参軍…1
太子中庶子…16、太子庶子…1、太子右衛率…1
銀青光禄大夫…1、太中大夫…1、中散大夫…1
散騎常侍・太子中庶子…1
散騎常侍・南蘭陵太守…1

◎前軍・後軍・左軍・右軍将軍
侍中…16、黄門郎…3、
散騎常侍…5
尚書僕射…1、吏部尚書…8、列曹尚書…12
左衛将軍…1、右衛将軍…1
秘書監…9
御史中丞…3
太常…1、衛尉…1、太府卿…1
驃騎長史…1、驃騎中兵参軍…1
太子中庶子…4
侍中・五兵尚書…1
散騎常侍・中書令…1
散騎常侍・金紫光禄大夫…1

散騎常侍・銀青光禄大夫…1
員外散騎常侍・太子右衛率…1

◎驍騎・游撃将軍
侍中…19、黄門郎…4
散騎常侍…7、通直散騎常侍…5、員外散騎常侍…1、給事中…4
吏部尚書…5、列曹尚書…7
中書令…2
秘書監…1
御史中丞…1
廷尉…1
太子中庶子…6、太子右衛率…1
銀青光禄大夫…1
散騎常侍・五兵尚書…1
侍中・中書令…1
散騎常侍・中書令…2
侍中・秘書監…2
散騎常侍・秘書監…3
通直散騎常侍・右衛将軍…1

給事中・右衛将軍…1
侍中・国子祭酒・鎮右将軍…1
侍中・国子祭酒…1
侍中・右将軍…1
都官尚書・衛尉…1
通直散騎常侍・国子博士…1

◎左右衛将軍
侍中…25
散騎常侍…30、通直散騎常侍…8、員外散騎常侍…1、給事中…22
尚書僕射…2、吏部尚書…2
秘書監…2
侍中・撫軍将軍・丹陽尹…1
侍中・撫軍将軍…1
安南将軍…1
侍中・衛尉…1
散騎常侍・衛尉…2
通直散騎常侍・丹陽尹…1
侍中・銀青光禄大夫…1

左右衛将軍を除き、侍中が内号将軍を帯帖とする例が最も多いことが確認できる。[13] では章をあらためて、侍中が各内号将軍を帯帖とした際の地位について検討しよう。

第二節　侍中領衛の地位

（一）五校尉

内号将軍の帯帖に限らず、官職を兼任する際には、理由が明記されていないことが多いため、具体例を集めて類推するしかない。斉初の事例に

建元の初め、仍りに宮官と爲り、侍中を歴たり。（褚）淵薨じ、服闋きて、世祖に見えるに、賁流涕して自ら勝えず、上甚だこれを嘉し、以て侍中領歩兵校尉、左民尚書、散騎常侍・祕書監と爲さんとするも、拝さず。
（『南斉書』巻二三　褚賁伝）

とあり、侍中であった褚賁が、父である褚淵の喪が明けた後の殊勝な振る舞いによって、侍中領歩兵校尉とされている。結局彼は拝命しなかったが、侍中からみれば侍中領歩兵校尉は昇進の方向にあることは疑いない。

それでは、どのような場合に侍中は校尉を帯帖としたのであろうか。『南斉書』巻四六　蕭恵基伝には次のような記事が見える。

還りて吏部郎と爲り、長兼侍中に遷る…沈攸之を討たんとするに、惠基に輔國將軍を加え、徙して新亭に頓ろせしむ。事寧まり、軍號を解き、長水校尉を領せしむ。

これは、侍中より一等格が落ちる長兼侍中となった場合であるが、外号将軍の輔国将軍が長水校尉に置き換えられていることがわかる。これは最も単純な事例であるが、五校尉に限らず、侍中が内号将軍を帯帖とするのは、以下に示すように、外号将軍を帯びた長史ないし外官を経由する場合が最も多い（なおいずれの場合も中正は除外してある）。

宋　王彧（王景文）　侍中→安陸王冠軍長史・輔国将軍・江夏内史、行郢州事→侍中領射声校尉（『宋書』巻八五）

何昌寓　侍中→臨海王西中郎長史・輔国将軍・南郡太守、行荊州事→侍中領長水校尉（『南斉書』巻四三）

梁　謝挙　侍中→寧遠将軍・予章内史→侍中領歩兵校尉（『梁書』巻三七）

これは帯帖無しの侍中から長史や外官を経由して侍中領五校尉となった事例であるが、帯帖無しの侍中を経ずとも、侍中領五校尉となる場合がある。

宋　張岱　使持節・督益寧二州軍事・冠軍将軍・益州刺史→侍中領長水校尉（『南斉書』巻三二）

王延之　司徒左長史・寧朔将軍→侍中領射声校尉（未拝）（『南斉書』巻三二）

劉勔　使持節・都督予司二州諸軍事・征虜将軍・予州刺史→侍中領射声校尉（不受）（『宋書』巻八六）

斉　張瓌　輔国将軍・呉郡太守→冠軍将軍・東海東莞二郡太守（不拝）→侍中領歩兵校尉（『南斉書』巻二四）

王慈　司徒左長史、兼侍中→輔国将軍・予章内史→父憂去官→建武将軍・呉郡太守→寧朔将軍・大司馬長史→侍中領歩兵校尉（『南斉書』巻四六）

ただし、これらの事例は比較対象とすべき外号将軍が征虜から寧朔までと幅が広く、また外官の地位が不明瞭なこともあり、具体的に侍中領五校尉がどの地位に相当するのかを決める上ではあまり役に立たない。侍中領五校尉の地位を探る上で重要なのが、以下の事例である。

斉　王秀之　侍中祭酒→都官尚書→侍中領射声校尉（『南斉書』巻四六）

侍中から列曹尚書である都官尚書への異動は、『通典』に見えたように、当時における昇進経路にしたがったものである。その後侍中に再任された際に、侍中だけでは降格となるために射声校尉が加えられているのである。時代はくだるが、陳代に同様の例を見いだすことができる。

陳　張種　左民尚書→権監呉郡→復本職→侍中領歩兵校尉（『陳書』巻二一）

さらに梁代には次のような例がある。

服闋き、五兵尚書に遷るも、猶お瘵に頓《くる》しむこと時を經、拝受に堪えざるを以て、乃ち更めて散騎常侍を授け、歩兵校尉を領し、東宮に侍せしむ。（『梁書』巻二七　殷鈞伝）

ここでは五兵尚書から散騎常侍領歩兵校尉へと異動がなされている。梁以前の散騎常侍領五校尉は、

（殷）恆及び父道矜、並びに古風有るも、是れを以て世に蚩わる。其の事一に非ず。恆、宋泰始の初め、度支尚書と爲るも、父の疾及び身の疾に屬すること多きに坐して、有司の奏する所と爲る。明帝詔して曰く「殷道矜生まれながら便病有るも、比ごろ更に横病無し。恆愚に因り惰に習い、久しく清敍を妨げれば、散騎常侍に左遷し、校尉を領せしめよ」と。（『南斉書』巻四九　王奐伝附）

とあるように、列曹尚書からみれば左遷ポストであった（なお『宋書』巻六三も同じ詔を載せるが、校尉を帯帖としたことは省略されている[14]）。後に詳しく述べるが、もともと散騎常侍は侍中と類似した職掌を有し、地位もほぼ同格であったが、濫発されたために、貴族から敬遠されるポストとなり（ただし帯帖とする場合は除く）、格も侍中より低く扱われることとなった。殷恒の場合は侍中領五校尉より一等格の落ちるポストとして散騎常侍領校尉に左遷されているわけである。しかし、殷鈞の場合は、

初め、天監六年、詔して、侍中・常侍並びに帷幄に侍するを以て、門下の二局を分けて集書に入れ、其の官品侍中に視《なぞら》う。而れども華冑の悦ぶ所に非ず。（『梁書』巻二一　江蒨伝）

と、あいかわらず貴族から嫌われてはいたものの、散騎常侍が梁の武帝によって侍中と同格に引き上げられている時期の例で、こちらは形式の上では侍中領歩兵校尉と同じとみなすことができる。

逆に、侍中領五校尉から、帯帖なしの列曹尚書へと異動した事例も存在する。

宋　王奐　侍中領歩兵校尉→晋熙王鎮西長史・冠軍将軍・江夏武昌太守→祠部尚書（『南斉書』巻四九）

斉　王騫　侍中領越騎校尉→度支尚書（『梁書』巻七）
梁　謝挙　侍中領歩兵校尉→貞毅将軍・太尉臨川王長史→左民尚書（『梁書』巻三七）

このように侍中領五校尉と列曹尚書の間で互換性のある異動がなされていることからすると、両者はほぼ同格の地位にあったと考えることができるであろう。
ただし例外もいくつか存在する。

梁　蕭琛　左民尚書領太子右衛率→度支尚書領左驍騎将軍（?）→領軍将軍→秘書監・後軍将軍→侍中（『梁書』巻二六）
　　謝璟　左民尚書→明威将軍・東陽太守→侍中（『梁書』巻五十）
　　羊侃　都官尚書→使持節・壮武将軍・衡州刺史→侍中（『梁書』巻三九）
　　劉孺　都官尚書領右軍将軍→守吏部尚書→明威将軍・晋陵太守→侍中領右軍将軍→吏部尚書（『梁書』巻四一）
陳　徐孝克　都官尚書→散騎常侍（『陳書』巻二六）

これらの例外は梁以後に集中しているのが特徴である。ただ、蕭琛の場合、彼はいったん領軍将軍まで昇進しており、そこから帯帖なしの侍中となったとは考えにくく、帯帖に関する記事が脱落しているのではないかと思われる。謝璟・羊侃・劉孺の事例に関しては第四節にてふれる。最後の徐孝克の例に関しては、陳の最末期のことにつき残念ながらよくわからない。

（二）前軍・後軍・左軍・右軍将軍

第一節においてみたように、前軍・後軍・左軍・右軍将軍は五校尉より一段地位が高いので、これらの四将軍を帯帖した際の地位は、五校尉を帯帖としたときより一段上に位置すると予想できる。しかし侍中がこれらの四将軍を帯帖とした具体例が少なく、またそれらの例の中でも帯帖を驍騎・游撃将軍へと進めることが多いので、侍中領五校尉のときのように、互換性のある異動をみつけることができない。しいて挙げるとすれば、

尋いで左民尚書に遷る。（褚）淵薨ずるに、澄銭萬一千を以て、招提寺に就きて太祖賜う所の淵の白貂坐褥を贖い、壊ちて裘及び纓を作る。又た淵の介幘犀導及び淵常に乗る所の黄牛を贖う。永明元年、御史中丞袁彖の奏する所と爲り、免官禁錮となるも、原さる。侍中に遷り、右軍將軍を領す。（『南斉書』巻二三　褚澄伝）

という例である。左民尚書であった褚澄が、いったん弾劾をうけながらも、免官禁錮をゆるされ、侍中領右軍将軍へと異動している。また、

上時に親しく朝政を覽、常に權臣下に移るを慮る。吏部尚書選擧の由る所なるを以て、其の勢力を軽くせんと欲す…是に於いて吏部尚書二人を置き、五兵尚書を省き、（謝）莊及び度支尚書顧覬之並びに選職に補さる。右衞將軍に遷り、給事中を加う…（大明）五年、又た侍中と爲り、前軍將軍を領す。（『宋書』巻八五　謝荘伝）

という例も挙げることができる。ここでは吏部尚書を経由しているが、宋・孝武帝が吏部尚書の権限と地位

を抑えるために、吏部尚書を分置した時期にあたるので、列曹尚書と同様に扱うことができる。逆に侍中領前軍・後軍・左軍・右軍将軍から帯帖なしの列曹尚書へと異動した事例は管見の限りみあたらない。

いっぽう、侍中領前軍・後軍・左軍・右軍将軍からの異動としては、次の例を挙げることができる。

宋　袁顗　侍中領前軍将軍→吏部尚書（『宋書』巻八四）
斉　蕭景先　侍中領左軍将軍→兼領軍将軍→中領軍[15]（『南斉書』巻三八）
梁　劉孺　侍中領右軍将軍→吏部尚書（『梁書』巻四一）

このように吏部尚書および同格の中領軍へと異動した例は存在するが、吏部尚書や中領軍・中護軍から侍中領前軍・後軍・左軍・右軍将軍へと異動した事例は、先ほどの謝荘の例をのぞいてみあたらない。よって、侍中領前軍・後軍・左軍・右軍将軍は列曹尚書と吏部尚書の間に位置すると推測することができよう。

（三）驍騎・游撃将軍

同様の手段にて、侍中が驍騎・游撃将軍を帯帖としたときの地位を検討すると、吏部尚書や中領軍・中護軍と密接な関係にあることがわかる。まず侍中領驍騎・游撃将軍からの異動として、

宋　何偃　侍中領驍騎将軍→吏部尚書（『宋書』巻五九）
斉　蕭緬　侍中領驍騎将軍→中領軍（『南斉書』巻四五）

といった例を挙げることができ、また逆に、

宋　劉彧　　中護軍→侍中領游撃将軍（『宋書』巻八）
斉　蕭恵基　吏部尚書→侍中領驍騎将軍（『南斉書』巻四六）
　　何昌寓　吏部尚書→侍中領驍騎将軍（『南斉書』巻四三）

と、吏部尚書、中領軍・中護軍から侍中領驍騎・游撃将軍へと異動する例も挙げることができる。さらに、

梁　王泰　　吏部尚書→散騎常侍・左驍騎将軍（『梁書』巻二一）

という例も挙げられる。この散騎常侍は（一）で述べたとおり、侍中と同格とされていた時期のものである。梁では左右驍騎、左右游撃将軍が新設され、かつての驍騎・游撃将軍の一班上に位置し、かつての驍騎・游撃は雲騎・游騎将軍へとかわったのだが、宋斉以来の組み合わせが重視されたのであろう。なお、侍中が雲騎・游騎将軍を帯帖とした例は管見の限り見あたらない。

以上の例から、侍中領驍騎・游撃将軍と吏部尚書あるいは中領軍・中護軍との間で、互換性のある異動がなされており、これらはほぼ同格の地位にあったと考えられる。

（四）左右衛

左右衛将軍は、宋の官品では四品と、三品の侍中に劣る。くわえて、『宋書』巻四二　劉瑀伝に

尋いで右衛将軍に轉ず。瑀侍中と爲らんことを願うも、得ず。親しくする所に謂いて曰く「人仕宦すれば出でずんば當に入るべく、入らずんば當に出ずべし。安んぞ戸限の上に長居する能わんや」と。

とあるため、侍中より劣ると思われがちであるが、梁班では侍中・左右衛将軍ともに十二班である。また宋・斉においては侍中から左右衛将軍へと異動したものもおり、ほぼ侍中と同格と考えることができる。(16) よって、ここでは左右衛将軍を本官として、給事中・散騎常侍を帯帖としたさいの地位を検討した後に、侍中領左右衛将軍の地位について考えたい。

(a) 給事中

左右衛将軍加給事中にかんして、今までと同様に、第一節で提示した昇進経路中の官との異動に注目してみると、以下のような事例をみつけることができる。

宋　羊玄保　都官尚書→左衛将軍加給事中（『宋書』巻五四）
　　謝荘　吏部尚書→右衛将軍加給事中（『宋書』巻八五）
梁　夏侯亶　都官尚書→右衛将軍加給事中（『梁書』巻二八）

謝荘の事例は（2）において既に引用した、吏部尚書二人制時代の事例であり、列曹尚書から左右衛将軍加給事中へと異動していることがわかる。逆に左右衛将軍加給事中から列曹尚書への異動として

宋　沈曇慶　左衛将軍加給事中→祠部尚書（『宋書』巻五四）
斉　胡諧之　左衛将軍加給事中→都官尚書（『南斉書』巻三七）

という例を挙げることができる。なお、左右衛将軍から列曹尚書への異動は多くみられるが、列曹尚書から帯帖なしの左右衛将軍へと異動する事例は管見の限り見あたらない。

ただしこれにも例外がある。

前廢帝即位するに、御史中丞に除せらるも、拝さず。復た吏部尚書と爲る。永光元年、右衞將軍に徙り、給事中を加えらる。景和元年、復た入りて侍中と爲り、驍騎將軍を領す。（『宋書』巻八九 袁粲伝）

ここでは、吏部尚書から右衛将軍加給事中へと異動しているが、これは孝武帝による吏部尚書二人制が終了した直後の事例である。もしこの時点で既に吏部尚書が旧来の地位に復していたとすれば、右衛将軍加給事中は降格となるが、同年に侍中領驍騎将軍へと異動している（前廃帝の即位が大明八年で、永光元年・景和元年は翌年にあたる）。もう一つの例外として、

斉　劉懐珍　都官尚書領前軍将軍→相国右司馬→左衛将軍加給事中（『南斉書』巻二七）

という事例があるが、左衛将軍加給事中となった翌年には帯帖を散騎常侍へとすすめている。こうした例外もあるが、列曹尚書と左右衛将軍加給事中は同格の地位にあったと考えられる。

また、（一）において、列曹尚書と侍中領五校尉が同格であることを推測したが、侍中領五校尉から左右衛将軍加給事中への異動として

宋　袁粲　侍中領長水校尉→左衛将軍加給事中（『宋書』巻八九）
　王彧（王景文）　侍中領射声校尉→右衛将軍加給事中（『宋書』巻八五）
斉　王晏　侍中祭酒領歩兵校尉→輔国将軍・司徒左長史→左衛将軍給事中（『南斉書』巻四二）

という例を挙げることができる。ただ、左右衛加給事中から侍中領五校尉への異動例はみあたらないため、

両者の高下を定めることはできないが、列曹尚書を媒介として、侍中領五校尉と左右衛将軍加給事中はほぼ同格の地位にあったのだろう。

（b）散騎常侍

左右衛将軍加散騎常侍と互換異動をする内官は数少ないながら、次の例を挙げることができる。

梁　江淹　吏部尚書↓相国右長史、冠軍将軍↓散騎常侍・左衛将軍（『梁書』巻十四）
　曹景宗　中護軍↓散騎常侍・右衛将軍[17]（『梁書』巻九）

いずれも梁の事例であるが、散騎常侍が侍中と同格に引き上げられる以前のものである。また（三）において、侍中領驍騎・游撃将軍が、吏部尚書、中領軍・中護軍と同格であることを推測したが、

斉　蕭鸞　侍中領驍騎将軍↓散騎常侍・左衛将軍（『南斉書』巻六）

という例も傍証となるであろう。逆に散騎常侍・左衛将軍から、斉臺の官ではあるが

宋　王敬則　散騎常侍・右衛将軍↓（斉臺）中領軍（『南斉書』巻二六）

中領軍へと異動した例も挙げることができる。ただし、これにも例外が一つあり、

斉　陳顕達　散騎常侍・左衛将軍・領衛尉↓中護軍（『南斉書』巻二六）

散騎常侍・左衛将軍にくわえて衛尉も帯帖としている。ただ陳顕達は中護軍となった翌年には護軍将軍へと昇進している。こうした例外があるものの、左右衛将軍加散騎常侍は吏部尚書、中領軍・中護軍あるいは侍中領驍騎・游撃将軍とほぼ同格の地位にあったと思われる。

（c）侍中

（三）および（b）から類推すれば、侍中領左右衛将軍は、吏部尚書、中領軍・中護軍の上に位置することは予想できるが、宋代半ばまでは、侍中領驍騎・游撃将軍とおなじく、吏部尚書、中領軍・中護軍と同格であった。

宋　沈演之　侍中領右衛将軍→中領軍（『宋書』巻六三）

蕭思話　侍中領左衛将軍→監雍梁南北秦四州荊州之竟陵随二郡諸軍事・右将軍・寧蛮校尉・雍州刺史→吏部尚書（未拝）（『宋書』巻七八）

これらはいずれも元嘉年間の事例である。元嘉年間の左右衛将軍と驍騎・游撃将軍の関係を考える上で、次の資料が参考となる。

上即位し、（王）華を以て侍中と爲し、驍騎將軍を領せしむ。未だ拜さざるに、右衛將軍に轉じ、侍中故の如し。（『宋書』巻六三　王華伝）

即位するに及び、又た曇首に謂いて曰く「宋昌獨り見ゆるに非ざれば、以て此れを致す無し」と。曇首を以て侍中と爲し、尋いで右衛將軍を領せしめ、驍騎將軍を領せしむ。（『宋書』巻六三　王曇首伝）

附表3　昇進経路と侍中・左右衛将軍の序列

尚書左右僕射、領軍・護軍将軍	侍中領左右衛将軍（？）	
吏部尚書、中領軍・中護軍	侍中領驍騎・游撃将軍	左右衛将軍加散騎常侍
	侍中領前軍・後軍・左軍・右軍将軍	
列曹尚書	侍中領五校尉	左右衛将軍加給事中
侍中		左右衛将軍

王華と王曇首は宋の文帝が即位した当初股肱とたのんだ人物である。その両者の間で、帯帖の驍騎将軍と右衛将軍が交換されていることから、この時代は侍中領左右衛将軍と侍中領驍騎・游撃将軍の間にあまり格差がなかったことがわかる。

しかし、第三節においても述べるが、宋の明帝以後、驍騎・游撃以下の内号将軍が寒門軍功層に与えられるポストへと変化し、定員もなくなる。その頃から左右衛将軍と驍騎・游撃将軍との格差が開いていったのであろう。とはいうものの、侍中領左右衛将軍から

宋　柳元景　侍中領左衛将軍→使持節・監雍梁南北秦四州荊州之竟陵随二郡諸軍事・前将軍・寧蛮校尉・雍州刺史→護軍将軍、領石頭戍事（不拝）（『宋書』巻七七）

顔師伯　侍中領右衛将軍→尚書右僕射（『宋書』巻七七）

という、尚書僕射、あるいは護軍将軍への異動はみられるものの、逆方向の異動はみられないので、両者を同格とするのはややためらわれるが、侍中領驍騎・游撃将軍、あるいは左右衛将軍散騎常侍加より上位にあることは疑いない。

以上、はなはだ煩瑣であったが、本章で論じてきたことをまとめると、『通典』や『大唐六典』がのべる昇進経路と並行する侍中と左右衛将軍の序列——あくまでも目安ではあるが——を想定することができる。図示すると、附表3のようになる。

ここに復元した侍中の序列は、断片的に使用されることが多いが、

宋　顔師伯　侍中→右衛将軍→去職→持節・督青冀二州徐州之東莞兗州之済北三郡諸軍事・輔国将軍・青冀二州刺史→進号征虜将軍→侍中領右軍将軍→吏部尚書領右軍将軍→侍中領右衛将軍（『宋書』巻七七）

劉韞　侍中→荊湘州、南兗州刺史→呉興太守→侍中領左軍将軍→侍中領驍騎将軍→撫軍将軍・雍州刺史→侍中領右衛将軍（『宋書』巻五二）

斉　王秀之　侍中祭酒→都官尚書→侍中領射声校尉→輔国将軍・随王鎮西長史・南郡内史→侍中領游撃将軍（未拝）（『南斉書』巻四六）

何昌寓　侍中→西中郎長史・輔国将軍・南郡太守、行荊州事→侍中領長水校尉→吏部尚書→侍中領驍騎将軍（『南斉書』巻四三）

といった例のように、侍中の序列を昇進していくケースもあったことを指摘しておく。

第三節　侍中領衛の内外

第二節において検討した侍中と内号将軍によって形成された序列のうち、驍騎・游撃将軍以下を帯帖とした場合には、職責は期待されていなかった。

これを頃らくして、吏部尚書と爲り、衣冠屬望するも、未だ選擧に及ばず、仍りに疾み、改めて散騎常侍・左驍騎將軍に除す。未だ拜さずして卒す。（『梁書』巻二一　王泰伝）

梁臺建つに、侍中と爲り、左民尚書に遷る。俄にして吏部尚書に轉ず。瞻の性率亮にして、選部に居り、擧ぐる所多く其の意を行う。頗ぶる酒を嗜み、毎に飲みて或いは日を竟えど、精神益ます朗贍にして、簿領を廢さず。高祖毎に瞻の三術有るを稱す。射・棋・酒なり。尋いで左軍將軍を加うるも、疾を以て拝さず、仍りて侍中と爲し、驍騎將軍を領せしむ。未だ拝さずして卒す。（『梁書』巻二一　王瞻伝）

還りて都官尚書と爲り、轉じて吏部を掌る。永明三年、久しく疾むを以て徙して侍中と爲し、驍騎將軍を領せしむ。（『南斉書』巻四六　蕭恵基伝）

これらは、いずれも疾病を理由に侍中（散騎常侍）領驍騎将軍に任ぜられた事例である。また、第二節の（一）にて引用した、『梁書』巻二七　殷鈞伝でもやはり疾病によって散騎常侍領歩兵校尉とされており、これらの例に加えることができよう。要するに、侍中領驍騎・游撃将軍以下は、病人でもつとまるポストだったのである。その理由として、驍騎将軍以下の内号将軍の虚号化が第一に挙げられる。小尾孝夫氏は、帝権伸長をもくろむ宋・孝武帝のもと内号将軍が改編され、州鎮に対する抑止力として多大な効果があった、と指摘しているが(18)、それに続く明帝期には、

驍騎より強弩將軍に至るまで、先に並びに各おの一人を置く。宋太宗泰始以來、多く軍功を以て此の官を得、今ま並びに復た員無し。（『宋書』巻四十　百官志下）

とあるように、軍功層に濫発され、驍騎・游撃将軍より以下の内号将軍には定員がなくなっていたのである。閻歩克氏も指摘しているが、宋末の沈攸之の反乱の際に下された尚書の符の文中から同名の内号将軍を複数見つけ出すことができる(19)。

いっぽう、本官である侍中も孝武帝期、中書舎人が重用されるのとは逆に、

宋孝武侍中四人を選ぶに、並びに風貌を以てす。王彧・謝荘一雙と爲り、(阮)韜何偃と一雙と爲る。(『南斉書』巻三一 阮韜伝)

と、才能ではなく、容貌によって選ばれるようになり、じじつ陸慧暁のように

後に用いて侍中と爲さんと欲するも、形短小なるを以て、乃ち止む。(『南斉書』巻四六)

外見によって侍中への任官が拒否されることもあった。こうした風潮を『南斉書』の撰者、蕭子顕は、

史臣曰く、内侍樞近、世よ華選たり。金璫熲耀、朝の麗服なり。久しく儒藝を忘れ、専ら名家に授く。加うるに少姿を簡擇するを以てし、貂を簪し冕を冠り、蔭の通ずる所に基づき、才を後にし貌を先にし、事謁者に同じく、形骸を以て官と爲すこと、斯れ舊に違えり。辟強の漢朝に在るや、幼くして妙察あり。仲宣の魏國に處るや、容の陋しきを貶めらる。何戢の讓、未だ深くは前古の美を識ること能わずと雖も、夫の尸官靦服する者と、何ぞ級を等しくせんや。(『南斉書』巻三二 史臣曰)

と、侍中が、髭や声の大きさを基準として選ばれた謁者と同じレベルに堕してしまったと嘆きつつも、「何戢の讓」を高く評価しているが、何戢は二九歳で侍中とされた際に、若年であることを理由に辞退しただけにすぎないのである。当時における侍中の職務の空洞化は、推して知るべしであろう。このように、侍中から侍中領驍騎・游撃将軍にいたるまでの序列は、官人の地位を表すだけにすぎなかったのである。[20]

侍中や散騎常侍以外に内号将軍を帯帖とした事例は、第一節においてみたように黄門郎、太子中庶子を本官とした場合が多い。その場合も、侍中を辞退した殷景仁を黄門郎に任じて射声校尉を帯帖させた事例にみ

られるように、(21) 内号将軍が分銅として用いられていることにはかわりない。黄門郎は侍中の属僚であり、また太子中庶子は皇太子の侍中にあたるので、(22) 黄門郎・太子中庶子による内号将軍の帯帖は、侍中のミニチュア版と考えられる。

これら二つ以外に、内号将軍を帯帖とする例が多く、なおかつ侍中とのかかわりで、看過できないのが、やはり尚書である。列曹尚書が侍中からの昇進先にあたるため、

斉　張瓌　侍中領歩兵校尉→都官尚書領歩兵校尉（『南斉書』巻二四）
　　江斅　侍中領驍騎将軍→都官尚書領驍騎将軍（『南斉書』巻四三）

帯帖がそのまま引き継がれ、あるいは

宋　張岱　侍中領長水校尉→度支尚書領左軍将軍（『南斉書』巻三二）
斉　蕭嵩　侍中領歩兵校尉→中書令→祠部尚書領驍騎将軍（『南斉書』巻三五）
　　何胤　侍中領歩兵校尉→国子祭酒→左民尚書領驍騎将軍（『梁書』巻五一）
　　王倫之　侍中領前軍将軍→都官尚書領游撃将軍（『南斉書』巻三二）

本官と帯帖の両方を昇進させるケースがみられる。さらに尚書は、侍中と同様に、

斉　張瓌　度支尚書→冠軍将軍・鄱陽王北中郎長史・襄陽相・行雍州府州事→征虜長史→持節・督雍梁南北秦四州郢州之竟陵司州之随郡軍事・輔国将軍・雍州刺史→領寧蛮校尉→左民尚書領右軍将軍（『南斉書』巻二四）

虞悰　祠部尚書→冠軍将軍・車騎長史→度支尚書領歩兵校尉→度支尚書領右軍将軍・兼将作大匠（『南斉書』巻三七）

梁　范岫　度支尚書→散騎常侍・光禄大夫→散騎常侍・光禄大夫領太子左衛率→通直散騎常侍・右衛将軍→晋陵太守・中二千石→祠部尚書領右驍騎将軍（『梁書』巻二六）

劉孺　左民尚書領歩兵校尉→仁威臨川王長史・江夏太守・貞威将軍→寧遠将軍・司徒左長史→都官尚書領右軍将軍（『梁書』巻四一）

王峻　度支尚書→度支尚書兼起部尚書→征遠将軍・平西長史・南郡太守→智武将軍・鎮西長史・蜀郡太守→左民尚書領歩兵校尉（『梁書』巻二一）

陳　沈君理　守左民尚書（未拝）→明威将軍・丹陽尹→左民尚書領歩兵校尉→左民尚書領前軍将軍（『陳書』巻二三）

段階的に内号将軍を昇進させ、内号将軍を帯帖とした尚書が

斉　蕭鸞　度支尚書領右軍将軍→侍中領驍騎将軍（『南斉書』巻六）

侍中の序列へと異動することもあった。さながら侍中の序列と尚書の序列は相互乗り入れの関係にあったわけである。ちなみに

陳　江総　侍中領左驍騎将軍→左民尚書領左軍将軍（『陳書』巻二七）

という例があるので、侍中領驍騎・游撃将軍と列曹尚書領前軍・後軍・左軍・右軍将軍がほぼ同じ位置に

あったことも推測できる。

ただし、尚書の帯帖の序列は侍中のそれとは異なる点がある。

上（何）戢を轉じて選を領せしめんと欲し、尚書令褚淵に問い、戢の資重きを以て、常侍を加えんと欲す。淵曰く「宋世王球侍中・中書令より單に吏部尚書と作り、資戢と相い似たり。頃《このごろ》選職昔に方べて小軽たれば、容に頓かに常侍を加うべからず。聖旨毎に蟬冕を以て宜しく過多なるべからずとす。臣王儉と既已に左珥あり、若し復た戢に加うれば、則ち八座に便ち三貂有り。若し帖するに驍・游を以てするも、亦た少なからずと爲す」と。乃ち戢を以て吏部尚書と爲し、驍騎將軍を加う。（『南斉書』巻三二　何戢伝）

何戢が吏部尚書となった際、帯帖として散騎常侍が加えられる所であったが、既に尚書令の褚淵と尚書僕射の王儉が侍中を帯帖としていたため、尚書八座にこれ以上貂蟬（侍中・散騎常侍）をふやすべきではなく、散騎常侍にかえて驍騎・游撃将軍を帯帖とすべきであるとの褚淵の意見をうけて、何戢は吏部尚書領驍騎将軍となった。すなわち、尚書は侍中の場合と同じく、五校尉、前軍・後軍・左軍・右軍将軍、驍騎・游撃将軍を階層的に帯帖とするが、そこからは左右衛将軍ではなく、散騎常侍へ、最終的には侍中へと帯帖を進めていたのであった[23]。

それでは、最後に侍中の序列の意義について、また、尚書に類似の序列があらわれる理由について考えてみたい。

第四節　侍中領衛の形成理由

そもそもなぜ魏晋南北朝の官僚の肩書きは煩雑なのであろうか。外官に関しては、外号将軍の濫発と、都督府の発展が原因である。地方官と将軍府・都督府の官を兼任し、それにくわえて将軍号をも帯びる事例は枚挙にいとまがない。こうした状況が改善されることなく、隋の文帝の官制改革まで続くことは周知の通りである。

もう一つ、肩書きを煩雑にしている原因として、侍中・散騎常侍・給事中といった官職が加官として多く与えられている点が挙げられる。内官であるはずのこれらの官職が地方官はおろか、外国の王にも与えられている例が見受けられるが、その淵源をさかのぼると、二つの源にたどり着く。第一に、曹魏において太尉の司馬懿と大将軍の曹爽に侍中が与えられたことを起源とする[24]、一品官への加官。第二に、後漢末に侍中・守尚書令となった荀彧を起源とする尚書系統への加官であり[25]、本章と関連があるのはいうまでもなく後者である。『三国志』巻十　荀彧伝には

太祖遂に洛陽に至り、天子を奉迎して許に都す。天子太祖を大將軍に拜し、彧を進めて漢の侍中と爲し、尚書令に守たらしむ。常に中に居りて重きを持し、太祖征伐して外に在りと雖も、軍國の事皆な彧と籌る。

と、曹操が献帝を許昌に奉じた際、腹心の荀彧を侍中・守尚書令とし、荀彧は曹操に疎んぜられるまでの間、この二職を兼任し続け、曹操の覇業に貢献した。ここでは「中に居りて重きを持」すという抽象的な表現が用いられているが、曹操が権力を握り続けるうえでの制度上の裏づけがあったと考えられる。

漢代の制書、すなわち詔勅は

制書とは、帝者の制度の命なり。其の文に曰く、三公に制詔す、と。皆な璽もて封じ、尚書令の印もて重ねて封じ、州郡に露布するなり。（『後漢書』光武帝紀上注引『漢制度』）

とあるように、皇帝璽と尚書令の印によって二重に封印されていた。そのうちの一つの皇帝璽は

璽、皆な白玉螭虎紐。文に曰く、皇帝行璽、皇帝之璽、皇帝信璽、天子行璽、天子之璽、天子信璽と曰い、凡そ六璽なり…皇帝綬を帯ぶるに、黄地六采、璽を佩びず。璽は金銀を以て縢組し、侍中組負して以て従う。（『続漢書』輿服志下注引『漢旧儀』）

とあるように、皇帝が自分の体に帯びていたのではなく、侍中が所持していたのである。つまり荀彧は侍中・守尚書令となることによって、制書を出すために必要な二つの印璽を手にできる立場にあったのである。そして、これが前例となって曹魏に継承される。曹魏では侍中を兼任した尚書令・尚書僕射を多く見いだすことができる(26)。また曹魏では新たに詔勅を起草する官として、中書監・令を新設したが、最初の中書監・令となった劉放・孫資にも

正始元年春二月乙丑、侍中中書監劉放・侍中中書令孫資に加えて左右光禄大夫と爲す。（『三国志』巻四　三少帝紀・斉王芳）

と、侍中が加えられており、侍中が加わる対象は中書にも拡大していった。王朝交代期ならともかく、曹魏以後も尚書に侍中が加えられ続けた理由は今ひとつ判然としない(27)。侍中の職掌として、尚書の作成する上奏文――ありていに言えば詔勅の原案――にコミットできるため、尚書や中書に任ぜられた人物に侍中を加え

ることによって相対的に侍中の力を弱め、上奏を通過させやすくする特権ではないかと推測するにとどめておきたい(28)。

侍中につぐ加官として多く用いられたのが、曹魏において新設された散騎常侍である。散騎常侍は、後漢において宦官が任ぜられていた中常侍を改変して、士人を任命できるようにしたものであり、その官服も中常侍のそれをひきついでいて

侍中…御殿に登らば、散騎常侍と対いて扶け、侍中左に居り、常侍右に居り。(『晋書』巻二四　職官志)

武冠、一名武弁、一名大冠、一名繁冠、一名建冠、一名籠冠、即ち古の惠文冠なり…侍中・常侍則ち金璫を加え、蝉を附して飾と為し、插すに貂毛を以てし、黄金竿と為す。侍中左に插し、常侍右に插す。(『晋書』巻二五　輿服志)

と、侍中と左右対称になる形で皇帝を挟んで侍立し、貂蝉をつけた。職掌に関しても、『晋書』巻二四　百官志には

魏より晉に至るまで、散騎常侍・侍郎、侍中・黄門侍郎と共に尚書の奏事を平す。江左乃ち罷む。

とあり、侍中や黄門郎と同じく尚書からの上奏にコミットできることから、西晋以降では尚書・中書系統の官に加えることが数多く見られる。やはりその理由は判然とはしないが、侍中が加えられたのと同じ理由によるものであろう。

こうした点から下倉渉氏は曹魏西晋期の散騎常侍を高く評価するが(29)、実際の権限は侍中に及ぶべくもなかった。それを端的に示すのが以下の記事である。

（孫）秀等諸軍を部分し、腹心を分布し、散騎常侍・義陽王威をして侍中を兼ねしめ、詔命を出納せしめ、矯めて禪讓の詔を作らしめ、使持節・尚書令滿奮をして、僕射崔隨副と爲し、皇帝の璽綬を奉じて以て位を倫に禪らしむ。（『晋書』巻五九　趙王倫伝）

これは、いわゆる八王の乱の際に、趙王の司馬倫が簒奪をはたらいた際の記事であるが、『資治通鑑』はこのときの状況をさらに詳しく伝えている。

散騎常侍義陽王威、望の孫なり、素より倫に諂い事う。倫威を以て侍中を兼ね、威をして逼りて帝の璽綬を奪い、禪詔を作らしむ。又た尚書令滿奮をして節を持し、璽綬を奉じて、位を倫に禪らしむ。（『資治通鑑』巻八四　晋紀六・永寧元年条）

この時、義陽王の司馬威が恵帝から皇帝の璽と綬を奪って禅譲の詔をでっちあげるのだが、散騎常侍であった司馬威にわざわざ侍中を兼任させて、璽綬を奪っている点が注目される。換言すれば、散騎常侍は、侍中と外見・職掌は瓜二つでも、詔勅の効力を付与する皇帝の璽綬に触ることはできなかったのである。そうした散騎常侍の地位低下は避けられず、また加官としても大量にばらまかれることとなった。やはり趙王司馬倫簒奪後の記事として、

趙王位を簒いし時、侍中・常侍九十七人あり。朝する毎に、小人庭に滿ち、貂蟬座に半ばす。時人の謠に曰く、貂足らず、狗尾續く、と。（『文選』巻三八「為范尚書譲吏部封侯表」李善注所引虞預『晋録』）

と、侍中や常侍が百名近くいたことを記すが、流石に侍中が濫発されることはなかったようで、西晋末から

東晋にかけてもっぱら散騎常侍——無論職責など期待されてはいない——が濫発されて、

建武の初め、中書令と爲り、散騎常侍を加うるも、又た老疾を以て固辭す…是において改めて太常を拝し、常侍故の如し。循九卿舊て官を加えず、今ま又た疾患あり、宜しく兼ねて此の職に處るべからずと以《おも》い、惟だ太常を拝するのみ。(『晋書』巻六八　賀循伝)

とあるように、賀循はここでは病気を理由に辞退してはいるが、本来散騎常侍を加えられるべきではない官にも与えられるようになっていったのである。それに加えて、南朝においては、寒人軍功層の台頭と対応して、

明年、入りて驍騎将軍となり、通直散騎常侍を加えらる。前世の加官、唯だ散騎常侍のみにして、通直員外の文無し。太宗以來、多く軍功に因りて大位に至る。資軽くして常侍を加う者、往往にして通直・員外なり。(『宋書』巻八三　任農夫伝)

と、散騎常侍のバリエーションである通直散騎常侍、員外散騎常侍も加官としてばらまかれていった。もとより、南朝においては、こうした散騎常侍の地位低下にたいして、手を拱いていたわけではない。宋の孝武帝は

初め、晉世散騎常侍選望甚だ重く、侍中と異らず。其の後職任閑散として、人を用いること漸く軽し。孝建三年、世祖其の選を重くせんと欲す。(『宋書』巻八四　孔覬伝)

と、散騎常侍の選挙を慎重に行うことによって、その地位向上をはかり、また梁の武帝も前述したように散

騎常侍を侍中と同格に引き上げようとしていた。両者ともそのこころみは頓挫することになるが、散騎常侍の地位向上に腐心していたことはかねてから指摘されてきたことである。これらの措置は帯帖ではなく本官としての散騎常侍の地位向上をねらったものであるが、帯帖に関しても、『南斉書』何戢伝が「聖旨毎に蝉冕を以て宜しく過多なるべからずとす」と述べていたように、蝉冕——すなわち散騎常侍の濫発を制限しようとしていたのである。

一方の、尚書令・司空へと向かう昇進の起点である侍中の側はどうであったか。まず、宋の文帝が何故「侍中領衛」を「宰相の便坐」と手放しの評価を与えているのか、溯って考えてみる必要があろう。内号将軍を帯帖とする例は西晋では数多く見つけることができる。すなわち八王の乱に前後して、宗室達は洛陽城の兵力を掌握すべく、内号将軍を競って帯帖しあったからである。ただ、彼らのほとんどが高位の外号将軍を本官としており、ここであつかう「侍中領衛」とは直接つながらない。また、東晋に入ると、内号将軍を帯帖とする事例は、蘇峻の乱が終息するころまでみられるが、その後はぷっつりと途絶えるのである。もちろん『晋書』の資料上の不備は考慮しなければならないが、内号将軍を帯帖とする例はみられなくなる（ただし領軍・護軍将軍、中領軍・中護軍はその限りではない）。そして、東晋中期に内号将軍を帯帖したひさかたぶりの例として、最初の「侍中領衛」が登場する。簡文帝期に侍中領左衛将軍となった、王坦之である。

王坦之は、謝安とともに桓温の簒奪を阻止したことで知られる。謝安は九錫を望む桓温の死期が近いことを知り、九錫を賜与する旨の詔勅の草稿を何度も書き換えさせて時間をかせぎ、桓温を悶死せしめたが、[30]王坦之はそれに先立って、簡文帝の遺詔を破棄して書き換えている。

出でて大司馬桓温の長史と爲る。尋いで父の憂を以て職を去る。服闋きて、徵せられて侍中を拝し、父の爵を襲ぐ…海西公廢せられ、左衛將軍を領す…簡文帝崩に臨み、大司馬温に詔して周公居攝の故事に依らしめんとす。坦之自ら詔を持して入り、帝の前においてこれを毀つ。帝曰く「天下、儻來の運なり。卿何ぞ嫌う所あらん」と。坦之曰く「天下、宣元の天下なり。陛下何ぞこれを專らにするを得ん」と。帝乃ち坦之をして詔を改めしむ。（『晋書』巻七五　王坦之伝）

『資治通鑑』はさらに詳しく、

遺詔、大司馬温周公居攝の故事に依れ。又た曰く、少子輔くべき者ならばこれを輔け、如し可ならざれば、君自らこれを取れ、と。侍中王坦之自ら詔を持して入り、帝の前においてこれを毀つ。帝曰く「天下、儻來の運なり。卿何ぞ嫌う所あらん」と。坦之曰く「天下、宣元の天下なり。陛下何ぞこれを專らにするを得ん」と。帝乃ち坦之をして詔を改めしむ。曰く、家國の事一に大司馬に稟けること、諸葛武侯・王丞相の故事の如くす。是の日、帝崩ず。（『資治通鑑』巻一〇三　晋紀二五・咸安二年七月条）

としるす。最初の遺詔は劉備の遺詔を引用し、簒奪を容認するものであったが、諸葛亮・王導という、権臣でありながら簒奪することなく王朝の存続に力を尽くした人物を引き合いに出すことによって、晋の継続を明確に宣言し桓温の気勢をそいだ。その際に王坦之は侍中領左衛将軍だったのである。遺詔が詔勅としての効力が発生する以前にさしとめることができたのは、いうまでもなく皇帝璽に関わり得る侍中の職権によるものである。

当時の侍中と左衛将軍について考える上で欠かせないのが、桓温が推し進めた「省官併職」である。これに関しては川合安氏の専論があり(31)、氏によると、「省官併職」の骨子は、①九卿の冗員を削減して他官と統合、②侍中・散騎常侍・黄門郎の定員を四名から二名へ、著作佐郎の定員を八名から四名へと削減、③游撃将軍、前軍・後軍・右軍将軍、五校尉、三将（虎賁中郎将、冗従僕射、羽林監）を廃止、左軍将軍を游撃将軍へと改称することによる内号将軍の冗員の削減、この三点である。まず③に関して、川合氏の指摘によると、内号将軍のうち廃止されたものは、当時既に統括する兵員がいない冗官であったが（換言すると左右衛将軍、驍騎将軍には統括兵員があった）、私兵を率いて宿衛の任にあたることもあったようで、この措置は冗官削減を名目とした、皇帝周辺の兵力削減が目的であったといえる。つぎに②に関しては、侍中の定員を削減することによって、尚書（当時桓温が掌握していた）の影響力を強くすることが目的であった。こうして簒奪への準備を着々と進めた桓温であったが、二名に削減された侍中のひとりであり、かつ、皇帝周辺の宿衛兵を率いる王坦之によって、桓温の意図は挫かれてしまったのである。

桓温没後、「省官併職」は謝安によって否定されて旧に復したが、簡文帝に続く孝武帝期にも、宗室の司馬恬、また王坦之の子、王愷があいついで侍中領衛となった。そして再び侍中領衛が重要な役割を果たすことになる。

（桓）玄将に亂を爲さんとするに、詔命を總領せしめ、以て侍中と爲し、左衛將軍を領せしむ。玄の九錫、仲文の辭なり。（『晋書』巻九九　殷仲文伝）

半ば意趣返しであろうが、桓温の子、桓玄が簒奪する前段階として、桓玄の姉の夫である殷仲文を侍中領衛としている。今度は桓玄が侍中領衛を押さえることによって、父が手に入れられなかった九錫を得ることに成功し、簒奪の足がかりとしたのである。桓温・桓玄親子の専権期には、侍中領衛の動向――皇帝と権臣のどちらが掌握するか――によって王朝の命運は左右されたといえる。

そして三度重要な局面が訪れるのが、宋の文帝の最初期である。周知の通り文帝は、徐羨之・傅亮・謝晦ら劉裕以来の功臣によって少帝が廃位された後に即位し、その地位ははなはだ不安定であった。当初文帝は即位をためらっていたが、文帝の属僚であった王華のすすめによって即位した後、第二節でも触れたように王華を侍中領右衛将軍、同じく属僚の王曇首を侍中領驍騎将軍とし、彼らの力によって文帝は徐羨之、傅亮、謝晦の抹殺に成功したのである(32)。またもう一人、即位以前の文帝とはとりたてて関係はなかったが、少帝期に侍中を固辞して政権から距離をとっていた殷景仁を侍中として左衛将軍を領させている。こうして文帝の初期には定員四名の侍中のうち、三名が皇帝周辺の兵力を掌握していたのであった。野田俊昭氏はこの間における侍中の役割を高く評価するが(33)、彼らが左右衛将軍・驍騎将軍を帯帖していたことを看過してはならないし、文帝の「宰相の便坐」という評価は、単にその地位のみならず、桓温以来侍中領衛が果たしてきた役割を念頭においたものと考えなければならない(34)。

　そののち侍中が外見で選ばれるようになり、驍騎将軍以下も無員となって、侍中領衛につぐ侍中領驍騎・游撃将軍が、単なる官人の地位のみを示す官へと変化していくことは前述した。それではなぜ侍中はなおも内号将軍を歩兵校尉から階層的に帯帖とし続けたのであろうか。

　侍中から列曹尚書という昇進ルートを逆行するさいに、帯帖が加わる事例を紹介してきたが、そもそもなぜ昇進ルートを逆行する事態が生じたのであろうか。再び、冒頭にて引用した江斅伝をみてみよう。

（永明）七年、徙りて侍中と爲り、驍騎将軍を領す。尋いで都官尚書に轉じ、驍騎将軍を領す。王晏世祖に啓して曰く「江斅今ま重ねて禮閣に登り、六軍を兼掌す。慈渥の覃《およ》ぶ所にして、寔に優忝有り。但だ其の事任を語らば、殆ど閑輩に同じ。天旨既に其の名位を升さんと欲するも、愚謂えらく侍中を以て驍騎を領するは、望實清顯にして、納言と殊なる有り」と。上曰く「斅常に吾に啓し、其の鼻中の惡と爲る。今ま既に何胤・

王瑩を以て門下に還す、故に此の回換有るのみ」と。（『南斉書』巻四三　江斅伝）

江斅は侍中領驍騎将軍から都官尚書領驍騎将軍へと転じている。帯帖がそのまま継続されているから、侍中から列曹尚書へという昇進コースにのっとったものである。江斅の昇進の理由は、「斅常に吾に啓し、其の鼻中の悪と為る」と、斉の武帝にさかんに意見具申を行ったからであった。皇帝への意見具申はもとより侍中の職掌の一つであるが(35)、その任をまじめに果たしたがために、昇進という形で追い出されてしまったのである。その際王晏が「納言と殊なる有り」と述べているように、納言、すなわち昇進先であるはずの列曹尚書が、「殆ど閑輩に同じ」とされており、侍中の方が高く評価されていることがわかる。

他にも、列曹尚書より侍中が高く評価されているエピソードとして、次の資料が挙げられる。

（永明）六年、都官尚書に遷る。上（胡）諧之を遷さんと欲し、嘗て従容として諧之に謂いて曰く「江州幾くの侍中有らんや」と。諧之答えて曰く「近世唯だ程道惠一人有るのみ」と。上曰く「當に二有らしむべし」と。後に以て尚書令王儉に語るに、儉の意更に異れば、乃ち以て太子中庶子と爲し、左衞率を領せしむ。（『南斉書』巻三七　胡諧之伝）

名門中の名門であった王倹が南人を抑圧したエピソードとしてよく引用される資料であるが、都官尚書から侍中への異動が取り沙汰されている。

さらにもう一つ。斉の陸慧暁が容姿によって侍中になれなかった事例を先に紹介したが、それには次のような後日談がある。

入りて五兵尚書・行揚州事と爲る。崔慧景の事平らぐに、右軍將軍を領す。出でて南徐州を監す。朝議又た以て侍中と爲さんと欲す。王亮曰く「済・河人を須つ。今ま且らく朝廷に就きてこれを借り、以て南兗州に鎭せしめん」と。王瑩・王志皆な曰く「侍中彌《ひさ》しく英華を須う。方鎭猶お應に選ぶ者有るべし」と。亮曰く「其の二者を角《くら》ぶれば、則ち貂璫緩く、寇を拒ぐは切なり。當今朝廷甚だ弱ければ、宜しく切に従うべし」と。乃ち以て輔國將軍・南兗州刺史と爲し、督を加う。（『南史』巻四八　陸慧曉伝）

陸慧曉が五兵尚書領右軍将軍となったのちのこと、朝議にて、南徐州へと転任した彼を再び侍中に任官しようということになった。以前は容姿によって侍中任官が拒否されたにもかかわらず、「彌《ひさ》しく英華を須う」とは噴飯ものの言い種であるが、やはり列曹尚書から侍中への異動が論じられているのである。

　このように尚書から侍中への逆行がしばしば取り沙汰され、しかもその方が価値が高いとみなされた原因として、王晏が都官尚書を「殆ど閑輩に同じ」と述べていたが、宋以後の寒門の台頭によって、軍職を叩き上げで昇進してきた人物が、領軍将軍・護軍将軍、中領軍・中護軍に就任する事例は珍しくなってきた。それに加えて、侍中を経由せずに列曹尚書に任ぜられる事例も現れ始めるのである(36)。それと反比例して、職掌は無いに等しいながらも、容姿や家格によって就官を拒否し得る侍中の価値は高くなっていった。事実、侍中が散騎常侍と同格とされていた梁代では、第二節（一）の、謝璟・羊侃・劉孺の事例に見られたように、列曹尚書と侍中が逆転してしまっていた。

　そうすると、やや後の時代の事例であるが、

峻性詳雅にして、趨競の心無し。嘗て謝覽と約すらく、官侍中に至らば、復た進仕を謀らざらん、と。（『梁書』巻二一　王峻伝）

と、侍中まで昇進できれば充分だと考える人物も現れるようになり、昇進経路と逆行してでも侍中への任官を望む人物も多かったであろう。そうした現象と対応して、侍中に内号将軍という分銅を付与することによって官人としての地位を表象することが行われ、侍中から列曹尚書へと昇進する経路に平行する、侍中領校から侍中領驍騎、あるいは侍中領衛へとつづく序列が形成されていったと思われる。

ふたたび尚書の側にもどると、侍中が内号将軍を帯帖としたまま昇進してくることは散騎常侍の濫発をさけたいという当局にとってはきわめて好都合であった。『陳書』巻十八韋翽伝は梁以後の驍騎将軍について次のように述べる。

驍騎の職、舊て營兵を領し、兼ねて宿衛を統ぶ。梁代より已來、其の任踰いよ重く、出づれば則ち羽儀道を清め、入れば則ち二衞と通直し、臨軒すれば則ち殿に升りて侠侍す。

臨軒の際に驍騎将軍が皇帝を挟んで侍立することが評価されているが、これは梁以後の驍騎将軍のみに限ったことではない。梁以前にも

凡そ大使を遣わして皇后・三公を拜す、及び皇太子を冠す、及び蕃王を拜するに、帝皆な臨軒す。其の儀…軍校・侍中・散騎常侍・給事黄門侍郎・散騎侍郎殿を升りて御座を夾む。(『宋書』巻十四　礼志一)

と皇后などの拝命の際に侍中・散騎常侍と並んで軍校が御座に侍立しており、軍礼においても同様に

太祖位に在り、故事に依りて衆軍を肄習せんとし、漢・魏の禮を兼用す。其の後時を以て武を宣武堂に講ず…帝若し躬親ら禽を射んとすれば、御戎服を變え、内外從官以て虎賁に及ぶまで悉く服を變えること、校獵

の儀の如くす…三嚴の後二刻、正直侍中外辨ずと奏す。皇帝黒介幘單衣を著く。正次直侍中・散騎常侍・給事黄門侍郎・軍校進みて御坐を夾む。（同右）

とあって、軍校が侍中や散騎常侍とともに皇帝の御座に侍立している。ここに見える軍校とは無論内号将軍のことである。[37] これらの軍校には貂蟬こそないが、まぎれもなく皇帝の近侍であり、散騎常侍の代用品としてうってつけだったのである。

東晋末から宋初にかけて重要な役割を果たした侍中領衛が理想的な地位として高く評価されていたことに加え、昇進経路を逆行してでも侍中を望む官人と、魏晋以来続く、帯帖としての散騎常侍の濫発を制限したい当局の思惑が合致したことによって、南朝では上級官僚の間でさかんに内号将軍が帯帖とされるようになったのであろう。[38]

むすびにかえて

以上、侍中領衛の具体的な地位や淵源にかんして検討してきた。極めて些末ではあったが、内号将軍が分銅として用いられていることを確認し、閻歩克・岡部毅史両氏の所説を補強しえたと考える。

南朝において「望實優顯」など、極めて高い評価を与えられた侍中領衛は、東晋の簡文帝期に王坦之が侍中領左衛将軍に任命されたことを嚆矢とする。この王坦之が、簡文帝の遺詔を書き換えて桓温への九錫賜与を阻止したがために、侍中領衛というポジションが評価され、つづく桓温期や宋の文帝の即位当初においても重要な役割を果たすことになる。同時に、南朝においては侍中から尚書令をへて司空へといたる昇進経路が形成されていた。当時において、司空こと三公が侍中や散騎常侍を帯帖とすることは慣例化しており、尚書令もまたこれらの官職を帯帖とすることが多かった。三公が侍中や散騎常侍を帯帖とする淵源は、曹魏において太尉の司馬懿と大将軍の曹爽に侍中が加えられた事例であり、尚書系統の官職が侍中や散騎常侍を帯帖とする淵源は、後漢末に侍中・守尚書令となった荀彧の事例であった。

こうした、王坦之・司馬懿・曹爽・荀彧という、わずかな事例を出発点として、侍中と内号将軍による序列、および相互乗り入れの関係にある尚書と内号将軍・散騎常侍・侍中による序列が形成され、また、内号将軍を逆行させて官人の地位を調整するという複雑な遷官制度が形成された。さらに、『南斉書』何戢伝にみえる、貂蝉の濫発を避けるために、侍中や散騎常侍の代替として内号将軍を帯帖させようとしたエピソードから考えれば、南朝の各政権には、繁雑な肩書きや複雑な遷官制度そのものを解消するといった発想が全くなかったことを示唆していよう。

さて、本章にて検討した分銅の機能は内号将軍のみにとどまるものではなく、外号将軍にも適用可能である。その具体例を簡単に紹介しておこう。

斉　王慈　司徒左長史、兼侍中→輔国将軍・予章内史→父憂去官→建武将軍・呉郡太守→寧朔将軍・大司馬長史→侍中領歩兵校尉（『南斉書』巻四六）

これは第二節の（二）において引用した事例であるが、予章内史から揚州の大郡である呉郡太守への異動にさいして、外号将軍が輔国将軍から数等格が落ちる建武将軍へと降格され、大司馬長史への異動のさいには、建武将軍よりやや格の高い寧朔将軍へと昇格している。

また、天監七年と大通三年の二度にわたって外号将軍が再編成された梁以降においても分銅としての機能は継承されている。

蕭恢　使持節・散騎常侍・都督益寧南北秦（南北梁）沙七州諸軍事・鎮西将軍・益州刺史→侍中・安前将軍・領軍将軍（『梁書』巻二二）

蕭繹　使持節・都督荊湘益寧南梁六州諸軍事・鎮西将軍・荊州刺史→安右将軍・護軍将軍・領石頭戍軍事→使持節・都督江州諸軍事・鎮南将軍・江州刺史（『梁書』巻五）

蕭恢は天監年間の事例で、鎮西将軍（22班）から安前将軍（21班）へと外号将軍は降格されている。蕭繹は大同年間の事例で、やはり鎮西将軍（32班）から安右将軍（31班）へと降格し、そして江州刺史への転出にともないふたたび鎮南将軍（32班）へと引き上げられている。もとよりこれらの事例は単純な降格人事ではなく、地方官から領軍将軍・護軍将軍となったために、バランスをとるべく外号将軍が引き下げられているわけである。

これらの事例にみたように、外号将軍が分銅として用いられる際には、内号将軍とは異なり、内官と外官、あるいは外官同士でのバランスをとるために用いられることがしばしば見られるが、梁もふくめて南朝の地方官の地位は不明瞭であり、検討すべき問題は多岐にわたる。しかしながら、類例をあつめて整理・検討することによって、従来とはことなる視点から南朝における外号将軍の運用方法について論ずることができるのではないかと考える。章を改めよう。

注

（1）『南斉書』巻十六　百官志

左右二衛將軍、驍騎將軍・游撃將軍。晉世以來、謂領・護至驍・游爲六軍。二衛置司馬次官功曹主簿以下。左右二中郎將。前軍將軍・後軍將軍・左軍將軍・右軍將軍、號四軍。屯騎・歩兵・射聲・越騎・長水五校尉、虎賁中郎將、冗從僕射、羽林監、積射將軍、彊弩將軍、殿中將軍・員外殿中將軍、殿中司馬督、武衛將軍、武騎常侍。自二衛・四軍・五校已下、謂之西省、而散騎爲東省。

内号将軍の定義については、序章第三節を参照。

（2）周一良一九六三。

（3）張金龍二〇〇四、第四篇第十二章　劉宋禁衛武官制度、四　左・右衛将軍。なお、同書には周一良一九六三は引用されていない。

（4）『真誥』のテキストは、吉川忠夫・麦谷邦夫編『真誥研究（訳注篇）』（京都大学人文科学研究所、二〇〇〇）に拠った。

（5）岡部毅史二〇〇一。

（6）閻歩克二〇〇〇a。

（7）『宋書』巻二　武帝紀中

今遣使持節・兼太保・散騎常侍・光祿大夫澹、兼太尉・尚書宣範奉皇帝璽綬、受終之禮、一如唐虞・漢魏故事。

（8）『梁書』巻五三　良吏伝・庾蓽

齊永明中、與魏和親、以蓽兼散騎常侍報使、還拜散騎侍郎、知東宮管記事。

（9）『宋書』巻三九　百官志上

若營宗廟宮室、則置起部尚書、事畢省。

『梁書』巻二一　王峻伝

視事三年、徵拜侍中、遷度支尚書。又以本官兼起部尚書、監起太極殿。

（10）『梁書』巻三三　劉孝綽伝

遷員外散騎常侍、兼廷尉卿、頃之即眞

（11）宮崎市定一九五六、第二編第三章、「南朝における流品の発達　四　清要官の発達」。

（12）中村圭爾一九八七b。

（13）張金龍氏も、左右衛将軍が兼ねる官職として常見するのが、侍中・散騎常侍・給事中であったことを指摘し、その理由を、左右衛将軍が禁中の宿営を職掌としていたこと求めている（張金龍二〇〇四、第四編第十五章、「陳朝禁衛武官制度、三左・右衛将軍」）。

（14）『宋書』巻六三　殷景仁伝

子道矜、幼而不慧、官至太中大夫。道矜子恆、太宗世爲侍中、度支尚書、屬父疾積久、爲有司所奏。詔曰、道矜生便有病、無更横疾。恆因愚習惰、久妨清序、可降爲散騎常侍。

（15）途中で領軍将軍を兼ねているが、本紀では侍中から中領軍に異動したことになっている。

（永明元年正月）庚申、以侍中蕭景先爲中領軍。（『南斉書』巻三　武帝紀）

（16）野田俊昭氏も、本来四品官であった左右衛将軍が、宋斉時代にはその実質的官位が侍中と同じ三品に引き上げられたことを指摘している。野田俊昭一九八九参照。

（17）本伝では護軍とあるが、『梁書』巻二　武帝紀中に

（天監四年二月）戊戌、以前郢州刺史曹景宗爲中護軍。

とあるのにしたがう。

（18）小尾孝夫二〇〇四。

（19）『宋書』巻七四　沈攸之伝に引用された尚書の符からは、驍騎将軍二名（王敬則、蕭順之）、游撃将軍三名（呂安国、垣崇祖、王勅勤）、屯騎校尉三名（王宜与、崔慧景、曹虎頭）が確認できる。

（20）『北堂書鈔』巻六二所引『漢旧儀』

謁者缺、選中郎令美鬚眉大聲者以補之。

（21）『宋書』巻六三　殷景仁伝

少帝即位、入補侍中、累表辭讓…詔曰、景仁退挹之懷、有不可改、除黄門侍郎、以申君子之請。尋領射聲。

（22）『宋書』巻四十　百官志下

（太子）中庶子、四人。職如侍中。漢東京員五人、晉減爲四人。秩六百石。

（23）帯帖が内号将軍から散騎常侍、侍中へとつながった事例として次の例を挙げることができる。

陳　孫瑒　度支尚書領歩兵校尉→度支尚書加散騎常侍→侍中・祠部尚書（『陳書』巻二五）

ただし、左右衛将軍を尚書右僕射が帯帖とした例が二つ（王彧（『宋書』巻八五）、蕭鸞（『南斉書』巻六））、吏部尚書が帯

帖とした例が二つ（王晏（『南斉書』巻四二）、王志（『梁書』巻二一））ある。

(24)『魏書』巻九　諸夏侯曹伝・曹爽
帝寝疾、乃引爽入臥内、拝大將軍、假節鉞、都督中外諸軍事、録尚書事、與太尉司馬宣王並受遺詔輔少主。明帝崩、齊王即位、加爽侍中、改封武安侯、邑萬二千戸、賜劍履上殿、入朝不趨、贊拝不名。
『晋書』巻一　宣帝紀
及齊王即帝位、遷侍中・持節・都督中外諸軍・録尚書事、與爽各統兵三千人、共執朝政、更直殿中、乘輿入殿。

(25)後漢時代における侍中・尚書の兼任の事例は
桓帝即位、以明尚書徵入勸講、拝太中大夫・左中郎將、遷侍中・尚書。（『後漢書』列伝四四　楊秉伝）
程度の記事しか見あたらない。『後漢紀』には
（劉陶）辟司徒府、遷尚書・侍中、以數直諫、爲權臣所惡、徙爲京兆尹。（巻二四　中平元年）
（黄琬）擢爲青州刺史、遷侍中・尚書。（巻二七　初平三年）
という事例もあるが、もとより兼任であるかどうかは疑わしい。

(26)尚書令と侍中を兼任した例として、桓階（『三国志』巻二二）、陳矯（『三国志』巻二二）、司馬孚（『晋書』巻三七）があり、尚書僕射と侍中を兼任した例として陳羣（『三国志』巻二二）、司馬懿（『晋書』巻一）、衛臻（『三国志』巻二二）、徐宣（『三国志』巻二二）、陳泰（『三国志』巻二二）、盧毓（『三国志』巻二二）がある。

(27)『續漢書』百官志三注引『献帝起居注』
帝初即位、初置侍中・給事黄門侍郎、員各六人、出入禁中、近侍帷幄、省尚書事。改給事黄門侍郎爲侍中侍郎、去給事黄門之號、旋復復故。舊侍中・黄門侍郎以在中宮者、不與近密交政。誅黄門後、侍中・侍郎出入禁闈、機事頗露、由是王允乃奏比尚書、不得出入、不通賓客、自此始也。

(28)尚書に侍中・散騎常侍を加えられたばあい、
晉官品令曰、尚書僕射。尚書六人。皆銅印墨綬、進賢兩梁冠、納言幘、絳朝服、佩水蒼玉、執笏負符。加侍中者、武冠、左貂金蟬。（『北堂書鈔』巻五九　設官部十一　尚書惣）
八年、詔諸尚書軍校加侍中常侍者、皆給傳事乘軺車、給劍、得入殿省中、與侍臣升降相隨。（『晋書』巻二五　輿服志）
とあるように、貂蟬などがくわえられるので、単なる儀礼上の特権であった可能性もある。

(29) 下倉渉一九九六。
(30) 『晋書』巻七九　謝安伝
及（桓）温病篤、諷朝廷加九錫、使袁宏具草。（謝）安見、輒改之、由是歴旬不就。會温薨、錫命遂寢。
(31) 川合安一九八四。
(32) 『宋書』巻六三　王曇首伝
誅徐羨之等、平謝晦、曇首及華之力也。
(33) 野田俊明一九七七a。
(34) なお、孝武帝が外藩から即位した際も、属僚であった柳元景を侍中領左衛将軍としている。
(35) 『宋書』巻三九　百官志上
侍中、四人。掌奏事、直侍左右、應対獻替。
(36) 無論、寒門の台頭以前にも、侍中を経由せずに列曹尚書となったものは多数いるが、秘書郎・吏部郎・黄門郎といった清官を経由していることが多い。また、軍職を叩き上げて列曹尚書となる人物は、王玄載・王玄邈兄弟など、宋末以降に登場する。第五章参照。
(37) 『晋書』巻七十　劉超伝
會帝崩、穆后臨朝、遷射聲校尉。時軍校無兵、義興人多義隨超、因統其衆以宿衛、號爲君子營。
『晋書』巻七六　王彪之伝
宿衛之重、二衛任之、其次驍騎・左軍各有所領、無兵軍校皆應罷廢。
(38) なお、散騎常侍が濫発されたのは北朝においても同様であった。
又朝貴多假常侍以取貂蝉之飾、隆之自表解侍中、並陳諸假侍中服用者、請亦罷之。（『北斉書』巻十八　高隆之伝）
どうやら貂蝉を得るために散騎常侍が求められたようであるが、この問題が最終的に解決するのは隋による天下統一後のことで、原則として貂蝉は内史令（中書令）と納言（侍中）のみに与えられることとなり、唐にも引き継がれた。
貂蝉、案漢官、侍内金蝉左貂、金取剛固、蝉取高潔也。董巴志曰、内常侍、右貂金璫、銀附蝉、内書令亦同此。今宦者去貂、内史令金蝉右貂、納言金蝉左貂。開皇時、加散騎常侍在門下者、皆有貂蝉、至是罷之。唯加常侍聘外國者、特給貂蝉、還則輸納於内省。（『隋書』巻十二　礼儀志七）

第三章　南朝における外号将軍の再検討

はじめに

南朝の官人の地位は単独の官職によって表象されるのではなく、加官なども含めた複数の官職――いわば官職の「足し算」によって表象されており、尚書や侍中などの中央官がしばしば帯びた内号将軍には官人の地位を調整する「分銅」の機能があることを前章において論じた。

閻歩克氏は、こうした内号将軍を帯びる官人が別のポストに異動した際、懲罰人事でないにもかかわらず内号将軍が引き下げられている事例に注目し、過度の昇進を防ぐために、内号将軍を引き下げることによって官人の地位を調整していたことを明らかにした(1)。また筆者は前章の最後において、降格人事ではないにもかかわらず外号将軍が逆行する事例を紹介し、それは内号将軍の場合と同様に官人の地位が過度に上昇するのを防ぐために、外号将軍を引き下げることによって地位を調節していることを推測した。

外号将軍に関する先行研究は、従来都督制と関連する形で蓄積されてきたが、近年は南朝の外号将軍のみを対象とする専論も現れている。その中でも特に重要と思われるのが、岡部毅史氏と陳奕玲氏の研究である(2)。従来の先行研究は、梁の武帝が再編成した外号将軍について、実例を検討することなく唐代の武散官の前身とし、また官人の本品を表象する階官とみなしていたのだが、岡部氏は梁陳時代の就任者を分析し、当該時代の外号将軍は唐代の散官のごとき本品の機能を備えていなかったことを論証した。また、陳奕玲氏は曹魏から南朝にかけての外号将軍の運用について網羅的に論じたが、両者とも官人の地位を調整するために外号将軍が逆行することについて触れていない。

本章の目的は、南朝における外号将軍の逆行事例を列挙し、その検討を通じて当時の外号将軍も内号将軍と同様に官人の地位を調整するための「分銅」であったこと、ただし、その運用法は内号将軍のそれとは異なっていたことを明らかにすることである。

ただ、南朝に限らず正史の記述から官人の肩書きを完全に復元するのははなはだ困難である。例えば、外号将軍を帯びた人物が別のポストに異動した際、継続して外号将軍を帯び続けた場合には「某々将軍如故」と記載されることが一般的なのだが、複数のポストを経た後、まるで思い出したかのように「某々将軍如故」と記すことがまま見受けられ、異動の際に外号将軍の動向が記されていないからといって、外号将軍を解かれたと断言できないからである。本章では途中に外号将軍の動向が判明しない異動を挟んだ事例も挙げているが、憶測はなるべく避け、若干離れていても確実に外号将軍を比較しえるものを検討することとする。なお内号・外号将軍の定義については序章第三節を参照されたい。

第一節　宋斉における外号将軍の逆行事例

まず、宋斉時代の逆行事例を紹介する前に、当時の外号将軍について整理しておきたい。元来、常設の官ではなかった外号将軍は、後漢末の戦乱によって常官化し、つづく曹魏には奉朝請――朝会に参加するだけ――と同義の礼請将軍が存在していたことを、第一章第三節において述べた。これは、将軍という名前ながらも軍隊を統率しない将軍――虚号――が登場したことを意味するが、後述するように、西晋末の混乱期に外号将軍が濫発されたことにより、東晋以降、外号将軍の虚号化が一層進行していった。宋の外号将軍は、

附表1　宋代の外号将軍

宋品	
一	諸将軍開府儀同三司
二	驃騎・車騎・衛・諸大将軍
三	四征・四鎮・中軍・鎮軍・撫軍・四安・四平・左右前後・征虜・冠軍・輔国・竜驤
四	寧朔・建威・振威・奮威・揚威・広威・建武・振武・奮武・揚武・広武・四中郎将・戎蛮校尉
五	鷹揚・折衝・軽車・揚烈・寧遠・伏波・凌江
六	雑号護軍
七	
八	宣威・明威・驤威・厲威・威厲・威寇・威虜・威戎・威武・武烈・武毅・武奮・綏遠・綏辺・綏戎・討寇・討虜・討難・討夷・蕩寇・蕩虜・蕩難・蕩逆・殄寇・殄虜・殄難・掃夷・掃寇・掃虜・掃難・掃逆・厲武・厲鋒・虎威・虎牙・広野・横野・偏・裨
九	

『宋書』百官志の記述によれば、附表1の序列を構成していることになっている。つづく斉代の官品は大半が不明なのだが、宋斉の間に大規模な制度改革もなく、宋と同じとみなすことが可能である。

さて、附表1の序列において、同じ官品の中に多数の将軍号がひしめいているが、それら全てが必ずしも同格だったわけではなかった。征東・征南・征西・征北の四征将軍や前後左右将軍、東西南北中郎将などの同格の将軍号もあるが、同一官品内の将軍には優劣が存在した。例えば、同じ三品の外号将軍に東西南北を含む将軍号には四征（征東・征南・征西・征北）、四鎮（鎮東・鎮南・鎮西・鎮北）、四安（安東・安南・安西・安北）、四平（平東・平南・平西・平北）があるが、これら四者の間には、四征>四鎮>四安>四平という序列が構成されていたことはよく知られている。

ただし、附表1の序列はあくまでたてまえに過ぎなかったことに注意する必要がある。一般に、南朝正史において将軍号が昇格する場合は「進（号）」、降格する場合は「降（号）」あるいは「貶（号）」と表記されるが、これらの事例を検討することによって、『宋書』百官志が規定する序列（すなわち附表1）と実際の序列との間に若干のズレがあったことが、既に複数の先行研究によって指摘されている。(3) 以下、先行研究に従って、宋斉時代の外号将軍に関する注意点を挙げておこう。

まず『宋書』の記述と食い違うのは、三品の中軍・鎮軍・撫軍の三将軍の地位である。これらの三将軍は『宋書』巻三九 百官志上に「中・鎮・撫三號比四鎮」と、四鎮将軍と同格だと記されているが、実際には宋斉時代においては四平将軍の下、前後左右将軍の上に位置づけられていた。これは同一官品内での序列が変わってしまった例である。

また、官品を越えて序列が変わってしまった例もある。三品の竜驤将軍と四品の寧朔将軍は、官品だけを見れば竜驤将軍の方が地位は高いはずなのだが、宋斉時代では、寧朔将軍の方が竜驤将軍より格上として扱われており、これら二つの将軍号の間でねじれが生じていたのであった。

もう一つ問題となるのが、東西南北の四中郎将の地位である。これらの中郎将は本来四品であったが、東晋では地位を上昇させ、三品である征虜と輔国の間に位置するようになった。(4) さらに宋以後、皇子達が地方長官として出鎮するようになると、これら四中郎将は皇子専用の将軍号となり、引き続いて征虜と冠軍の間に位置し続けた。(5) これも官品を無視したねじれといえよう（なお、四中郎将は、梁の武帝による外号将軍改編の際、征虜将軍の上に位置づけられることになる）。

以上をまとめると、宋斉時代における三品将軍と寧朔将軍・四中郎将の上下関係は次のようになる。

四征＞四鎮＞四安＞四平＞中軍・鎮軍・撫軍＞前後左右＞征虜＞東西南北中郎将＞冠軍＞輔国＞寧朔＞竜驤

竜驤将軍より下には、寧朔将軍と四中郎将を除いた残りの四品の将軍、五品の将軍、六品の雑号護軍をはさんで八品の将軍が続いていた。

では外号将軍の逆行事例の検討にうつろう。本節で検討するのは宋斉時代の事例を主とするが、それに先立つ東晋（ただし蘇峻の乱が終息して以降）の事例も加えてある。引用する例に明らかなように、外号将軍の逆行例には地方官が関係する場合が大半である。よって、行論の都合上、（A）単純に地方官から地方官への人事異動によって外号将軍が逆行する場合と、（B）地方官以外の官職が外号将軍の逆行に関係する場合とに区分して紹介する。また、同一人物の経歴の中に逆行事例を複数見いだせる場合も存在するが、その中に地方官間での人事異動による逆行とその他の官職を含む逆行の両方を含むことがある。そうした場合、少々煩雑ではあるが、当該人物の経歴を（A）と（B）とに区分して紹介する。なお、周知の通り南朝の王朝交替、あるいは王朝内交替においては、官人のキャリアは一般的には継続されるので、王朝断代によって分別することにあまり意味はないのだが、時期区分の目安として王朝名を附した。基本的に列伝にもとづくが、適宜本紀も参照している。

（A）…地方官間での人事異動によって外号将軍が逆行する事例

東晋

1　桓沖　　起家官…不明[6]

寧朔将軍・督荊州之南陽襄陽新野義陽順陽雍州之京兆揚州之義成七郡軍事・義成新野二郡太守→征虜将軍・督荊州之南陽襄陽新野義陽順陽雍州之京兆揚州之義成七郡軍事・義成新野二郡太守→振威将軍・江州刺史・領鎮蛮護軍・西陽譙二郡太守　（『晋書』七四）

督する範囲が繁雑であるため省略するが、桓沖は、寧朔将軍・督七郡軍事・義成新野二郡太守となった後、将軍号を寧朔から征虜へと進めている。そこから、江州刺史・領鎮蛮護軍・西陽譙二郡太守へと転出するにあたり、将軍号は振威へと逆行していることがわかる。なお、振威は征虜のみならず寧朔からみても格下の将軍である。

2　劉敬宣　起家官…前将軍（府主：王恭）参軍

（元興三年）輔国将軍・晋陵太守→建威将軍・江州刺史　（『宋書』巻四七）

劉敬宣は、晋陵太守より江州刺史に転出する際に、帯びている将軍号が三品の輔国から四品の建威へと逆行している。

3　劉義真　起家官…員外散騎常侍（拝命せず）

（義熙十三年）安西将軍・持節・都督雍涼秦三州司州之河東平陽河北三郡諸軍事・雍州刺史・領護西戎校尉→

（義熙十四年）安西将軍・持節・都督雍涼秦并東秦五州司州之河東平陽河北東安定新平五郡諸軍事・雍州東秦州刺史・領護西戎校尉→建威将軍・持節・都督司雍秦并涼五州諸軍・司州刺史　（『宋書』巻二、六一）

劉義真は、父・劉裕の北伐後、関中のおさえとして都督雍涼秦三州・司州之河東平陽河北三郡諸軍事・領護西戎校尉、雍州刺史に任命された。その後都督区が拡大し、くわえて東秦州刺史も領したが、赫連勃勃によって関中から追い払われ、都督司雍秦并涼五州諸軍・司州刺史へと遷った。その際、将軍号は三品の安西から四品の建威へと逆行している。

宋

4　臧質　起家官…中軍将軍（府主：劉義符）行参軍

建武将軍・巴東建平二郡太守→欲以為益州事、未行→（元嘉十八年）寧遠将軍・使持節・都督徐兗二州諸軍事・徐兗二州刺史（『宋書』巻七四）

臧質は巴東建平二郡太守に任ぜられたが、任地に赴く前に使持節・都督徐兗二州諸軍事・徐兗二州刺史へと配置換えとなった。その際、将軍号は四品の建武から五品の寧遠へと逆行している。

5　劉道錫　起家官…不明

（元嘉十八年）建威将軍・巴西梓潼二郡太守→諮議参軍(7)→（元嘉二一年）揚烈将軍・広州刺史（『宋書』巻六五）

劉道錫は巴西梓潼の二郡太守から、府主不明の諮議参軍となった。その後、広州刺史へと転じた際、軍号は二郡太守時代に帯びた四品の建威から五品の揚烈へと逆行している。

6　申恬　起家官…驃騎将軍（府主：劉道憐）長兼行参軍

（元嘉三十年）寧朔将軍・督徐州之東莞東安二郡諸軍事・青州刺史→寧朔将軍・督冀州徐州之東莞東安二郡諸軍事・青州刺史→輔国将軍・督冀州徐州之東莞東安二郡諸軍事・青州刺史→（孝建二年）寧朔将軍・督予州軍

事・予州刺史（『宋書』巻六五）

申恬は孝武帝の初年に督冀州徐州之東莞東安二郡諸軍事・青州刺史となり、将軍号を寧朔から輔国へと進めていたが、督予州軍事・予州刺史への異動の際に、将軍号は輔国から寧朔へと逆行していることがわかる。

7 王広之（王広） 起家官…馬隊主

（泰始初）寧朔将軍・軍主→建威将軍・南陽太守（不之官）（『南斉書』巻二九）

王広之は泰始年間に寧朔将軍となった。軍主をどう扱うか不明瞭な部分もあるが、少なくとも官品はない。ついで南陽太守へと異動するに際して（結局任地には赴かなかったが）、将軍号は建威へと逆行している。

8 劉懐珍 起家官…本州（冀州？）主簿

（泰始四年）輔国将軍・使持節・都督徐兗二州軍・平胡中郎将・東徐州刺史→寧朔将軍・竟陵太守（『南斉書』巻二七）

劉懐珍が輔国将軍であったときに帯びた官職は、『南斉書』の本伝によると徐州刺史とされているが、実際の任地は『宋書』本紀によれば徐州から分置された東徐州刺史である。(8) そこから竟陵太守への異動の際に、将軍号は輔国から寧朔へと逆行している。

南斉

9　蕭映　起家官…著作佐郎

（建元元年四月）平西将軍・使持節・都督荊湘雍益梁寧南北秦八州諸軍事・荊州刺史→平西将軍・使持節・都督荊湘雍益梁寧南北秦八州諸軍事・荊州湘州刺史→（建元元年九月）前将軍・散騎常侍・使持節・都督揚南徐二州諸軍事・揚州刺史（『南斉書』巻三五）

蕭映は高帝の皇子で臨川王である。彼は使持節・都督荊湘雍益梁寧南北秦八州諸軍事・荊州刺史となり、のち湘州刺史も帯びたが、同年、使持節・散騎常侍・都督揚南徐二州諸軍事・揚州刺史へと異動し、その際、将軍号は平西から前将軍へと逆行している。

10　沈文季　起家官…州主簿→秘書郎

（永明三年）平東将軍・呉郡太守→（永明四年）平東将軍・会稽太守（固譲会稽之授）→散騎常侍・都官尚書→（永明五年）左将軍・持節・督郢州司州之義陽諸軍事・郢州刺史（『南斉書』巻四四）

沈文季は平東将軍・呉郡太守となった後、将軍号は変わらないまま会稽太守へと異動している。どうやらこの人事は拒否したらしいが、散騎常侍・都官尚書を経て、持節・督郢州司州之義陽諸軍事・郢州刺史へと転出する際、将軍号は左将軍へと逆行している。

11　王慈　起家官…秘書郎

輔国将軍・予章内史→父憂去官→建武将軍・呉郡太守　（『南斉書』巻四六）

父の丁憂を挟んではいるものの、王慈は、予章内史から呉郡太守へと異動する際に将軍号は輔国から建武へと逆行していることがわかる。

12　王玄邈　起家官…驃騎将軍（府主：不明）行軍《ママ》参軍

坐免官→（鬱林即位）撫軍将軍→安西将軍・使持節・歴陽南譙二郡太守→（延興元年）安西将軍・使持節・散騎常侍・歴陽南譙二郡太守→中護軍→（建武元年）平北将軍・持節・都督南兗兗徐青冀五州軍事・南兗州刺史
（『南斉書』巻二七）

王玄邈は免官された後、撫軍将軍として復帰した。そこから使持節・歴陽南譙二郡の太守へと転出するに際して、将軍号は撫軍から安西へと進む。散騎常侍を加えられた後、中護軍として中央に復帰し、再び地方官の持節・都督南兗兗徐青冀五州軍事・南兗州刺史へと転出しているが、将軍号は安西から平北へと逆行している。

13　蕭遥光　起家官…員外散騎侍郎

冠軍将軍・南彭城太守→輔国将軍・呉興太守　（『南斉書』巻四五）

蕭遥光は南斉の宗室で始安王である。彼の列伝が「一歳之内、頻五除、並不拝」と記すように、この人事を含めて一年に五度も異動がなされたために、どれも拝命しなかったとあるが、吏部の提示した人事案とみなすことは可能であろう。蕭遥光は南彭城太守から呉興太守への異動の際に、将軍号は冠軍から輔国へと逆行している。

14　裴叔業　起家官…不明

（建武二年）冠軍将軍・持節・督徐州軍事・徐州刺史→（建武四年）輔国将軍・持節・督予州・予州刺史（『南斉書』巻五一）

裴叔業は持節・督徐州軍事・徐州刺史から持節・督予州軍事・予州刺史へと移動した際、将軍号は冠軍から輔国へと逆行している。

15　王珍国　起家官…冠軍将軍（府主：不明）行参軍

以父憂去職→輔国将軍→（永泰元年）寧朔将軍・青冀二州刺史（『梁書』巻十七）

王珍国は父の丁憂から輔国将軍として復帰し、そこから青冀二州刺史へと転出する際、将軍号は輔国から寧朔へと逆行している。

16　劉山陽　起家官…不明

（永元二年）輔国将軍・巴西梓潼二郡太守↓（追贈）寧朔将軍・梁州刺史。（『南斉書』巻八、三八）

巴西梓潼二郡太守であった劉山陽は、蕭衍の挙兵に従った蕭穎冑によって殺害された。東昏侯は梁州刺史を追贈してやったのだが、将軍号は輔国から寧朔へと逆行させており、大盤振る舞いするつもりは無かったようである。

（B）…地方官以外の官職が外号将軍の逆行に関係する事例

東晋

17　毛璩　　起家官…右将軍（府主：桓豁）参軍

竜驤将軍・西中郎司馬・譙梁二郡内史↓建威将軍・益州刺史（『晋書』巻八一）

毛璩は、西中郎将司馬・譙梁二郡内史から益州刺史へと転出した際、将軍号が竜驤から建威へと逆行している。

18　虞丘進　　起家官…不明

（義熙二年）竜驤将軍・鄱陽太守↓（義熙八年）寧蛮護軍・尋陽太守↓太尉行参軍↓振威将軍・太尉行参軍（『宋書』巻四九）

虞丘進は鄱陽太守となった後、尋陽太守を経て、劉裕の太尉行参軍へと編入される。その後、将軍号を加えられているが、鄱陽太守時代の竜驤から四品の振威へと逆行している。

宋

19　申恬　起家官…驃騎将軍（府主：劉道憐）長兼行参軍

臨川王平西中兵参軍・河東太守→寧朔将軍・衡陽王安西中兵参軍・河東太守→太子屯騎校尉→母憂去職→大将軍参軍→（元嘉二一年）揚烈将軍・督冀州青州之済南楽安太原三郡諸軍事・冀州刺史（『宋書』巻五、六五）

申恬は、臨川王劉義慶が荊州刺史となった際、その平西将軍中兵参軍となって河東太守を帯びた。かわって衡陽王劉義季が荊州刺史となったが、申恬は荊州にとどまって劉義季の安西将軍府に編入された。おそらく中兵参軍・河東太守のまま寧朔将軍を加えられたと思しい。その後、太子屯騎校尉などの中央官を経て、督冀州青州之済南楽安太原三郡諸軍事・冀州刺史となった際、将軍号は四品の寧朔から五品の揚烈へと逆行している。

20　垣護之　起家官…中軍将軍（府主：劉義符）長史、兼行参軍→奉朝請

輔国将軍・游撃将軍→（孝建元年）寧朔将軍・督徐兗二州予州之梁郡諸軍事・徐州刺史

西陽王撫軍司馬・臨淮太守→冠軍将軍（・撫軍司馬・臨淮太守）→（大明四年）輔国将軍・使持節・督予司二州諸軍事・予州刺史・淮南太守（『宋書』巻五十）

垣護之には逆行事例が二つある。まず前半の事例では游撃将軍から督徐兗二州予州之梁郡諸軍事・徐州刺史

へと異動した際、将軍号は輔国から寧朔へと逆行している。つづいて後半の事例について、彼はのちに、揚州刺史であった西陽王劉子尚の撫軍将軍司馬・臨淮太守となった。宋以後、皇子達が地方官として出鎮することが多くなるが、そうした皇子の大半は年少であるため、皇子将軍府の長史や司馬などの多くが、皇子が担当する州内の郡守を帯びていたことはよく知られている。ただし、垣護之が帯びているのは南予州の臨淮郡で、府主・劉子尚が刺史として任じられた揚州の外にある。列伝ではそこから予州刺史・淮南太守へと異動したことになっているが、本紀では冠軍将軍からの異動となっている(9)。おそらく撫軍将軍司馬・臨淮太守であった際に冠軍将軍が加えられていたのではないかと思われるが、そこから予州刺史・淮南太守への異動の際に、将軍号は冠軍から輔国へと逆行している。

21　宗越　　起家官…郡吏

（大明八年）輔国将軍・新安王撫軍中兵参軍→寧朔将軍・督司州予州之汝南新蔡汝陽潁川四郡諸軍事・司州刺史（『宋書』巻八三）

宗越は大明八年に新安王劉子鸞の撫軍将軍中兵参軍となった後、司州刺史へと転出する際、将軍号は輔国から寧朔へと逆行している。

22　王延之　　起家官…北中郎将（府主：不明）法曹行参軍

秘書丞、西陽王撫軍諮議、州別駕、尋陽王冠軍・安陸王後軍司馬、加振武将軍→安遠護軍・武陵内史（不拜）

→宣威将軍・湘東王衛軍長史（『南斉書』巻三二）

彼のキャリアに関する記事には、官職名が羅列されるのみで動詞が不足しているが、おそらく州別駕から尋陽王劉子房の冠軍将軍司馬となり、その後安陸王劉子綏の後将軍司馬となった際に四品の振武将軍が加えられたのだろう。その後、安遠護軍・武陵内史への転属を拒否して、のちに明帝となる湘東王劉彧の衛将軍長史となった際、将軍号は八品の宣威へと逆行している。

23　沈文季　起家官…州主簿→秘書郎

寧朔将軍→太子右衛率、建安王司徒司馬→宣威将軍・廬江王太尉長史（『南斉書』巻四四）

沈文季は中書郎であった時、父・沈慶之が殺害され、自身も捕らえられるところであったため逃亡していた。明帝の即位後、寧朔将軍として復帰し、その後、太子右衛率、建安王劉休仁の司徒司馬を経て廬江王劉褘の太尉長史となった際に、将軍号は八品の宣威へと逆行している。

24　蕭恵開　起家官…秘書郎

（泰始二年）平西将軍・持節・都督・益寧二州刺史→晋平王驃騎長史・南郡太守（不拝）→（泰始四年）還至京師→（泰始五年）桂陽王征北長史・南東海太守→晋平王驃騎将軍長史・南東海太守→（泰始六年）少府・加給事中→寧朔将軍・巴陵王征西長史・南郡太守（未拝）（『宋書』巻八七）

蕭恵開は益寧の二州刺史から、王府長史・郡太守を歴任したが、長史・郡守時期将軍号は不明である。その後、少府加給事中を経て、荊州刺史であった巴陵王劉休若の征西将軍長史となり南郡太守を帯びることとなったが、将軍号は益寧二州刺史時代の平西から寧朔へと逆行していることがわかる。結局、蕭恵開はこの人事を拝命しないまま泰始七年に没した。

25　劉勔　起家官…広州増城令

竜驤将軍・西江督護・鬱林太守→新安王撫軍中兵参軍（遭母憂、不拝）→（前廃帝即位）振威将軍・屯騎校尉、入直閤（『宋書』巻八六）

劉勔は西江督護・鬱林太守であった際、竜驤将軍を帯びていた。のち新安王劉子鸞の撫軍将軍中兵参軍となったが、母の死によって辞退した。その後、屯騎校尉として復帰するが、加えられた将軍号は四品の振威であり、以前の竜驤からは逆行している。

26　李安民　起家官…板建威将軍

寧朔将軍・冠軍司馬・広陵太守・行南兗州事→寧遠将軍・冠軍司馬・京兆太守
征虜将軍・東中郎司馬・行会稽郡事→冠軍将軍・使持節・督北討軍事・南兗州刺史（『南斉書』巻二七）

李安民には逆行事例が二つある。前半の事例では、冠軍将軍司馬（府主は蕭道成）・広陵太守・行南兗州事から雍州刺史劉韞の冠軍将軍司馬となって京兆太守を帯びた際に、将軍号は寧朔から五品の寧遠に逆行している。[10] 後半の事例では、後廃帝期に東中郎将司馬（おそらくこれは江夏王劉躋と思しい[11]）・行会稽郡事から南兗州刺史へと異動した際に、将軍号は征虜から冠軍へと逆行している。

27　周山図　起家官…呉郡晋陵防郡隊主→建武将軍（府主：沈僧栄）参軍
輔国将軍・游撃将軍→（建元元年）寧朔将軍・仮節・督兗青冀三州徐州東海朐山軍事・兗州刺史（『南斉書』巻二九）

周山図は宋末に游撃将軍となった後、南斉初に兗州刺史へと転出するに際して、将軍号は輔国から寧朔へと逆行している。

南斉

28　王玄邈　起家官…驃騎将軍（府主：不明）行軍《ママ》参軍
（建元元年）右将軍、持節・都督梁南秦二州軍事・西戎校尉・梁南秦二州刺史→征虜将軍・長沙王後軍司馬・南東海太守
（世祖即位）右将軍・予章王太尉司馬→冠軍将軍・臨川内史、秩中二千石（『南斉書』巻二七）

王玄邈には逆行事例が二つある。前半の事例では、建元年間に持節・都督梁南秦二州軍事・西戎校尉・梁南秦二州刺史から、南徐州刺史であった長沙王蕭晃の後将軍司馬へと異動して南東海太守を帯びた際、将軍号は右将軍から征虜へと逆行している。後半の事例では、武帝即位後、予章王蕭嶷の太尉司馬から中二千石の

臨川内史となった際、将軍号は右将軍から冠軍へと逆行している。

29　王奐　起家官…著作佐郎

（建元元年）左将軍、呉興太守・秩中二千石→（建元二年）太常・領鄱陽王師→侍中・秘書監・領驍騎将軍→征虜将軍・臨川王鎮西長史・領南蛮校尉・南郡内史（奐一歳三遷、上表固譲南蛮）（『南斉書』巻四九）

王奐は中二千石の呉興太守となったときの将軍号は左将軍であった。翌年、太常領鄱陽王師、侍中・領驍騎将軍・秘書監をへて、荊州刺史であった臨川王蕭映の鎮西将軍長史・南蛮校尉・南郡内史となった際、軍号は左将軍から征虜へと逆行している。「一歳三遷」とあるように、極めて短期間での異動であった。

30　傅琰　起家官…寧蛮校尉（府主：不明）参軍

（建元元年）寧朔将軍・仮節・督益寧二州軍事・益州刺史・宋寧太守→（建元四年）驍騎将軍、黄門郎→（永明二年）建威将軍・安陸王北中郎長史（『南斉書』巻五三）

傅琰は仮節・督益寧二州軍事・益州刺史・宋寧太守から中央官の驍騎将軍、黄門郎を経て、安陸王蕭子敬の北中郎将長史へと転じた際、将軍号は益州刺史時代の寧朔から建威へと逆行している。

31　崔慧景（崔恵景）　起家官…国子学生→歴位至員外郎

（世祖即位）冠軍将軍・持節・都督梁南北秦沙四州軍事・西戎校尉・梁南秦二州刺史↓（永明三年）以本号還↓黄門郎・領羽林監↓（永明四年）輔国将軍・随王東中郎司馬（『南斉書』巻五一）

崔慧景は持節・都督梁南北秦沙四州軍事・西戎校尉・梁南秦二州刺史から黄門郎・領羽林監を経て随王蕭子隆の東中郎将司馬となった際、将軍号は冠軍から輔国へと逆行している。

32　王諶　起家官…徐州主簿

（永明初）冠軍将軍・予章王太尉司馬↓輔国将軍・晋安王南中郎長史・淮南太守・行府州事（『南斉書』巻三四）

王諶は予章王蕭嶷の太尉司馬から南予州刺史であった晋安王蕭子懋の南中郎将長史へと転じ、淮南太守および行府州事を加えられた際に、将軍号は冠軍から輔国へと逆行している。

33　張瓌　起家官…太尉（府主：劉義恭）外兵行参軍

（世祖即位）冠軍将軍・鄱陽王北中郎長史・襄陽相・行雍州府州事↓随府転征虜長史（・冠軍将軍・襄陽相・行雍州府州事）↓（永明四年）輔国将軍・持節・督雍梁南北秦四州郢州之竟陵司州之随郡軍事・雍州刺史（『南斉書』巻二四）

張瓌は武帝即位の際、雍州刺史であった鄱陽王蕭鏘の北中郎将長史となり、襄陽相・行雍州府州事を帯び、永明二年に蕭鏘が征虜将軍へと進号した際[12]も彼の長史であり続けた。その後、張瓌自身が雍州刺史となるのに際し、軍号は冠軍から輔国へと逆行している。

34　曹虎（曹虎頭）　起家官…直廂

（永明七年）冠軍将軍・驍騎将軍→太子左率→西陽王冠軍司馬・広陵太守→輔国将軍・巴東王鎮西司馬・南平内史（『南斉書』巻三十）

曹虎は驍騎将軍として冠軍将軍を加えられた後、太子左衛率へと転じた。その後、南兗州刺史であった西陽王蕭子明の冠軍将軍司馬となって広陵太守を帯びた後、巴東王蕭子響の鎮西将軍司馬・南平内史へと転じた。その際、将軍号は以前の冠軍から輔国へと逆行している。

35　裴叔業　起家官…不明

寧朔将軍・軍主→（永明四年）累至右軍将軍、東中郎諮議参軍→建威将軍・西昌侯右軍司馬・軍主・領陳留太守（『南斉書』巻五一）

裴叔業は寧朔将軍・軍主から、中央官の右軍将軍となり、東中郎将の諮議参軍となった（府主は随王蕭子隆と思しい）[13]。その後、明帝となる西昌侯蕭鸞の右将軍司馬となり、陳留太守・軍主を帯びた。その際、将軍号はかつての寧朔から建威へと逆行している。

36　劉絵　　起家官…著作郎（著作佐郎か）
輔国将軍・宣城郡公驃騎諮議参軍・領録事参軍→太子中庶子→寧朔将軍・撫軍長史（『南斉書』巻四八）
劉絵は、のちに明帝となる宣城郡公蕭鸞の驃騎将軍諮議参軍となり録事参軍も領した。明帝の即位後太子中庶子を経て、撫軍将軍長史（府主不明）となった際、将軍号は参軍時代の輔国から寧朔へと逆行している。

37　孔琇之　　起家官…国子生→挙孝廉→衛将軍（府主：不明）行参軍
輔国将軍・呉興太守→（隆昌元年）寧朔将軍・晋熙王冠軍長史・行郢州事・江夏内史（『南斉書』巻五三）
孔琇之は呉興太守から、郢州刺史であった晋熙王蕭銶の冠軍将軍長史へと異動し、江夏内史を帯びた。蕭銶が若年であったこともあって[14]、行郢州事も加えられているが、将軍号は輔国から寧朔へと逆行している。

38　蕭子明　　起家官…持節・都督南兗兗徐青冀五州軍事・冠軍将軍・南兗州刺史
（永明十年）左将軍・督会稽東陽臨海永嘉新安五郡軍事・会稽太守→平東将軍・督会稽東陽臨海永嘉新安五郡軍事・会稽太守→（隆昌元年）右将軍・中書令　（『南斉書』巻四十）

蕭子明は武帝の皇子で西陽王である。永明年間に督・会稽太守となって将軍号を平東まで進めた後、中書令へと異動したが、その際、将軍号は右将軍へと逆行している。

39　張沖（張沖之）　起家官…州主簿

征虜将軍・黄門郎→（建武二年）征虜将軍・仮節・都督青冀二州北討諸軍事→冠軍将軍・盧陵王北中郎司馬→征虜長史・南梁郡太守→（永泰元年）江夏王前軍長史→（東昏即位）輔国将軍・建安王征虜長史・江夏内史・行郢州府州事　（『南斉書』巻四九）

張沖は黄門郎・征虜将軍という少々珍しいポストから青冀二州北討諸軍事となった。その際、本伝は「本官如故」と記すが、これは引き続き征虜将軍であったことを意味すると思われる。同年、盧陵王蕭宝源の北中郎将司馬となった際、将軍号は征虜から冠軍へと逆行している。のち江夏王蕭宝玄の前将軍長史などを経て、郢州刺史であった建安王蕭宝夤の征虜将軍長史・江夏内史・行郢州府州事となった際、将軍号は輔国へとさらに逆行している。

40　蕭穎冑　起家官…秘書郎

冠軍将軍・盧陵王後軍長史・広陵太守・行南兗州府州事→（永泰元年）輔国将軍・持節・督南兗兗徐青冀五州諸軍事・南兗州刺史　（『南斉書』巻三八）

蕭穎冑の父・蕭赤斧は高帝の従祖弟なので、蕭穎冑は南斉の宗室とみなす事ができる。蕭穎冑は南兗州刺史であった盧陵王蕭宝源の後将軍長史となり、広陵太守・行南兗州府州事を帯びた。その後、蕭穎冑自身が南兗州刺史へと転じるが、その際、将軍号は冠軍から輔国へと逆行している。

以上、宋斉時代を主として、外号将軍の逆行事例を約四十例紹介した。15のように、外号将軍のみを有する人物に他の官職を帯びさせた際に、外号将軍の逆行が発生しているので、外号将軍にも、内号将軍の場合と同様に官人が昇進しすぎないようにその地位を調整する「分銅」の機能が備わっていたと考えることができる。23も、間に太子右衛率などをはさんではいるが、15の類似例とみなすことができる。また7では、軍主から南陽太守への異動の際に、外号将軍の逆行が生じている。これは官品のない軍主よりも品官である南陽太守の地位が高く、やはり過度の昇進を防ぐために外号将軍を逆行させて地位を調節していると考えることができ、南陽太守>軍主の関係が成り立つといえる。以下、他の事例もこれと同様に不等号を用いて官職の高下を表記する。ただし、外号将軍の逆行によって導き出された上下関係が必ずしも正しいわけではなく、その都度検討する必要があることは言うまでもない。

さて、（A）（B）の二種類に分けて逆行事例を紹介したが、（A）は勿論のこと、（B）の大半の事例に地方官――特に州刺史と郡太守（内史）が関わっていることがわかる。逆行事例の詳細を検討する前に、まず宋斉時代の州刺史、郡太守に関して整理しておこう。

州刺史は、本来は郡県に対する監察官であり、後漢以降、郡より上級の行政長官へと変質するが、曹魏において九品官制が導入された際、刺史と郡守の官品は同じ五品とされ、あくまで官品上は同格であった。ただし、刺史は領兵刺史となった場合、四品へと格上げされる。[15]西晋以降、刺史には都督（および督、監）が加えられるのが一般化し、東晋になって複数州を監督する多州都督制が成立すると、[16]刺史の間で優劣が生じるようになった。すなわち、南朝の首州である揚州を頂点として、南朝の二大軍事拠点というべき北府と西府の中心である南徐州および荊州、さらにそれらの州に監督される州という序列が形成されるようになったのであるが、あくまで官品の上では同格の五品官であった。

州の序列が明確に規定されたのは、梁の武帝が十八班制を導入した時であるが、各州刺史の班位は断片的にしかわからない。『隋書』巻二四　食貨志には、

揚・徐等の大州、令・僕の班に比す。寧・桂等の小州、參軍の班に比す。

とある。梁の官班では、尚書令が十六班、尚書僕射が十五班なので、南朝の首州である揚州刺史が十六班、それに次ぐ南徐州刺史が十五班であったと推測することができる。ただし、寧州や桂州など小州の刺史に比される参軍の班がよくわからない。というのも、参軍は皇弟皇子府の諮議参軍（九班）から庶姓持節府の録事参軍・記室参軍・中兵参軍（二班）まで幅広く分布しているからである。ゆえに、梁代においては、十六班から少なくとも九班まで、揚州刺史を頂点とする州刺史の序列が形成されていたこと程度しか指摘できない。

その後、陳代にふたたび九品制が施行されるが（ただしどこまで実際に機能したかは不明）、宋斉時代の九品制とは全く異なり、揚州・南徐州・東揚州を頂点とする三等の刺史の序列が規定されている。ただし督を加えられれば一品、都督を加えられれば二品格上げされる（附表2参照）。

一方の郡太守について、九品官制導入後、河南尹が三品とされたのを除くと、その他の郡守は五品とされ、官品の上では同格であった。晋の東遷後、丹陽太守が河南尹にかわって三品の丹陽尹となったが、その他の郡守は引き続き五品であった。野田俊昭氏が既に指摘しているが[17]、東晋以後、官職の清濁が従来に増して重視されるようになると、郡太守の間にも清濁が生じるようになり、丹陽と同じく揚州の中核を占める呉興・呉郡・会稽の三呉[18]を頂点に郡守も序列化されるようになるが、やはり官品の上では同格の五品官であった。

州刺史と同じく、郡太守の序列が明確に規定にされるのは梁代からだが、具体的な班位はやはり断片的に

附表2　陳代の地方官

陳品	州（加都督）	州（加督）	州
一	揚州刺史、南徐・東揚州刺史		
二	荊・江・南兗・郢・湘・雍州刺史	揚州刺史、南徐・東揚州刺史	
三	予・益・広・衡州刺史、青州領冀州、北徐・北兗州刺史、梁州領南秦州、司・南梁・交・越・桂・霍・寧州刺史	荊・江・南兗・郢・湘・雍州刺史	揚州刺史、南徐・東揚州刺史
四		予・益・広・衡州刺史、青州領冀州、北徐・北兗州刺史、梁州領南秦州、司・南梁・交・越・桂・霍・寧州刺史	荊・江・南兗・郢・湘・雍州刺史
五			予・益・広・衡州刺史、青州領冀州、北徐・北兗州刺史、梁州領南秦州、司・南梁・交・越・桂・霍・寧州刺史
六			
七			
八			
九			

陳品	郡（加都督）	郡（加督）	郡
一			
二			
三	丹陽尹、会稽太守 呉郡・呉興太守		
四	万戸以上郡太守・内史・相	丹陽尹、会稽太守 呉郡・呉興太守	
五	不満万戸郡太守・内史・相	万戸以上郡太守・内史・相	丹陽尹、会稽太守 呉郡・呉興太守
六		不満万戸郡太守・内史・相	万戸以上郡太守・内史・相
七			不満万戸郡太守・内史・相
八			
九			

しかわからない。先ほど引用した『隋書』食貨志の続きに、

丹陽・呉郡・會稽等の郡、太子詹事・尚書の班に同じ。高涼・晉康等の小郡、三班なるのみ。

とある。太子詹事が十四班、吏部尚書も同じく十四班、列曹尚書が十三班なので、南朝の首郡である丹陽尹が十四班、それに次ぐ呉郡・会稽太守、そしておそらく呉興太守も十三班であったと推測することができる。州と同様に、郡も十四班から三班まで、丹陽尹を頂点とした十二班からなる郡太守の序列が形成されていたことになる。しかし、『隋書』巻二六 百官志上には、梁の郡太守と丞がそれぞれ十班からなる序列を形成していたとあり[19]、食貨志の記述と食い違う。食貨志と百官志の記述のどちらが正しいか検証しようがないが、十四班の丹陽尹を頂点として、少なくとも十班からなる郡太守の序列が形成されていたことは間違いあるまい。

つづく陳代においては、丹陽尹と呉興・呉郡・会稽いわゆる三呉の太守、万戸以上の郡太守、万戸以下の郡太守の三等に序列化され、刺史と同じく督を加えられれば一品、都督を加えられれば二品格上げされる（附表2参照）。

逆行事例の検討にもどると、（A）にかんしては、（ア）州刺史間の格差調節のための逆行（イ）郡太守間の格差調節のための逆行（ウ）州郡間の格差調節のための逆行、に区分することができる。

まず、（ア）には3、6、9、14が相当する。3は都督・司州刺史＞都督・雍州東秦州刺史・領護西戎校尉となる（なお、節の有無は官職の高下には影響しないので省略する）[20]。これは、東晋末の事例であるため、司州・雍州ともに宋が新設した州ではなく、西晋以来の洛陽・長安を中心とする州であり[21]、雍州よりも旧都洛陽を擁する司州の方が高く評価されていたと推測することができる。6では督・予州刺史＞督・青州刺史と

なる。宋代ではこれらの州には都督による統属関係はなかったが[22]、予州刺史の方が青州刺史より格上であったと考えることができる。9では散騎常侍・都督・揚州刺史＞都督・荊州湘州刺史となる。西府の中核である荊州刺史は湘州刺史を領しても首州の揚州刺史（しかも散騎常侍まで加えられている）には及ばなかったと考えることができる。14は、督・予州刺史＞督・徐州刺史となり、予州刺史が徐州刺史よりやや格上であったことを示す事例といえるだろう。

（イ）に相当するのは11と13だけであり、11は呉郡太守＞予章内史、13は呉興太守＞南彭城太守となる。前述したように、東晋・南朝において、呉郡・呉興など三呉太守に匹敵し得るのは、三呉の残る一つである会稽太守、あるいは丹陽尹しかない。11と13は当時の郡太守の上下関係を端的に表しており、下位の郡守から高位の郡守へと異動した際に、過度の昇進を防ぐために外号将軍を逆行させて地位を調節していたことを確認できる事例である。

（ウ）に相当するのは1、2、4、5、8、10、12、16である。州郡間の格差にかんして、郡太守から刺史となった際に外号将軍が逆行する例がほとんどである。

1は、江州刺史・領鎮蛮護軍・西陽譙二郡太守＞督・義成新野二郡太守となる。督が与えられているとはいえ、義成・新野の二郡では江州刺史・領鎮蛮護軍には及ばなかったといえる。2は江州刺史＞晋陵太守となる。晋陵は三呉に及ばないながらも揚州の大郡であったが[23]、それでも江州刺史には及ばなかったわけである。4は都督・徐兗二州刺史＞巴東建平二郡太守となるが、徐兗二州刺史には都督がつけ加えられているので、州郡間の地位を比較するのには適さない。5は府主不明の諮議参軍を間に挟んではいるが、広州刺史＞巴西梓潼二郡太守となる。10は間に散騎常侍・都官尚書を含むが、督・郢州刺史＞呉郡太守＝会稽太守という関係が成り立つ。さしもの三呉太守も督・郢州刺史には一歩譲るといったところであるが、督が付されているので、4と同様に州郡間の地位比較には不適である。12は途中に中護軍を挟んでいるが、都督・南兗州刺史＞散騎常侍・歴陽南譙二郡太守となる。ただし、南兗州には都督が、歴陽南譙二郡太守には散騎常侍が加えられており、やはり直接の地位比較には適さない。16は、梁州刺史＞巴西梓潼二郡太守となり、益州に属する巴西梓潼の二郡よりも、もと益州の一部であった梁州の方が格上であったことになる。

逆に州刺史から郡太守となった際に外号将軍の逆行した例として8があり、竟陵太守＞都督・平胡中郎将・東徐州刺史となるが、疑問が残る。竟陵はたしかに名郡として評価されてはいたが、当時は郢州の軍府廃止によって荒廃しており、(24) 比較対象がもとは徐州の一部に過ぎないとはいえ、都督・平胡中郎将つきの東徐州刺史より格上とは考えにくく、竟陵太守となった際、さらに別の官職を帯びていた可能性がある。

以上見てきた（A）の事例から、東晋以後、本来同品であったはずの州郡の地方官が序列化するのに対応して、官人の地位を調整するために外号将軍が用いられたと言うことができる。しかし、外号将軍の逆行は地方官のみを対象とした単純な事例ばかりではなく、（B）のようにその他の官職も絡んでくる。

（B）で特徴的なのは皇子の軍府の官職が関わる場合が多いという点であるが、まず、（エ）として、皇子の軍府が関わらないものから先に検討したい。（エ）に相当するのは、17、18、20の前半、25、26の前半、27、28の後半、35、36、38である。

17は益州刺史＞西中郎司馬・譙梁二郡内史となり、西中郎将の司馬を帯びた譙梁二郡内史であっても益州刺史の方が格上であったことを示す（なお、この西中郎司馬は皇子の軍府の司馬ではない）。18は途中に寧蛮護軍・尋陽太守をはさむが、太尉行参軍＞鄱陽太守となる。ただし、当時の太尉府は劉裕の覇府であることを考慮すべきかもしれない。20の前半の事例からは督・徐州刺史＞游撃将軍、同じく27からは督・兗州刺史＞游撃将軍という関係を導き出すことができる。25は途中に新安王の撫軍将軍府の中兵参軍をはさんではいるが、屯騎校尉∨西江督護・鬱林太守となる。26の前半は冠軍司馬・京兆太守∨冠軍司馬・広陵太守・行南兗州事となる。冠軍司馬が共通するが府主は異なり、京兆太守時代の府主は劉韞で、広陵太守・行南兗州事時代の府主は蕭道成である。この頃の蕭道成の軍府は覇府というには程遠いが、当局に警戒されつつあり、これは蕭道成と李安民とを切り離すための人事であったらしい[25]。28の後半は臨川内史・秩中二千石∨太尉司馬となる。35は西昌侯右軍司馬・軍主・領陳留太守∨軍主で、7と同じケースである。36は撫軍長史∨驃騎諮議参軍・領録事参軍となり、諮議参軍が他の参軍を帯びても長史の地位には及ばなかったことを示していよう。38では中書令∨督・会稽太守となる。中書令と会稽太守の上下関係については、次のエピソードが参考となる。王騫は天監十一年に中書令・員外散騎常侍であった際、彼が有する王導以来の田地を巡って武帝と争いになり、結果、呉興太守に追い出されてしまうのだが、彼は「邑邑として樂しまず」、病と称して政務を見なかったという[26]。王騫は員外常侍つきの中書令であり、また、外号将軍の動向もわからないが、斉につづいて梁においても呉興太守の地位は中書令に及ばず、王騫の異動は左遷であったとみなすことができよう。

なお、（エ）で紹介した事例は、

　中書令∨三呉太守

　　督・徐州刺史∨

　　督・兗州刺史∨游撃将軍∨屯騎校尉∨西江督護・鬱林太守

という形にまとめることができる。

（オ）の、皇子の軍府が関わるものには、19、20の後半、21、22、23、24、26の後半、28の前半、29、30、31、32、33、34、37、39、40が相当する（23については既に説明したので割愛する）。先にも述べたが、宋以後、皇子達が地方官、特に州刺史として出鎮するようになり、その大半が外号将軍を帯びた。当時外号将軍は既に虚号となっていたとはいえ、その下には、長史・司馬・参軍などの属僚を備えている。本来、こうした長史などの属僚の地位は、府主の将軍号によって決定されていた。具体的には、「撫軍以上、及持節都督、領護」将軍の長史司馬が六品、「諸軍長史司馬六百石者、諸府參軍、戎蠻府長史司馬」が七品である（『宋書』巻四十　百官志下）。しかし、皇子の昇進速度は王謝といった一流貴族達よりも格段に速く、外号将軍も頻繁に進号するため、皇子の軍府の長史は宋代に六品と定められていた（おそらく司馬も同品であったと思われる）[27]。その後の梁十八班制では、皇子府の属僚は、庶姓公府より一班、庶姓持節府より二班高く位置づけられているので[28]、おそらく他の軍府と同品であっても、宋斉時代から皇子の軍府の属僚は別格扱いされてきたと思われる（以下、皇子の軍府を皇子府と略す）。

まず皇子府の長史・司馬が関わる事例について述べる。順番は前後するが、まず22について、湘東王衛軍長史∨安陸王後軍司馬という関係となっている。当時の湘東王劉彧を皇子と同格に扱えるか疑問だが、前廃帝から帝位を奪う直前の事例であり、皇子府の司馬であっても、宗室の実力者の長史には格が及ばなかったといえる。32は晋安王南中郎長史・淮南太守・行府州事∨予章王太尉司馬となる。この時の太尉は斉の武帝の同母弟・蕭嶷で、彼の府司馬から皇子府長史への異動は単なる横滑りであったと思われる。しかし、淮南太守と行府州事を帯びるという「足し算」によって蕭嶷の太尉司馬より格上とみなされたのであろう。39は建安王征虜長史・江夏内史・行郢州府州事∨廬陵王北中郎司馬∨都督青冀二州北討諸軍事となる。都督青冀二州北討諸軍事は、これは単なる征討都督[29]であって刺史を帯びていない（黄門郎を引き続き帯びていた可能性は残る）。そこから皇子府の司馬となったことによって外号将軍が逆行し、さらに別の皇子府へと異動して江夏内史・行郢州府州事を帯びる「足し算」によってさらに外号将軍が逆行しているのである。

33（督・雍州刺史＞鄱陽王北中郎長史・襄陽相・行雍州府州事）と40（督・南兗州刺史＞廬陵王後軍長史・広陵太守・行南兗州府州事）は地域こそ違うが、全く同じケースである。33の襄陽郡は雍州に、40の広陵郡は南兗州にそれぞれ所属する。郡太守よりその郡が所属する刺史の方が格が高く、皇子府の長史を帯びていても及ばなかったという考えることができる。さらに言えば、20の後半（督・予州刺史・淮南太守＞西陽王撫軍司馬・臨淮太守）および26の後半（督・南兗州刺史＞東中郎司馬・行会稽郡事）とあわせてみると、皇子府の長史・司馬の地位は督・雍州刺史、督・予州刺史、督・南兗州刺史には及ばなかったことになる。

長史・司馬より格の落ちる参軍ではとても刺史の相手にはならず、19では、間に太子屯騎校尉、大将軍参軍をはさんでいるが、督・冀州刺史＞衡陽王安西中兵参軍・河東太守、21では、督・司州刺史＞新安王撫軍中兵参軍となっている。

本書の序章でも触れたように、宋斉時代の官品は有名無実であったが、あくまで官品の規定の上では刺史は五品、皇子府の長史・司馬は六品であり、皇子府の属僚の地位が州刺史のそれを上回ることは、たてまえとしてはあり得ない。しかしながら、皇子府の官が州刺史を上回る事例も存在する。24では、間に複数の官職をはさむが、巴陵王征西長史・南郡太守＞都督・益寧二州刺史となっており、30でも同じく、中央官をはさんではいるが、安陸王北中郎長史＞督・益州刺史・宋寧太守となっている。28の前半では、長沙王後軍司馬・南東海太守＞都督・梁南秦二州刺史・西戎校尉、さらには31では随王東中郎司馬＞都督・梁南秦二州刺史・西戎校尉と、郡太守を帯びない単なる皇子府司馬の方が都督・梁南秦二州刺史・西戎校尉より格上とされているのである。これらの事例では皇子府の長史・司馬よりも梁州・寧州を含めた益州地域の刺史の地位が格下とみなされていることになるが、この一帯は東晋中期に桓温の西征によって獲得された領土であり、建康から遠く離れた辺境とみなされていたからであろう。宋代の益州・梁州は実入りが多く、それらの刺史の属僚となった「京邑貧士」が益州・梁州に属する諸郡県の長官となって蓄財したという[30]。これをもとに野田俊昭氏は益州・梁州内の郡守が濁官であったと推測したが[31]、それらの郡を束ねる益州・梁州刺史も濁官とみなされていたのであろう。

また29は臨川王鎮西長史・領南蛮校尉・南郡内史＞呉興太守・秩中二千石となっている。秩中二千石にかさ上げされた呉興太守に匹敵しえる郡太守はおそらく丹陽尹だけであろうが、南郡内史であっても、皇子府長史・南蛮校尉（結局校尉は辞退したが）を帯びるという「足し算」によって、地位を逆転させたと推測できる。37は晋熙王冠軍長史・行郢州事・江夏内史＞呉興太守となっていて、秩中二千石ではない通常の呉興太守が比較の対象となっている。江夏内史単独では呉興太守には及ばないが、皇子府長史・行郢州事を帯びたことによって地位が逆転したと考えられる。

34は巴東王鎮西司馬・南平内史＞驍騎将軍と、中央官の驍騎将軍が比較の対象となった事例であるが、残念ながら皇子府司馬あるいは南平内史単独での地位と比較することはできない。

言うまでもないことだが、外号将軍が前述のように地方官や皇子の軍府の官職などの地位を調整する分銅として用いることができたのは、南朝の地方官の多数が外号将軍を帯びていたからであった。州刺史が将軍を帯び、また都督となって巨大な軍府を擁すると莫大な費用が必要とされるため、軍府はしばしば廃止されたが、結局はそうした試みが成功したためしはなく、州刺史は外号将軍を帯び続けた。刺史ほどではなかったとはいえ、郡太守も外号将軍を帯びることが多かったのだが、その理由は刺史に比べれば他愛のないものであった。

晉の郡守皆な將軍を加う。無き者恥と爲す。（注。王導、永嘉の末丹陽太守に遷り、輔國將軍を加う。導上牋して曰く「昔魏武達政之主なり。荀文若功臣の最たるも、封は亭侯に過ぎず。倉舒愛子の寵あるも、贈は別部司馬に過ぎず。今者郡に臨むに、賢愚を問わず、皆な重號を加え、輒ち鼓蓋有り。得ざる者有らば恥と爲す。導名を饕り位を竊み、紊を彝典に取る。鼓蓋加崇の物を送るを謹しむこと、導より始めんことを請う」と。帝嘉してこれに従う。）（『通典』巻三三　職官十五）

これは西晋末の事例である。もともとは永嘉の乱に対応すべく郡太守に将軍が与えられたのであろうが、誰彼かまわず将軍が濫発された結果、将軍を帯びない郡守は「恥」とみなされたという。こうした将軍の濫発は八王の乱以来行われてきたと考えられる。王導は、郡守への将軍濫発に対して歯止めをかけようとしたが

永昌元年春正月乙卯、大赦、改元す。戊辰、大將軍王敦兵を武昌に擧げ、劉隗を誅するを以て名と爲し、龍驤將軍沈充衆を帥いてこれに應ず。三月、征西將軍戴若思・鎭北將軍劉隗を徴して還りて京都を衞らしむ。司空王導を以て前鋒大都督と爲し、戴若思を以て驃騎將軍と爲し、丹楊の諸郡皆な軍號を加う。（『晋書』巻六元帝紀）

彼の従兄・王敦の反乱など、東晋初期の不安定な政情によって、郡守が外号将軍を帯びることを規制することは困難で、結果、郡守が将軍を帯びることが慣例となったと考えられる。

さらに言えば、宋代以後刺史として出鎮する皇子の軍府の長史や司馬は、皇子が担当する州内の郡太守を加えられることが多かったが、そうした連中が外号将軍を帯びることを当局が期待していたふしがある。

元嘉四年、起ちて義興太守と爲る。従兄（王）弘揚州と爲り、服親相い臨むを得ざれば、宣威將軍を加う。郡に在りて寛惠の美有り。（『宋書』巻五八　王球伝）

これは宋文帝の元嘉年間のエピソードである。王球が義興太守に任じられた時、従兄の王弘は揚州刺史であった。しかし、義興郡は当時揚州に属しており[32]、親族間で揚州と州内の義興郡という統属関係が生じてしまった。同一部署内にて親族同士による統属関係が生じた場合、

入りて尚書左丞と爲る。族弟（傅）亮僕射と爲り、緦服相い臨むを得ざるを以て、太子率更令に徙る。（『宋書』巻五五　傅隆伝）

とあるように、（時として例外も存在するが[33]）、片方を別のポストに異動させるのが一般的であった。しかし『宋書』王球伝の記載からは、宣威将軍を加えられたことはわかっても、別の郡へと異動した様子は見受けられない。前述の『宋書』王球伝については、越智重明氏も注目し、次のように指摘している[34]。

これは親族廻避の制があるため、宣威将軍という命令系統のない官を加え、それに重点を置くことによってその制度に抵触しないとしたものであろうが、それは現実に即していえば制度自体が形骸化しているということである。

越智氏も王球が引き続き義興太守の任にあったと考えており、宣威将軍を加えたことによって、州刺史と州内の郡太守の統属関係が回避できたと指摘しているのである。

筆者はこの越智氏の指摘を出鎮した皇子とその属僚との関係にも援用できると考える。皇子府の長史・司馬の多くが外号将軍を帯びているのは、皇子との統属関係を回避する目的があったのだろう。無論、これは子供だましの手段であり、効果を発揮したとは考えにくい。現実には皇子が別の州へと異動した際に、「随府」する属僚は多く、長期間属僚を務めた人物と皇子との主従関係は強固なものとなって、しばしば中央政

府に対する脅威となったのだが、前述の（B）の（オ）の事例を生む母胎となっていたとみなすことはできるだろう。

外号将軍の逆行事例は梁代以降にも引き続き見られるのだが、その傾向は宋斉時代と大いに異なる。節をあらためよう。

第二節　梁陳における外号将軍の逆行事例

梁陳時代における逆行事例を紹介する前に、当該時代の外号将軍について整理しておく必要がある。

梁の天監七年に、従来の九品官制は十八班制へと改変される。ただし少々厄介だが、移行後も品制は維持されていて、十八班制は正従九品官制でもあった。対応関係は極めて単純で、十八班＝正一品、十七班＝従一品にはじまり、二班＝正九品、一班＝従九品にいたる。その制度改革の際、外号将軍は十八班から独立して、独自に二四班の序列を形成した。やはり外号将軍の序列においても品制は維持されているのだが、十八班制＝正従九品とは全くリンクしない十品の序列である。また十八班と正従九品が一対一の対応関係にあったのとは異なり、外号将軍の序列では、一つの品に複数の班が含まれており（詳しくは附表3参照）、十品＝二四班が流内に相当する。それだけでも外号将軍は一二五号に増加したのだが、梁代を通じて外号将軍はさらに増加を続ける。『隋書』巻二六　百官志上に

大通三年に及び、有司奏して曰く、天監七年、將軍の名を改定し、因る有り革むる有り。普通六年、又た百號將軍を置き、更めて刊正を加え、雜號の中、微かに移異有り。大通三年、奏して寧遠の班の中の明威將軍

附表3　梁・天監七年の外号将軍

梁品	梁班	施外	施内	備考
一	24	鎮衛・驃騎・車騎		
	23	四征（東南西北）	四中（軍衛撫権）	
	22	八鎮（東南西北）	八鎮（左右前後）	
	21	八安（東西南北）	八安（左右前後）	
	20	四平（東南西北）	四翊（左右前後）	
二	19	忠武・軍師		
	18	武臣・爪牙・竜騎・雲麾		代旧前後左右
	17	鎮兵・翊師・宣恵・宣毅		代旧四中郎
三	16	智威・仁威・勇威・信威・厳威		代旧征虜
	15	智武・仁武・勇武・信武・厳武		代旧冠軍
四	14	軽車・征遠・鎮朔・武旅・貞毅		代旧輔国
	13	寧遠・明威・振遠・電耀・威耀		代旧寧朔
五	12	武威・武騎・武猛・壮武・飆武		
	11	電威・馳鋭・追鋒・羽騎・突騎		
六	10	折衝・冠武・和戎・安塁・猛烈		
	9	掃狄・雄信・掃虜・武鋭・摧鋒		
七	8	略遠・貞威・決勝・開遠・光野		
	7	厲鋒・軽鋭・討狄・蕩虜・蕩夷		
八	6	武毅・鉄騎・楼船・宣猛・樹功		
	5	克狄・平虜・討夷・平狄・威戎		
九	4	伏波・雄戟・長剣・衝冠・雕騎		
	3	佽飛・安夷・克戎・綏狄・威虜		
十	2	前鋒・武毅・開辺・招遠・金威		
	1	綏虜・蕩寇・殄虜・横野・馳射		

附表 4　梁・大通三年の外号将軍

梁品	梁班	
一	34	鎮衛・驃騎・車騎
二	33	四中（軍衛撫権）・四征（東南西北）
	32	八鎮（東南西北左右前後）
三	31	八安（東西南北左右前後）
	30	四平（東南西北）・四翊（前後左右）
四	29	忠武・軍師
	28	武臣・爪牙・竜騎・雲麾・冠軍
	27	鎮兵・翊師・宣恵・宣毅・東南西北四中郎将
	26	智威・仁威・勇威・信威・厳威
	25	智武・仁武・勇武・信武・厳武
五	24	軽車・鎮朔・武旅・貞毅・明威
	23	寧遠・安遠・征遠・振遠・宣遠
六	22	威雄・威猛・威烈・威振・威信・威勝・威略・威風・威力・威光
	21	武猛・武略・武勝・武力・武毅・武健・武烈・武威・武鋭・武勇
	20	猛毅・猛烈・猛威・猛鋭・猛震・猛進・猛智・猛武・猛勝・猛駿
	19	壮武・壮勇・壮烈・壮猛・壮鋭・壮盛・壮毅・壮志・壮意・壮力
	18	驍雄・驍桀・驍猛・驍烈・驍武・驍勇・驍鋭・驍名・驍勝・驍迅
	17	雄猛・雄威・雄明・雄烈・雄信・雄武・雄勇・雄毅・雄壮・雄健
	16	忠勇・忠烈・忠猛・忠鋭・忠壮・忠毅・忠捍・忠信・忠義・忠勝
	15	明智・明略・明遠・明勇・明烈・明威・明勝・明進・明鋭・明毅
	14	光烈・光明・光英・光遠・光勝・光鋭・光命・光勇・光戎・光野
	13	飆勇・飆猛・飆烈・飆鋭・飆奇・飆決・飆起・飆略・飆勝・飆出
七	12	竜驤・虎視・雲旗・風烈・電威・雷音・馳鋭・追鋭・羽騎・突騎
	11	折衝・冠武・和戎・安塁・超猛・英果・掃虜・掃狄・武鋭・摧鋒
	10	開遠・略遠・貞威・決勝・清野・堅鋭・軽鋭・抜山・雲勇・振旅
八	9	超武・鉄騎・楼船・宣猛・樹功・克狄・平虜・稜威・昭威・威戎
	8	伏波・雄戟・長剣・衝冠・雕騎・佽飛・勇騎・破敵・克敵・威虜
九	7	前鋒・武毅・開辺・招遠・金威・破陣・蕩寇・殄虜・横野・馳射
不登二品	6	牙門・期門
	5	候騎・熊渠
	4	中堅・典戎
	3	執訊・行陣
	2	伏武・懐奇
	1	偏・裨

備考：陳官品も梁官品に同じ。ただし八品9班の昭威を戎昭につくる。

を移して軽車の班の中に進め、軽車の班の中の征遠を以て度して寧遠の班の中に入る。又た安遠将軍を置きて貞武に代え、宣遠を明烈に代う。其れ戎夷の號、亦た附擬を加う。選序すれば則ち此れに依りて承用す。遂に以て制を定む。

とあるように、普通年間にさらに流内だけで百号追加され、最終的には大通三年に、品こそ十から九へと減じたものの、班は三四となり（ただし流内が三四班から七班まで、不登二品が六班から一班まで）、将軍号は二三〇号にまで増加した。梁につづく陳代の外号将軍は大通年間の九品を引き継いでおり、序列もほぼ同じとみてよい（附表4参照）。

以上のように、梁代の間に外号将軍の制度は度々改変されており、厳密には天監七年以前、天監七年以後、普通年間以後、大通三年以後に時期区分しなければならない。ただし、普通年間に増えたという百号が具体的には何か不明のため、普通年間から大通三年以前と思われる事例に関しては、天監と大通の将軍号の班を併記する。陳代以後の将軍号に関しては陳の官品と大通年間の班を併記する。やはり先程と同じく、単純に地方官から地方官への人事異動によって外号将軍が逆行する場合（A）と、地方官以外の官職が外号将軍の逆行に関係する場合（B）とに区分して紹介する。ただし、侯景の乱から陳成立前までの混乱期の事例は省略した。なお、天監七年以前および普通年間から大通三年以前における（A）の事例は見あたらなかった。

（A）…地方官間での人事異動によって外号将軍が逆行する事例

梁（天監七年以後）

41　康絢　　起家官…雍州西曹書佐

（天監元年）輔国将軍・竟陵太守→（天監七年）武旅将軍・仮節→（天監九年）振遠将軍・仮節・督北兗州縁淮諸軍事・北兗州刺史　（『梁書』巻十八）

康絢は天監元年に輔国将軍・竟陵太守であったが、天監七年に、北魏の攻撃を受けた司州を救援する際、武旅将軍とされた。天監七年の外号将軍改変の際、輔国将軍はいったん消滅するが、武旅将軍は輔国の代替として設置された将軍の一つであり[35]、輔国から武旅への異動は横滑りである。また、この時なお竟陵太守だったと思われる。その後、仮節・督北兗州縁淮諸軍事・北兗州刺史へと転出する際に、将軍号は武旅（天監14）から振遠（天監13）へと逆行している。

梁（大通三年以後）

42　羊侃　　起家官…不明（北魏より来降）

（大通三年）安北将軍・使持節・散騎常侍・都督瑕丘征討諸軍事・徐州刺史→都督北討諸軍事→（中大通元年九月）雲麾将軍・持節・青冀二州刺史→（中大通四年）安北将軍・使持節・都督瑕丘諸軍事・兗州刺史→大軍司馬→侍中→（中大通六年）雲麾将軍・晋安太守　（『梁書』巻三九）

羊侃には逆行事例が二つある。前半の事例について、羊侃はもと北魏の人間で、大通三年に梁に来降し、使持節・散騎常侍・都督瑕丘征討諸軍事・徐州刺史とされた。都督北討諸軍事をへて、青冀二州刺史となるが、その際、将軍号は安北（大通31）から雲麾（大通28）に逆行している。後半の事例は前半と連続していて、青冀二州刺史から使持節・都督瑕丘諸軍事・兗州刺史へと異動した際、将軍号は安北に復し、元法僧の北伐に従った。その際、大軍司馬とされているが、詳細は不明である。その後、侍中をへて、中大通六年に晋安太守へと転出するが、将軍号は前半の事例と同様に安北（大通31）から雲麾（大通28）へと逆行している。

43　羊鴉仁　起家官…不明（北魏より来降）

（中大通四年）信威将軍・持節・都督譙州諸軍事・譙州刺史↓（大同七年）太子左衛率↓軽車将軍・持節・都督南北司予楚四州諸軍事・北司州刺史（『梁書』巻三九）

羊鴉仁もやはりもと北魏の人間である。彼は中大通四年に、持節・都督譙州諸軍事・譙州刺史となった後、太子左衛率をへて、持節・都督南北司予楚四州諸軍事・北司州刺史となった。その際、将軍号は譙州刺史時代の信威（大通26）から軽車（大通24）へと逆行している。

44　蕭恭　起家官…給事中

雲麾将軍・湘州刺史↓仁威将軍・持節・寧蛮校尉・雍州刺史（『梁書』巻二二）

蕭恭は南平王蕭偉の王子で、武帝の甥にあたる。彼の人事記録に紀年はないが、雍州刺史となった後、弾劾を受けて罷免され、そのまま数年間叙用されることなく侯景の乱のさなか没しているので、大通三年以後の人事とみてよかろう。彼は湘州刺史から雍州刺史となった際、将軍号は雲麾（大通28）から仁威（大通26）へと逆行している。なお、寧蛮校尉が付随しているが、梁代の雍州刺史の大半は寧蛮校尉を加えられている。

郵便はがき

料金受取人払郵便

左京支店
承認
1228

差出有効期限
平成26年
3月31日まで

6 0 6 - 8 7 9 0

(受取人)
京都市左京区吉田近衛町69
京都大学吉田南構内

京都大学学術出版会
読者カード係 行

▶ご購入申込書

書　名	定　価	冊　数
		冊
		冊

1．下記書店での受け取りを希望する。

都道府県　　市区町　　店名

2．直接裏面住所へ届けて下さい。

お支払い方法：郵便振替／代引　　公費書類(　　　)通　宛名：

送料　税込ご注文合計額３千円未満：200円／３千円以上６千円未満：300円／６千円以上１万円未満：400円／１万円以上：無料
代引の場合は金額にかかわらず一律200円

京都大学学術出版会
TEL 075-761-6182　学内内線2589 / FAX 075-761-6190または7193
URL http://www.kyoto-up.or.jp/　E-MAIL sales@kyoto-up.or.jp

手数ですがお買い上げいただいた本のタイトルをお書き下さい。

名）

本書についてのご感想・ご質問、その他ご意見など、ご自由にお書き下さい。

お名前

（　　歳）

ご住所
〒

TEL

ご職業

■ご勤務先・学校名

所属学会・研究団体

E-MAIL

ご購入の動機
A.店頭で現物をみて　B.新聞・雑誌広告（雑誌名　　）
C.メルマガ・ML（　　）
D.小会図書目録　E.小会からの新刊案内（DM）
F.書評（　　）
G.人にすすめられた　H.テキスト　I.その他

日常的に参考にされている専門書（含 欧文書）の情報媒体は何ですか。

ご購入書店名

都道府県　市区町　店名

ご購読ありがとうございます。このカードは小会の図書およびブックフェア等催事ご案内のお届けのほか、広告・編集上の資料とさせていただきます。お手数ですがご記入の上、切手を貼らずにご投函下さい。
各種案内の受け取りを希望されない方は右に○印をおつけ下さい。　案内不要

陳

45　呉明徹　起家官…東宮直後

（天嘉五年）鎮東将軍・呉興太守↓（天嘉六年）中領軍↓（天康元年）領軍将軍↓（光大元年正月）領軍将軍・丹陽尹(36)↓（光大元年五月）安南将軍・使持節・散騎常侍・都督湘桂武三州諸軍事・湘州刺史（『陳書』巻九）

呉明徹は天嘉五年に呉興太守となったのち、中央官の中領軍から領軍将軍へと昇進し、丹陽尹をも帯びた。その後、使持節・散騎常侍・都督湘桂武三州諸軍事・湘州刺史へと転出する際、将軍号は、呉興太守時代の鎮東（大通32／陳二）から安南（大通31／陳三）へと逆行している。

46　駱牙　起家官…直閤将軍？

（天嘉三年）冠軍将軍・臨川内史↓（太建三年）安遠将軍・衡陽内史（未拝）（『陳書』巻二二）

駱牙は周迪の反乱平定に功績を挙げたことにより、冠軍将軍（大通28／陳四）・臨川内史となった。そこから衡陽内史へと転出する際に（実際には拝命しなかったが）、将軍号は安遠（大通23／陳五）へと逆行している。

47　陳叔文　起家官…侍中？

冠軍将軍↓（太建十四年）宣恵将軍・丹陽尹↓（至徳元年）軽車将軍・揚州刺史（『陳書』巻二八）

陳叔文は宣帝の皇子で晋熙王である。彼の経歴は本紀と列伝の間で食い違っており、宣恵将軍となったことは列伝にみえるが、その際に丹陽尹を帯びていたこと、また、それに先だって冠軍将軍に任じられていたことは本紀によって判明する。(37)冠軍将軍（大通28／陳四）単独任命から丹陽尹に異動する際に将軍号は宣恵（大通27／陳四）へと逆行し、丹陽尹から揚州刺史への異動の際には軽車（大通24／陳五）へとさらに逆行していることがわかる。

（B）…地方官以外の官職が外号将軍の逆行に関係する事例

梁（天監七年以前）

48　蕭恢　起家官…寧遠将軍

（天監元年）前将軍・侍中・領石頭戍軍事→（天監二年）征虜将軍・使持節・都督南徐州諸軍事・南徐州刺史（『梁書』巻二二）

蕭恢は梁の武帝蕭衍の異母弟で、梁成立後に鄱陽王となった。その際、彼は侍中・領石頭戍軍事に任じられた。翌年、都督南徐州諸軍事・南徐州刺史へと転出する際、将軍号は侍中時代の前将軍から征虜将軍へと逆行している。

49　蕭昺（蕭景）　起家官…晋安国左常侍

冠軍将軍・使持節・都督南北兗青冀四州諸軍事・南兗州刺史→丁母憂、詔起摂職→（天監五年）太子右衛率→輔国将軍・衛尉卿（『梁書』巻二四）

蕭昺は梁の宗室で、武帝蕭衍の従父弟にあたる。彼は武帝の即位後、都督南北兗青冀四州諸軍事・南兗州刺史となった。在任中に母が死んだものの喪に服することは許されず、そのまま南兗州刺史の任にあった。その後、太子右衛率をへて、衛尉となっている。太子右衛率時代の外号将軍は不明であるが、衛尉となった際に、将軍号は南兗州刺史時代の冠軍から輔国へと逆行している。

50　沈約　起家官…奉朝請

（天監三年）鎮軍将軍・丹陽尹→（天監五年）侍中・右光禄大夫・領太子詹事、関尚書八条事→侍中・尚書令・領太子詹事（累表陳譲）→（天監六年）前将軍・侍中・尚書左僕射・領中書令（『梁書』巻十三）

沈約は母の喪から復帰して、鎮軍将軍・丹陽尹となった。その後、侍中・右光禄大夫、領太子詹事を経て、侍中・尚書令・領太子詹事となったが辞退し、天監六年に侍中・尚書左僕射・領中書令となった。その際外号将軍も加えられているが、丹陽尹時代の鎮軍から前将軍へと逆行している。

梁（天監七年以後）

51　王瑩　起家官…駙馬都尉→著作佐郎

（天監六年）中軍将軍・散騎常侍・丹陽尹→（天監八年）侍中・右光禄大夫(38)・領左衛将軍→（天監九年）雲麾将軍・侍中・尚書令（『梁書』巻十六）

これは天監七年の外号将軍改変を跨ぐ事例である。王瑩は天監六年に散騎常侍・丹陽尹となったが、その時の将軍号は中軍であった。天監八年に侍中・右光禄大夫・領左衛将軍に転じ、翌九年に侍中・尚書令となった際、将軍号は雲麾となっている。雲麾は従来の前後左右将軍の代替として設置された将軍号の一つであり(39)、中軍から雲麾へは逆行となる。

52　蕭偉　起家官…鎮北将軍（府主：蕭子懋？）法曹行参軍

（天監七年）中撫軍将軍（本紀作行中撫軍）・侍中・知司徒事→（天監九年）中撫軍将軍・侍中・護軍将軍・石頭戍軍事→（天監九年）鎮南将軍・使持節・散騎常侍・都督江州諸軍事・江州刺史（『梁書』巻二二）

蕭偉は武帝の異母弟で南平王である。天監七年以前、彼は揚州刺史であったが、疾病によって刺史の任を解かれ、侍中・中撫軍将軍・知司徒事となった。その後、侍中・護軍将軍・石頭戍軍事を経て、使持節・散騎常侍・都督江州諸軍事・江州刺史となった際、将軍号は以前の中撫軍（天監23）から鎮南（天監22）へと逆行している。

53　蕭憺　起家官…西中郎将（府主：不明）法曹行参軍

（天監八年）中衛将軍・中書令・領衛尉卿→鎮北将軍・使持節・散騎常侍・都督南北兗徐青冀五州諸軍事・南兗州刺史（『梁書』巻二二）

蕭憺は武帝の異母弟で、始興王である。彼は天監八年に中書令・領衛尉となった後、同年、使持節・散騎常侍・都督南北兗徐青冀五州諸軍事・南兗州刺史へと転出した。その際、将軍号は中衛（天監23）から鎮北

（天監22）へと逆行している。

54　蕭恢　起家官…寧遠将軍

（天監十三年）鎮西将軍・使持節・散騎常侍・都督益寧南北秦（南北梁）沙七州諸軍事・益州刺史↓（天監十七年）安前将軍・侍中・領軍将軍（『梁書』巻二二）

蕭恢は先にも見たように武帝の異母弟、鄱陽王である。かれは使持節・散騎常侍・都督益寧南北秦（南北梁）沙七州諸軍事・益州刺史から侍中・領軍将軍となった際、将軍号は鎮西（天監22）から安前（天監21）へと逆行している。

55　蕭綱　起家官…雲麾将軍・領石頭戍軍事

（天監十四年）雲麾将軍・使持節・都督江州諸軍事・江州刺史↓（天監十七年）西中郎将・領石頭戍軍事（『梁書』巻四）

蕭綱は武帝の皇子・晋安王であり後の簡文帝である。使持節・都督江州諸軍事・江州刺史から石頭戍軍事への異動の際、将軍号は雲麾（天監18）から西中郎将（天監17）へと逆行している。

56　蕭綜　起家官…使持節・都督南徐州諸軍事・仁威将軍・南徐州刺史

（天監十三年）安右将軍・領石頭戍軍事→（天監十五年）西中郎将、兼護軍将軍→安前将軍・丹陽尹
（天監十六年）北中郎将・南徐州刺史→（普通二年）鎮右将軍・侍中→（普通四年）平北将軍・使持節・都督南兗兗徐青冀五州諸軍事・南兗州刺史　（『梁書』巻五五）

蕭綜は武帝の皇子で予章王であるが、のちに北魏に亡命することになる。彼には逆行事例が二つあり、前半の事例では、領石頭戍軍事から兼護軍将軍へと異動する際に将軍号は安右（天監21）から西中郎将（天監17）へと逆行している。一般には兼という形式によって任命された官職は地位を表象しないことが多いのだが、[40]「即真」させて抜擢するつもりだったのかもしれない。同年、丹陽尹とされた際、将軍号は安右と同班の安前に復している。後半の事例では、彼は北中郎将・南徐州刺史となった後、中央に異動して侍中を加えられるが、その際、将軍号は鎮右（天監22、大通32）へと跳ね上がっている。そこから使持節・都督南兗兗徐青冀五州諸軍事・南兗州刺史へと転出する際、将軍号は平北（天監20、大通30）へと逆行している。

57　夏侯亶　起家官…奉朝請

（天監十五年）信武将軍・安成王安西長史・江夏太守→（天監十七年）通直散騎常侍・太子右衛率→左衛将軍・領前軍将軍→明威将軍・呉興太守　（『梁書』巻二八）

夏侯亶にかんして、後半の人事に紀年はないが、少なくとも普通三年に彼が散騎常侍、領右驍騎将軍とされる以前の人事であることは確かである。天監十五年、彼は安西将軍長史として江夏太守を帯びていた。府主は武帝の異母弟の安成王蕭秀で郢州刺史である。[41]その後、通直散騎常侍・太子右衛率、さらに左衛将軍・領

前軍将軍をへて呉興太守となった際、将軍号は信武（天監15）から明威（天監13）へと逆行している。

58　蕭続　起家官…軽車将軍・南彭城琅邪太守
（天監十六年）雲麾将軍・都督江州諸軍事・江州刺史↓（普通元年）宣毅将軍、領石頭戍軍事（『梁書』巻二九）

蕭続は武帝の皇子で廬陵王である。彼は都督江州諸軍事・江州刺史から石頭戍軍事となった際、将軍号は雲麾（天監18）から宣毅（天監17）へと逆行している。

59　蕭琛　起家官…太学博士
信武将軍・護軍長史↓貞毅将軍・太尉長史（『梁書』巻二六）

この蕭琛の人事には紀年がないが、彼が普通年間に宗正となる以前の人事である。彼は護軍将軍長史から太尉長史となった際に、将軍号は信武（天監15）から貞毅（天監14）へと逆行している。

梁（大通三年以後）

60　蕭淵藻　起家官…著作佐郎
（中大通三年）中軍将軍・太子詹事↓（中軍将軍・）丹陽尹↓（大同三年）安左将軍（本紀作安右将軍）・侍中・尚書左僕射（固辞不就、詔不許）（『梁書』巻二三）

蕭淵藻は武帝の兄・蕭懿の子である。彼は中大通三年に中軍将軍・太子詹事となった。その後丹陽尹となっているが、おそらく引き続き中軍将軍を帯びていたと思しい。その後、大同三年に侍中・尚書左僕射となった際、将軍号は太子詹事時代の中軍（大通33）から安左（大通31）へと逆行している。

61　蕭繹　起家官…寧遠将軍・会稽太守

（大同三年）鎮西将軍・使持節・都督荊湘益寧南梁六州諸軍事・荊州刺史→（大同五年）安右将軍・護軍将軍・領石頭戍軍事（『梁書』巻五）

蕭繹は武帝の皇子・湘東王であり、のちの元帝である。彼は普通七年に使持節・都督荊湘益寧南梁六州諸軍事・荊州刺史として出鎮し、将軍号は西中郎将から最終的に鎮西に進んだ。その後、大同五年に護軍将軍・領石頭戍軍事へと異動する際に、将軍号は鎮西（大通32）から安右（大通31）へと逆行している。

62　王僧弁　起家官…湘東国左常侍

貞毅将軍・湘東王鎮西諮議参軍→雄信将軍・竟陵太守（『梁書』巻四五）

王僧弁は侯景の乱後台頭し、陳霸先と梁末の主導権争いを繰り広げることになるが、このときはまだ湘東王・蕭繹の軍府の一員に過ぎない。蕭繹は普通七年から大同五年まで、また太清元年から二年まで、二度荊州刺史に任命されているが、王僧弁が諮議参軍となったのは、二度目の荊州赴任時のことである。さて、列伝の記述に従うと貞毅将軍（大通24）府の諮議参軍となったようにみえるが、このときの府主・蕭繹は将軍号は鎮西将軍であることから、[42]貞毅将軍は王僧弁のものと解した。その後、竟陵太守へと転出する際、将軍号は貞毅（大通24）から雄信（大通17）へと逆行している。

陳

63　孫瑒　起家官…軽車将軍（府主：蕭正徳？）行参軍

（天嘉二年）散騎常侍・中護軍→（天嘉四年）鎮右将軍・散騎常侍→安東将軍・使持節・建安太守（『陳書』巻二五）

孫瑒は天嘉二年に散騎常侍・中護軍となったが、留異の反乱鎮圧にむかった後、散騎常侍・鎮右将軍（大通32／陳二）となった。その後、使持節、建安太守となるが、将軍号は安東将軍（大通31／陳三）へと逆行している。

64　程文季　起家官…不明

安遠将軍・通直散騎常侍→明威将軍・散騎常侍（『陳書』巻十）

これは程文季の太建年間における人事記録である。程文季は通直散騎常侍から散騎常侍となった際、将軍号は安遠（大通23／陳五）から明威（大通15／陳六）へと逆行している。

65　陳叔明　起家官…宣恵将軍

（太建七年）東中郎将・東揚州刺史→軽車将軍・衛尉卿（『陳書』巻二八）

陳叔明は宣帝の皇子で宜都王である。太建七年に東揚州刺史から衛尉となった際、将軍号は東中郎将（大通27／陳四）から軽車（大通24／陳五）へと逆行している。

66　陳伯恭　　起家官…平東将軍・呉郡太守

（太建九年）安前将軍・祠部尚書→（太建十一年）軍師将軍・尚書右僕射（『陳書』巻二八）

陳伯恭は文帝の皇子で晋安王である。彼に限らず、『陳書』の人事記録、特に皇子は本紀と列伝の齟齬が非常に多いが、この部分はまだ信用できると思われる。太建十一年に祠部尚書から尚書右僕射へと昇進する際に、外号将軍は安前（大通31／陳三）から軍師（大通29／陳四）へと逆行している。

以上、梁陳時代における外号将軍の逆行事例を二五例ほど紹介した。64では通直散騎常侍から散騎常侍へと異動した際に、また66では祠部尚書から尚書右僕射へと異動した際に外号将軍の逆行が発生しており、やはり宋斉時代と同じく、過度の昇進を防ぐために外号将軍を逆行させて地位を調整していたと考えられる。以下、先程と同じく不等号を用いて官職の高下を表記する。

宋斉時代に比べて事例が少ないが、『宋書』『南斉書』に比べて、『梁書』『陳書』の記載、特に本紀の記載が簡略で外号将軍の動向をつかみにくいためである。単純化するのは難しいが、（B）の傾向は宋斉時代のそれとは明らかに異なるといってよい。特に皇子の軍府の官がかかわる事例がほとんど見られない。ともかく、宋斉時代の事例と比較する前に、まず梁陳時代の各事例を整理・検討しておこう。

（A）にかんしてはやはり、前節と同じく、（ア）州刺史間の格差調節のための逆行（イ）郡太守間の格差調節のための逆行（ウ）州郡間の格差調節のための逆行、に区分できる。（ア）には42の前半、43、44が相当する。42の前半は青冀二州刺史＞散騎常侍・都督・徐州刺史となる。ただし、青冀二州刺史となった際も散騎常侍を引き続き帯びていた可能性は残る。43は、都督・北司州刺史＞都督・譙州刺史となる。なお、北司州・譙州ともに梁代に新設された州である。44は寧蛮校尉・雍州刺史＞湘州刺史となる。前節で述べたように、梁代の地方官の地位の大半は不明なのだが、全ての州ではないものの、州の属官の班が『隋書』巻二六　百官志上にみえる。(43) 雍州刺史の属僚の地位は湘州刺史のそれより一班高く、44は属僚の地位の高下が長官である刺史にも反映することを示す事例といえよう。

（イ）に相当するのは46だけで、衡陽内史＞臨川内史となる。

（ウ）に相当するのは、41、42の後半、45、47である。41は督・北兗州刺史＞竟陵太守、45は散騎常侍・都督・湘州刺史＞呉興太守となる。後者の45は陳代の事例で、陳の官品を参考にすることができる。この官品がどこまでまともに機能したかは疑わしいが、都督つきの湘州刺史は二品、呉興太守は五品とされているので、陳の規定にも合致する。47はと揚州刺史＞丹陽尹となる。これも45と同じく陳代の事例で、両者とも陳の三品官ではあるが、丹陽尹よりも丹陽尹が所属する揚州の地位の方が高いという、ある意味当たり前の事例である。

42の後半は晋安太守＞都督・兗州刺史という、州刺史より郡太守の方が格上という事例であるが、晋安太守となった際に、さらに別の官職を帯びていた可能性も残る。

（B）に関して、前節と同じく（エ）の皇子の軍府が関わらないものと（オ）の皇子の軍府が関わるものとに分けることはできるが、（エ）の事例が圧倒的に多い。順番は先後するが、（オ）には、57と62が相当する。57は、呉興太守＞安成王安西長史・江夏太守となる。安成王は厳密には皇弟であるが、注28で述べたように属僚の地位は皇子のそれと同格である。この事例は前節の（オ）で検討した37（晋熙王冠軍長史・行郢州事・江夏内史＞呉興太守）とほぼ同じケースであるが、皇子府長史と江夏太守の組み合わせでありながら呉興太守との上下関係が逆転しているのは行郢州事の有無によるものだと推測できよう。62は竟陵太守＞湘東王鎮西諮議参軍となる。梁の皇弟皇子府の諮議参軍は九班なので、竟陵太守はそれより班が高かったと推測できる。

梁陳時代の逆行事例の内大多数を占めるのが（エ）であるが、これはさらに中央官間での格差調節と中央官と地方官間での格差調節とに区分できる。

まず前者には、50、51、59、60、64、66が相当する（64と66は既に説明したので省略する）。50は侍中・尚書左僕射・領中書令＞丹陽尹となる。尚書左僕射は十五班、丹陽尹は前述したように十四班と推測できるので、この不等式は梁の規定に合致するといえる。51も類似の事例で、侍中・尚書令＞散騎常侍・丹陽尹となる。梁代では散騎常侍と侍中は同格と定められていたが、加官の場合はやはり侍中の方が優れていたようである。また、尚書令は50の尚書左僕射より格上の十六班なので、50と同様、外号将軍を逆行させて地位を調節していたことは明らかである。60は侍中・尚書左僕射＞太子詹事となる。梁代では尚書左僕射が十五班、太子詹事が十四班なので、梁班に合致する。59は太尉長史＞護軍将軍長史となる。太尉長史の班は不明ながら、太尉と同格である司徒の左長史が十二班で右長史が十班、最も格の低い公府である庶姓公府の長史が九班となっているが、いずれの班であっても、対する護軍将軍長史が六班なので、梁班の規定と乖離しない。

中央官と地方官間での格差調節には、48、49、52、53、54、55、56（前後半とも）、57、58、61、63、65が相当し、63、65以外はいずれも梁代の事例である。ここで厄介なのは石頭戍軍事が度々登場する点である。石頭戍軍事は建康城に近接する石頭山の守備を職掌とし、南朝では皇子が担当することが多かった。しかし、もとより官品や班など無く、地位も不明瞭である。また侍中に加えられることも多く、前章で検討した侍中領衛のバリエーションの一つとみなすことも可能である。48ではその侍中・領石頭戍軍事が俎上に上がっていて、都督・南徐州刺史＞侍中・領石頭戍軍事となっている。梁代の南徐州刺史の班は、前節にて南朝の地方官の地位を概観した際に推測したが、尚書僕射と同じ十五班と考えられる。前章にて、侍中領衛こと侍中領左右衛将軍を尚書僕射と同格と推測したが、侍中・領石頭戍軍事はそれよりやや地位が低いのであろう。61では護軍将軍・領石頭戍軍事＞都督・荊州刺史となっている。注43に引用した属僚の地位から考えると、荊州刺史の地位は先程の南徐州刺史（十五班）より低く、おそらく十四班であったと思しい。護軍将軍は尚書僕射と同じく十五班なので、それぞれに領石頭戍軍事や都督が加えられているものの、梁班の上下関係が反映されていることになる。

問題となるのは55と58で、いずれも石頭戍軍事＞都督・江州刺史となっているが、属僚の地位から推測すると、江州刺史は先に挙げた61の荊州刺史と同格であった可能性が高く、単なる石頭戍軍事に劣るとは考えにくい。石頭戍軍事となった際の加官が脱落している可能性が極めて高い。56の前半では兼護軍将軍＞石頭戍軍事となっている。先にも述べたように、兼によって任用された官職は地位を表象しないのだが、護軍将軍の方が石頭戍軍事より格上であったと一応考えておきたい。

もう一つ問題なのが49である。49は、衛尉＞都督・南兗州刺史となるが、南兗州刺史は、やはり属僚の地位からすれば先程の荊州・江州刺史と同格であった可能性が高く、十四班であったと推測できる。一方の衛尉は十二班にすぎない。さらに53では、散騎常侍・都督・南兗州刺史＞中書令・領衛尉となっていて、散騎常侍つきではあるが、都督・南兗州刺史の方が中書令・領衛尉より格上となっている（なお、中書令は十三班である）ことからすると、49では衛尉となった際の加官が脱落している可能性が高いと思われる。なお、56の後半では、都督・南兗州刺史＞侍中となっているが、この侍中は本官ではなく鎮右将軍に対する加官であって、官職としての実態はない。

52では散騎常侍・都督・江州刺史＞侍中・知司徒事となっている。知司徒事は司徒の代行に過ぎず、都督・江州刺史より格下とされている。54は侍中・領軍将軍＞散騎常侍・都督・益州刺史となる。梁の領軍将軍は尚書僕射と同じ十五班であり、また宋斉時代の益州刺史が皇子府長史・司馬より格下であったこととあわせて考えると、この不等式は妥当と考える。

65は陳代の事例で、衛尉＞東揚州刺史となっている。両者ともに陳では三品だが、前者の方が格上であったとみなすことができよう。63もやはり陳代の事例で、建安太守＞散騎常侍となっている。この建安太守と散騎常侍を陳の官品によって比較すると前者は高くても六品、後者は三品なので、この不等式は陳の規定から乖離するが、63の散騎常侍は56の後半と同様、鎮右将軍に対する加官で実態がないため、郡太守より低く取り扱われているのではないかと推測する。

さて、梁陳の逆行事例において特徴的なのは、宋斉時代とは異なり半数近くを宗室が占め、その中に梁の武帝の皇子達が含まれているという点である（武帝の皇子：55、56、58、61。他の宗室：44、48・54、49、52、53、60）。これについては以下のように解釈することができるだろう。

宋斉時代における外号将軍の逆行事例には、宗室（9、13、38、40）や秘書郎や著作佐郎から起家する超一流貴族（10・23、11、29、36）も含まれているが、そうした連中の間で問題とされているのは、一般的な官人には手が届かない官職である揚州刺史や三呉太守などであり、遥か雲の上で地位が調整されている。しかし、宋斉時代における逆行事例の大半を占めるのは、二流貴族や寒門、さらには起家官すら判明しないような面々である。特に後者は軍功を挙げなければ正史に立伝されるどころか名前すら挙がらないような連中であった。宋斉時代は対外戦争のみならず、王朝交替、あるいは王朝内交替や内乱によって軍功を立てる機会に恵まれており、実際に外号将軍が逆行した事例はもっと多かったのではないかと推測するが、ともかくこの時期の外号将軍の逆行には、そういった連中の地位を上昇させすぎないように調節するという側面があったといえる。

一方、梁の武帝の即位最初期である天監年間は、北魏では孝文帝のあとを受けた宣武帝の時代に相当し、梁は軍事的圧迫を受け、北魏に押され気味であった。しかし、それも梁初十数年だけのことで、孝明帝の即位後、北魏は六鎮の乱に始まる混乱に襲われ、梁は北魏に対して優位に立つことになる。さらに北魏が東西分裂すると、東魏とは修好を結び友好関係を続け、それによって梁の武帝時代は南朝で最も安定した時代となった。国内にも大規模な内乱などもちろん無く、武人達が軍功を挙げて出世するという時代ではなくなっていたのである。

よしんば手柄をあげたとしても、昇進を阻む大きな壁が存在した。それが他ならぬ武帝が大通年間に再編成した外号将軍であった。天監年間の外号将軍は一品に五班分の、二品に三班分の将軍が配当されているが、三品から十品までは各品二班ずつという整然とした序列であった。しかし大通年間の外号将軍は、不登二品を除いた二七班の将軍号のうち、六品に十班分もの将軍が配当されて、極めて不格好である。このような形で六品に将軍が集中した理由を、高橋徹・岡部毅史の両氏が、「武人の昇進を遅らせるしかけ」と述べているとおり(44)、軍功を挙げても下級武人達は五品以上の将軍へと昇進することは極めて困難となった。すなわち、この「しかけ」によって、宋斉時代のように外号将軍を逆行させて下級武人達が昇進しすぎないように地位を調整する必要がなくなったのである。

そうした安定期に問題となったのが、皇子達の処遇である。宋斉時代、年端もいかない皇子達は刺史として出鎮したものの、王朝交替や王朝内交替によって成長前にあらかた殺害された。しかし、梁代にはそのようなことは起こるはずもなく、また、武帝は罪を犯した息子達に対しても寛大であったことにより、皇子達は無事成長を遂げた。また、昭明太子以外の武帝の七人の皇子達は、しばしば免官された邵陵王蕭綸を除いて似たようなキャリアを有している（附表5を参照）。武帝の皇子達全員が石頭戍軍事を経験し、また、うち三人が護軍将軍なった。揚州刺史となったものが三名、南徐州刺史となったものが四名いる。注43でも触れたが、梁代の荊州・江州・雍州・郢州・南兗州刺史の属僚の地位は同班であり、上司である刺史も同格であったと考えられるが、武帝の皇子達はこれらの刺史を歴任しており、中でも六名が江州刺史となっている。また、五名が丹陽尹となり、四名が会稽太守となっているのである。

よって、梁代に宗室、ことに皇子の間で外号将軍の逆行事例が多く見られたのは、地位が突出するものが出ないように配慮するためであったと考えることができる。しかし、この配慮が皇子達に対等意識を抱かせたことは想像に難くなく、侯景の乱にはじまる梁末の混乱期に、対等意識を有する宗室が互いの足を引っ張り合うという悪い方向へと作用することになったのである。

本章では事例紹介と煩雑な説明に終始した。本文中で述べたように当該時代における大半の地方官の地位が不明瞭であることに起因するが、東晋以降格差が生じ始めていた地方官の格差、また宋以後に新たに発生した皇子府の官に対応するため、また宋斉時代には武人達の昇進スピードを抑え、梁代ではもっぱら皇子・宗室間でのバランスを調整するために外号将軍は逆行しており、内号将軍の逆行とは様相を全く異にするこ

附表5　梁の武帝の皇子間で共通する官職

名前	爵名	石頭戍軍事	護軍将軍	揚州	南徐州	荊州	江州	雍州	郢州	南兗州	丹陽尹	会稽	南彭城・琅邪	出典
蕭綱	晋安王(簡文帝)	○		○	○	○	○	○		○	○			『梁書』4
蕭続	廬陵王	○	＋石頭戍軍事			○	○	○				○	○	『梁書』29
蕭繹	湘東王(元帝)		＋石頭戍軍事			○	○				○	○		『梁書』5
蕭綜	豫章王	○	兼		○				○	○	○			『梁書』55
蕭績	南康王	○	＋石頭戍軍事		○		○			○				『梁書』29
蕭綸	邵陵王	○		○	○		○		○	権摂	○	○	※	『梁書』29
蕭紀	武陵王	○		○			○				○	○	※	『梁書』55

※琅邪・彭城太守

とを示し得たと考える。最後に、将軍以外の官職による逆行事例について付言して結びにかえたい。

むすびにかえて

今まで見てきたのは史料の関係もあって、もっぱら三品以下の外号将軍であったが、外号将軍の序列はさらにその上にも続いている。魏晋以来の外号将軍の序列には、二品にもともと驃騎・車騎・衛将軍の三つが存在していたことに加え、三品の将軍が大将軍となる――具体例を挙げるならば、征東将軍が征東大将軍となる――と、二品となるのである。これら二品の将軍に開府儀同三司が加えられると、一品となる。外号将軍の序列はここが頂点なのだが、その上に位置する司空・司徒など、いわゆる三公と接続していた。

第一節で、義興太守となった王球と従兄である揚州刺史の王弘との間に生じた近親者間での統属関係を回避するために外号将軍を加えたというエピソードを紹介したが、それには後日談がある。王弘は揚州刺史であった時、司徒でもあったのだが、位が高すぎるとして司徒を辞退した。その際

（元嘉五年）六月庚戌、司徒王弘降りて衞將軍・開府儀同三司と爲る。（『宋書』巻五　文帝紀）

とあって、司徒から衛将軍・開府儀同三司に「降」ったと記されており、「降号」の一種とみなすことができる。

同様に、司徒よりもさらに格上の太尉・領司徒であった江夏王劉義恭は、北魏が侵攻した際に守備せず放棄・逃走し、さらには北魏退却後も追撃すらしなかった不甲斐なさをとがめられて、同じく『宋書』文帝紀に

（元嘉二八年二月）甲戌、太尉・領司徒江夏王義恭降りて驃騎將軍・開府儀同三司と爲る。

とあるように驃騎将軍・開府儀同三司へと「降」されており、三公と外号将軍の序列が接続していたことがわかる。それを踏まえた上で『宋書』をみてみると、次のような記事がある。

明年、司徒に遷る。高祖不豫たれば、以て使持節・侍中・都督南豫豫雍司秦幷六州諸軍事・車騎將軍・開府儀同三司・南豫州刺史と爲し、出でて歷陽に鎭せしめんとす。未だ任に之かずして高祖崩ず。（『宋書』巻六一　武三王伝・劉義真）

宋の武帝の死によってこの人事は実現しなかったのだが、劉義真は司徒（ただし侍中を帯びていた可能性が極めて高い）から、使持節・侍中・都督・南予州刺史となる際に、車騎将軍・開府儀同三司とされていることがわかる。司徒のまま南予州刺史を帯びさせると地位が高くなりすぎるために、司徒から車騎将軍・開府儀同三司へと逆行させることによって地位を微調整しているのであり、この措置は本章で論じてきた、外号将軍

の逆行による地位調節に他ならない。
さらに、第一章にて提示した光禄大夫の序列においても逆行事例を見いだすことができる。

（泰始三年）秋七月壬子、左光祿大夫・開府儀同三司王玄謨を以て特進・左光祿大夫・護軍將軍と爲す。（『宋書』巻八 明帝紀）

これは、左光禄大夫・開府儀同三司であった王玄謨にそのまま護軍将軍を加えると地位が上がりすぎるので、加官のランクを開府儀同三司から特進へと引き下げて調節したという事例である（なお、この人事は王玄謨の列伝では省略されており、本紀のみに見える）。このように南朝における外号将軍の逆行は、その上に位置する三公をも巻き込む形で行われていたのであり、上位の将軍と文武対になる光禄大夫の序列においても逆行による地位調節が行われていたのである。

三公の一つである司徒は、一品官という地位のみならず、九品官人法施行時においては、郷品を授与する中正を管轄する重要なポストであった。しかしながら、九品官人法の貴族化によって中正による郷品審査が有名無実となると、司徒は第一章第四節で述べたように、南朝にかけて「外戚高秩次第の至る所なるのみ（『宋書』巻四六 趙倫之伝）」というポストへと変質していく。こうした司徒に代表される南朝の三公は、虚号と化した外号将軍、あるいは致仕・養疾の官とみなされた光禄大夫と同様、官人の地位を調整する「分銅」の一つに過ぎなかったのである。

【注】

（1） 閻歩克二〇〇〇a。

(2) 岡部毅史一九九八、陳奕玲二〇〇二。
(3) 周一良一九八五、坂元義種一九七八、小尾孟夫二〇〇一c、岡部毅史一九九八、陳奕玲二〇〇二参照。
(4) 『晋書』巻八一　毛宝伝
庾亮西鎭、請爲輔國將軍・江夏相・督隨義陽二郡、鎭上明。又進南中郎。隨亮討郭默。默平、與亮司馬王愆期等救桓宣於章山、擊賊將石遇、破之、進征虜將軍。

毛宝が、三品の輔国将軍から南中郎将、そして征虜将軍へと将軍号を進めていることがわかる。
(5) 『南斉書』巻四十　武十七王伝　建安王子真
建安王子眞字雲仙、世祖第九子也。永明四年、爲輔國將軍・南琅邪彭城二郡太守。遷持節・督南豫司二州軍事・冠軍將軍・南豫州刺史、領宣城太守。進號南中郎將。
『南斉書』巻四十　武十七王伝・晋安王子懋
晉安王子懋字雲昌、世祖第七子也。初封江陵公。永明三年、爲持節・都督南豫豫司三州・南中郎將・南豫州刺史。魚復侯子響爲豫州、子懋解督。四年、進號征虜將軍。
前者の蕭子真の事例では、冠軍将軍から南中郎将へと進号していることが、また、後者の蕭子懋の事例では、南中郎将から征虜将軍へと進号していることがわかる。
(6) 桓沖は、太宰であった武陵王司馬晞の辟召を受けているが、任には就かなかった。本伝によると、その後、鷹揚将軍・鎮蛮護軍・西陽太守に任じられているが、これを起家官とみなすには地位が高すぎると思われる。
(7) 劉道錫が諮議參軍となったことは列伝には見えないが、『宋書』巻五　文帝紀に
（元嘉二一年）五月壬戌、以尚書何尚之為中護軍、諮議參軍劉道錫為廣州刺史。
とあるのにしたがう。
(8) 『宋書』巻八　明帝紀
（泰始四年）三月己未、以游擊將軍劉懷珍爲東徐州刺史。
(9) 『宋書』巻六　孝武帝紀
（大明四年）九月辛未、以冠軍將軍垣護之為豫州刺史。
(10) 劉韞は冠軍将軍となったことはなく、雍州刺史となったときの将軍号は撫軍であり、劉韞冠軍司馬という記述が誤ってい

る可能性もある。

(11)『宋書』巻六一　武三王伝・劉義恭
（泰始）七年、太宗以第八子躋字仲升、繼義恭爲孫、封江夏王、食邑五千戸。後廢帝即位、督會稽東陽新安臨海永嘉五郡諸軍事・東中郎將・會稽太守、進號左將軍。齊受禪、降爲沙陽縣公、食邑一千五百戸。謀反、賜死。

(12)『南斉書』巻三五　高祖十二王伝・蕭鏘
建元四年、世祖即位、以鏘爲使持節・督雍梁南北秦四州郢州之竟陵司州之隨郡軍事・北中郎將・寧蠻校尉・雍州刺史。永明二年、進號征虜將軍。

(13)『南斉書』巻四十　武十七王伝・蕭子隆に
永明三年、爲輔國將軍・南琅邪彭城二郡太守。明年、遷江州刺史、未拜、唐寓之賊平、遷爲持節・督會稽東陽新安臨海永嘉五郡・東中郎將・會稽太守。

とあり、蕭子隆は永明年間には東中郎将であった。

(14)『南斉書』巻三五　高祖十二王伝・蕭銶
晉熙王銶字宣攸、太祖第十八子也。永明十一年、除驍騎將軍。隆昌元年、出爲持節・督郢司二州軍事・冠軍將軍・郢州刺史。延興元年、進號征虜將軍。尋見害、年十六。

(15)『宋書』巻四十　百官志下
二衞至五校尉。寧朔至五威・五武將軍。四中郎將。刺史領兵者。戎蠻校尉。御史中丞。都水使者。鄉侯。右第四品。

(16)小尾孟夫二〇〇一b。

(17)野田俊昭一九九〇。

(18)『通典』巻一八二　州郡一二　呉郡
晉宋亦爲呉郡、與呉興・丹陽爲三呉。齊因之。

(19)『隋書』巻二六　百官志上
其州二十三、並列其高下、選擬略視内職。郡守及丞、各爲十班。縣制七班。用人各擬内職云。

(20)小尾孟夫二〇〇一a。

(21)ただしこの時の司州の州治は洛陽ではなく虎牢であった。

武帝北平關・洛、河南底定、置司州刺史、治虎牢、領河南・漢舊郡。（『宋書』巻三六　州郡志二）

（22）厳耕望一九六三。

（23）『晉書』巻九三　外戚伝・王蘊に

補呉興太守、甚有德政…朝廷以違科免蘊官、士庶詣闕訟之、詔特左降晉陵太守。

とあり、王蘊は呉興から晋陵へと左降されていることから、晋陵は呉興より格が落ちるのだが

晉陵自宋・齊以來、舊爲大郡、雖經寇擾、猶爲全實。（『陳書』巻二一　孔奐伝）

大郡として認識されていた。

（24）『宋書』巻七四　沈攸之伝

初元嘉中、巴東・建平二郡、軍府富實、與江夏・竟陵・武陵並爲名郡。世祖於江夏置郢州、郡罷軍府、竟陵・武陵亦並殘壞、巴東・建平爲峽中蠻所破、至是民人流散、存者無幾。

（25）安田二郎二〇〇三b。

（26）『梁書』巻七　王騫伝

（天監）十一年、遷中書令、加員外散騎常侍。時高祖於鍾山造大愛敬寺、騫舊墅在寺側、有良田八十餘頃、即晉丞相王導賜田也。高祖遣主書宣旨就騫求市、欲以施寺。騫答旨云、此田不賣。若是勅取、所不敢言。酬対又脱略。高祖怒、遂付市評田價、以直逼還之。由是忤旨、出爲呉興太守。在郡臥疾不視事。

『南史』巻二二　王騫伝

武帝於鍾山西造大愛敬寺、騫舊墅在寺側者、即王導賜田也。帝遣主書宣旨、就騫市之、欲以施寺。答云、此田不賣。若勅取、所不敢言。酬対又脱略。帝怒、遂付市評田價、以直逼還之。由是忤旨、出爲呉興太守。騫性侈於味而儉於服、頗以多忌爲累。又惰於接物、雖主書宣勅、或過時不見。才望不及弟暕、特以儉之嫡、故不棄於時。暕爲尚書左丞僕射、當朝用事、騫自中書令爲郡、邑邑不樂、在郡臥不視事。

（27）『大唐六典』巻二九　親王府・長史条注

宋齊諸王領鎭者官長史、品第六、秩千石、銅印、墨綬、進賢兩梁冠、絳朝服。

閻歩克一九九七も参照。

（28）『隋書』巻二六　百官志上にみえる梁班の規定によると、皇弟皇子府の長史・司馬が十班、庶姓公府の長史・司馬が九班、

庶姓持節府の長史・司馬が八班となる。

(29) 小尾孟夫二〇〇一d。

(30) 『宋書』巻八一　劉秀之伝

梁・益二州土境豐富、前後刺史、莫不營聚蓄、多者致萬金。所攜賓僚、並京邑貧士、出爲郡縣、皆以苟得自資。秀之爲治整肅、以身率下、遠近安悅焉。

(31) 野田俊昭一九九〇。

(32) 義興郡はのちに南徐州に属することになるが、この時はまだ揚州に属していた。

義興太守、晉惠帝永興元年、分呉興之陽羨・丹陽之永世立。永世尋還丹陽。本揚州、明帝泰始四年、度南徐。（『宋書』巻三五　州郡志一）

(33) 『宋書』巻五二　謝景仁伝

又遷吏部尚書。時從兄混爲左僕射、依制不得相臨、高祖啓依僕射王彪之・尚書王劭前例、不解職。

(34) 越智重明一九八五。

(35) 『隋書』巻二六　百官志上

軽車・征遠・鎮朔・武旅・貞毅、爲十四班。代舊輔國。

(36) 列伝では、領軍将軍から丹陽尹に遷ったように記されているが、『陳書』巻四　廃帝紀に

（光大元年）五月癸巳、以領軍將軍・丹陽尹呉明徹爲安南將軍・湘州刺史。

とあるのにしたがう。

(37) 『陳書』巻六　後主紀

（太建十四年正月）景寅、以冠軍將軍晉熙王叔文爲宣惠將軍・丹陽尹。

（至徳元年正月）宣惠將軍・丹陽尹晉熙王叔文爲揚州刺史。

(38) 列伝では侍中・光禄大夫・領左衛将軍へと遷ったことになっているが、『梁書』巻二　武帝紀中に

（天監八年四月）丙子、以中軍將軍・丹陽尹王瑩爲右光祿大夫。

とあるのにしたがう。

(39) 『隋書』巻二六　百官志上

武臣・爪牙・龍騎・雲麾、爲十八班。代舊前後左右四將軍。

(40) 第二章「はじめに」参照。

(41)『梁書』巻二二　太祖五王伝・蕭秀

（天監）十三年、復出爲使持節・散騎常侍・都督郢司霍三州諸軍事・安西將軍・郢州刺史。

(42)『梁書』巻三　武帝紀下

（太清元年正月）以鎭南將軍・江州刺史湘東王繹爲鎭西將軍・荊州刺史。

(43)『隋書』巻二六　百官志上によると、梁代の州の属僚は、

揚州＞南徐州＞荊・江・雍・郢・南兗州＞湘・予・司・益・広・青・衡州＞北徐・北兗・梁・交・南梁州

という序列を構成していた。

(44) 高橋徹一九九五、岡部毅史一九九八。また、陳蘇鎮一九八九も、武帝の外号将軍再編により、士族と寒人の身分の差が一層明確になったと指摘する。

第四章　満と解

はじめに

晋南朝の人事異動手続きに関する先行研究は、大きく二つに分類することができる。第一に、大庭脩氏による、官吏の辞令書である告身に関する研究、および野田俊昭氏による吏部の擬官に関する研究で、これらは、官吏の任命手続きに関わるものである。[1]第二に、越智重明氏と中村圭爾氏による除名に関する――ただし、人事制度というよりは身分制研究の性格が強い――研究、および岡部毅史氏による免官に関する研究で、これらは、官吏の罷免に関するものである。[2]

前者は官吏のキャリア（あるいはその途中）のスタートに関するものであり、後者はそのゴールに関するものと言い換えることもできるが、後者は懲罰人事であり、言うまでもなく、任期満了などその他の方途によっても官吏は職務から離れる。こうした穏当な人事異動に関しては（晋南朝のみならず魏晋南北朝史研究においては）従来関心が持たれてこなかった。それは論じるまでもないテーマとみなされていた、というよりは魏晋南北朝史研究の資料上の制限が影響しているように思われる。先に挙げた大庭氏の研究は「木から紙へ」という副題が附されているが、文中にて述べておられるように、魏晋南北朝史の人事制度研究には漢代の簡牘史料や唐代の敦煌・吐魯番出土の紙文書といった出土文字資料をあまり期待することができず、殆どを正史に依拠せざるを得ない。頼みの綱であるはずの正史も、平々凡々とした人事異動に対しては極めて冷淡である。しかし、そうした乏しい資料の中からも、前後する漢・唐との制度上の差異を見いだし得ると考える。

本章では「満」と「解」という二つのタームを中心に考察する。この二つは、中国専制時代の官僚制においてなじみの深い言葉であり、漢・唐においても人事と関連して用いられていた。しかし、人事用語としての「解」の意味するところは、漢と唐では全く異なるといってよい。この変化が生じたのは、のちに触れるように西晋時代と考えられるのだが、管見の限り、この点を指摘した研究はないようで、これら二つのタームの考察を通じて晋南朝官僚制度の特質について述べることも充分可能ではないかと思われる。まず「満」から論ずることとしよう。

第一節　満報と満敘

宋の明帝は、その即位前に勃発した晋安王劉子勛による反乱鎮圧の軍事費を捻出するため、売官を行った。その具体的な内容は次の通りである。

時に軍旅大いに起こるも、國用足りず。民に募りて米二百斛、錢五萬、雜穀五百斛を上さば、同しく荒縣除を賜う。米三百斛、錢八萬、雜穀千斛を上さば、同しく五品正令史・滿報を賜う。若し四品に署し家に在らんと欲さば、亦た聴す。米四百斛、錢十二萬、雜穀一千三百斛を上さば、同しく四品令史・滿報を賜う。若し三品に署し家に在らんと欲さば、亦た聴す。米五百斛、錢十五萬、雜穀一千五百斛を上さば、同しく三品令史・滿報を賜う。若し内監に署し家に在らんと欲さば、亦た聴す。米七百斛、錢二十萬、雜穀二千斛を上さば、同しく荒郡除を賜う。若し諸王國三令に署し家に在らんと欲さば、亦た聴す。（『宋書』巻八四　鄧琬伝）

穀物と銭の量に応じて、荒県の県令から荒郡の郡守までが売官の対象となっていることがわかる。ここで注目したいのが満報なるタームである。満報は南朝正史ではこの記事にしか見えないため注目されてはいないのだが、かつて宮崎市定氏が勲位の成立にかんして論じた際にこの記事を引用したことがあり、次のように述べられた。

満報の意味明かでないが、令史をある任期の間、実際に務めさせて、満期を報じさせる条件ということであろう。(3)

この『宋書』鄧琬伝中の記事は『資治通鑑』に節略した形で次のように引用されている。

時に軍旅大いに起こるも、國用足りず、民の錢穀を上す者を募りて、賜うに荒縣・荒郡、或いは五品より三品に至るまでの散官を以てすること差あり。（『資治通鑑』巻一三一　宋紀一三・泰始二年条）

そこに胡三省は次のような注をつけている。

荒郡・荒縣とは、極邊郡縣の兵を被りて荒殘せる者なり。これを賜うとは、郡守・縣令及び參佐等の職名を以てこれを賜う。

すなわち胡三省は、この売官は実職を与えるのではなく、名目のみを与える措置だと解釈している。

『宋書』鄧琬伝の記事にもどると、納入した量によっては、与えられる官職に選択肢がついていることがわかる。米三百斛、銭八万、雑穀千斛以上を納めた者を例に挙げるならば、「五品正令史・滿報」と「四品在家」が選択できるわけである。省略されているが、この場合選択可能なのは満報の五品正令史か在家の四品正令史であり、満報の正令史もしくは一品上の在家正令史だと言い換えることができる。そうすると宮崎氏の指摘のごとく満報を「ある任期の間、実際に務めさせて、満期を報じさせる」と解釈した場合、次のような疑問が生じる。すなわち満報の令史はどこで勤務するのか、という点である。先述の胡三省注が指摘しているように、実際に任地に赴くとは考えにくいのだが、実際に役所に出向くとすればさらなる疑問が生じる。「五品正令史・満報」と「四品在家」を天秤にかけた場合、実際に役所に出向いて満期まで働かねばならない五品正令史より、在宅勤務が可能で官品も高い四品令史の方を選択するであろうことは目に見えており、わざわざ選択肢を設ける理由が理解できなくなるからである。このように、宮崎氏の説によって『宋書』鄧琬伝の記述を解釈するのは困難であり、満報には別の意味を想定しなければならない。

満報を理解するために次の記事に注目したい。

（延興元年八月）丁未、詔して曰く、新安國五品以上、悉く滿敘を與え、此れより以下、皆な解遣するを聴す。其れ仕えんと欲する者、其の樂う所を適えよ。（『南斉書』巻五　海陵王紀）

これは南斉の新安王蕭昭文が即位した際に発せられた詔であるが、彼は当時西昌侯であった蕭鸞の傀儡にすぎなかった。その蕭鸞は爵位を宣城王へと進めたのち蕭昭文を廃位して、自身が帝位につくこととなった。その際彼は次のような詔を発している。

（建武元年十一月）又た詔すらく、宣城國五品以上、悉く滿敘を與え、此れより以下、皆な解遣するを聴す。其れ仕えんと欲さば、樂う所を適えよ。（『南斉書』巻六　明帝紀）

蕭昭文・蕭鸞両名が下した詔は、一見して明らかなとおり、即位前の王国名以外まったく同一の構文である。

両者が皇帝となって新安国および宣城国が消滅したために先述の二つの詔が発せられ、王国五品以上の官は「満敘」を與えられ、六品以下は解遣、すなわち解散させられたのであった。

筆者はこの満敘こそが先程の満報と同じ意味を有するタームであると考える。その傍証として次の記事を挙げたい。これは東晋末、劉毅が不仲であった劉敬宣のことを劉裕に讒言した際の記事である。

（劉）毅これを聞き、深く以て恨と爲す。江陵に在るに及び、（劉）敬宣還るを知り、乃ち人をして高祖に言わしめて曰く「劉敬宣父子、忠國既に昧く、今ま又た不豫の義始まる。猛將勞臣、方須に敘報すべく、敬宣の比の如きは、宜しく後に在らしむべし。若し使君平生を忘れず、相い申起せんと欲さば、資を論じて事を語り、正に員外常侍と爲すべきのみ。已に其れに郡を授くを聞き、實に過優爲り。尋いで復た江州と爲すを知り、尤も駭惋する所なり」と。（『宋書』巻四七　劉敬宣伝）

ついでやはり東晋末の記事であるが、風雹の害に関する徐広から劉裕への進言である。

時に風雹の災を爲すあり、（徐）廣書を高祖に獻じて曰く「風雹の變未だ必ずしも災とは爲らず、古の聖賢輒ち懼れて己を修むるは、政化を興して德教を隆んにする所以なり。…明公初めて義旗を建て、宗社を匡復し、神武運に應じ、信宿して夷を平らぐ。且つ恭謙儉約にして、心を虚しくして懈らず、來蘇の化、功用神の若し。頃ごろ事故既に多く、刑德並び用い、戰功殷積するも、報敘盡し難く、萬機繁湊するも、固より應に速かにし難し。且つ小細煩密、群下懼れ多し…」（『宋書』巻五五　徐広伝）

この二つの記事で注目したいのが敘報および報敘である。これらが何を意味するか、前者の『宋書』劉敬宣伝は、本来「敘報」すべき猛将労臣をさしおいて劉敬宣に郡太守を授けたことを非難していることから考えると、「敘報」とは官職を与えて猛将労臣に報いてやると考えておそらく大過なく、後者の「報敘」も、戦功（をあげた人物）が数多く蓄積されているにもかかわらず、それら全てに報敘することは困難であると述べていることから、やはり報賞として官職を与えるという方向で解釈しうる。さながら「敘報」と「報敘」は転倒しつつも同じ意味を有しており、満報の報は宮崎氏がいうような「満期を報じる」という意味ではなく、「報いてやる」と解すべきであり、人事用語としての報は叙と同じく「官職を与える」という意味を有すると考えられるのである。

さらに、報も敘もつかない「賜満」という用例も存在する。

（建元元年）六月辛未、詔すらく、相國驃騎中軍三府の職、資勞に依りて二宮に度すべし。若し職限已に盈たば、餘す所満を賜うべし。（『南斉書』巻二　高帝紀下）

（天監元年四月）癸未、詔すらく、相國府の職吏、資勞に依りて臺に度すべし。若し職限已に盈たば、度す所の餘、及び驃騎府、並びに満を賜うべし。（『梁書』巻二　武帝紀中）

前者は、蕭道成が宋からの禅譲を受けて即位した後ほどなくして発した詔で、皇帝となった蕭道成と皇太子となった蕭賾の即位前の官（蕭道成は相国・驃騎大将軍、蕭賾は中軍大将軍）の府が宋斉交替によって消滅したことに対する措置であり、先にみた蕭昭文・蕭鸞とほぼ同様のケースである。後者は、蕭衍がやはり南斉からの禅譲を受けて即位した際に発した詔で、皇帝となった蕭衍が、即位前に任ぜられていた相国府と驃騎大将軍の府が斉梁交替によって消滅したことに対する措置であり、蕭道成の詔とほぼ同じであることがわかる。前者の詔は、相国府・驃騎大将軍府、中軍大将軍府のスタッフを、資――キャリアと労――勤務日数を勘案した上で二宮すなわち東宮の官へと転任させるものである。(4) 後半部分は少々厄介で、職限は任期を指すのだが、員限[5]――すなわち定員数として解釈しなければ、キャリアと勤務日数が勘案されているにもかかわらず任期満了した人物が転任できないこととなり、文意が通じない。後半部分は、転任先である東宮官が定員に達したならば、転任しきれなかったもの達には、「滿」を賜与すると解釈するべきであろう。後者の蕭衍の詔では相国府のみが転出の対象となっていて、資と労を勘案した上で臺――ここでは尚書臺や御史臺など特定の官署を指すのではなく、おそらく朝廷の各所を指すと思しい[6]――へと転任させている。やはり前者と同じく、定員に達したならば転任しきれなかったもの達と驃騎大将軍の府のスタッフに「滿」を賜与している。

蕭道成・蕭衍の詔によって賜与された「滿」とはいったい何であろうか？

初め、文帝の世、年三十に限りて郡縣に仕え、六周すれば乃ち代を選ぶ。刺史或いは十年餘なり。是に至りて皆なこれを易え、仕うる者長少に拘らず、人に涖むこと三周を以て滿と爲せば、宋の善政是においてか衰えたり。（『南史』巻二十　謝荘伝）

晉・宋の舊制、人に宰たるの官、六年を以て限と爲す。近世六年過久なるを以て、又た三周を以て期と爲し、これを小滿と謂う。而れど遷換去來すること、又た三周の制に依らず、故きを送り新しきを迎え、吏人道路に疲れり。（『南史』巻七七　恩倖伝・呂文顕）

晋から宋の文帝期まで、郡県の長官の任期は六年、刺史の任期は十余年にもわたった。それが長きに過ぎるとして、孝武帝は任期を三年としたところ、今度は逆に三年の任期を満たさずに頻繁な遷転が流行する羽目になった、という[7]。ここで、恩倖伝が短縮された任期を小満と呼んでいるように、蕭道成・蕭衍の詔において賜与された「滿」とは任期、より正確に言うならば任期満了の意味と筆者は考える。では任期を満了させることがなぜ恩典となりうるのであろうか。蕭道成・蕭衍の詔にて「満」を賜与されたのは、次のポストが用意されていない連中であり、蕭道成・蕭衍の即位によって彼らは無官となってしまう。しかし次のポストは用意できないにしても、任期を満了したということにすれば、無官ではあっても——唐以後の用語を借りるなら「前資」の状態となって、少なくとも現任であったときと同等の地位は保証しうる、と考えることができよう。

そしてこの仮定は満敘にも適用できる。先述のごとく、蕭昭文・蕭鸞の即位によって、新安国・宣城国は消滅することとなった。両者の即位は王朝交代ではなく王朝内交代ということもあって、新安国・宣城国のスタッフに次のポストを与えるまでには至らなかった。そのため五品以上のものには満敘を賜与して任期を満了した扱いとし、無官ながらも現任であったときと同等の地位を保証してやったわけである（もっとも六品以下は切り捨てられてしまっているが）。

それでは満報、すなわち冒頭の『宋書』鄧琬伝はどう解釈すればよいのであろうか。ふたたび、米三百斛、銭八万、雑穀千斛以上を納めた者に与えられる、「五品正令史・満報」および「四品在家（令史）」を例に挙げよう。「賜満」「賜満敘」の時と同様に考えるならば、「五品正令史・満報」とは、既に任期を満了した五品正令史であって、官職が与えられるのではなく現任と同等の地位が与えられる。それに対して、四品在家令史は在宅勤務として実際の官職が与えられるが、以公事免——すなわち職務上の過失（在宅勤務の令史にどのような職責が課せられたのか不明ではあるが）によって免官とされ、その地位を失う可能性がある。換言すれば、五品正令史と同等の地位を得るか、もしくは一品高いが任期を満了するまでは免官のリスクをともなう在宅勤務を選ぶかが天秤にかけられていたのである。

以上、満・満敘・満報について論じ、満・満敘・満報の賜与とは、任期を強制的に満了させ、無官ながらも現任と同等の地位を保証する措置であるという結論に達したのであるが、大過なく任期を満了した官吏には満了後も現任と同等の地位が保証されるという、中国専制時代の官僚制度において至極当然のことを述べきたったにすぎない。これに先立つ漢代についていえば、かつて大庭脩氏が漢代の官吏の大半が「功次」、すなわち勤務日数を積みかさねて昇進していたことを指摘し(8)、その後、佐藤達郎氏が大庭氏の所説を補強・発展させ、「(以)功次」は「功満」「労満」「限満」「秩満」などといった任期満了を示すタームと同義であることを論証した(9)。すなわち任期を満了して一つずつキャリアをステップアップするという人事制度は漢代より始まるのであるが、任期満了した官吏がいかなる状態におかれていたのか、漢代ひいては魏晋期の史料にも直接明示するものはなく、後世の制度から推測するほかなかったのである。

さて先程、唐制から用語を借りて、満・満敘・満報を賜与された官吏は「前資」の状態となると述べたが、官吏が任期を満了して離職することを唐制では得替と呼ぶ。

諸そ理を以て官を去らば、見任と同じ。解くこと理に非ずと雖も、告身應に留むべき者、亦た同じ。疏。議して曰く、犯罪に因らずして解くと謂う者、致仕・得替・省員・廢州縣の類の若し。應に議・請・減・贖に入るべき及び蔭親屬なる者、並びに見任と同じ。(『唐律疏議』巻二　名例)

得替は「以理去官」のうち「不因犯罪而解者」に含まれ、見任と同じものとして扱われている。ここで注意しなければならないのは、『唐律疏議』のいう以理去官の中に省員が含まれている点である。そもそも蕭道成らが満なり満敘を賜与したのは、彼らが即位したことによって即位前の官府が消滅したからであり、これは『唐律疏議』でいうところの省員にあたる。もし唐制と同様に省員によって官職を失った官吏が現任と同等の地位が保証されるのであれば、わざわざ満や満敘を賜与する必要がないのであり、換言すれば、南朝においては、省員の場合には現任と同等の地位を与えられなかったことがわかる。
このように、以理去官——以理解官と呼ばれることもある[10]——は南朝と唐制との間で若干のズレがあるのだが、そもそも以理去官・以理解官なるものは漢代には存在せず、西晋以降に整備されていくものであり、南朝ではいまだ発展途上段階にあったと考えなければならない。しかしながら見方をかえるならば、以理去官・以理解官を通じて、晋南朝期の制度上の特質を明らかにすることもできる。節をあらためよう。

第二節　解職と代替となる官職

まず、当時における去官・解官の基本的性質について簡単に整理しておきたい。先に述べたように以理去官は以理解官と呼びかえられることがあるが、晋南朝ではもっぱら解・解官・解職と呼ばれることが多いため、本節ではもっぱら解について述べることとする。後世ではやはり常識に属することではあるが、解は免・免官とは異なり、単に官職から離れることを意味するだけであって、懲罰の意味は含まれない。

尋いで右軍將軍を領し、又た丹陽尹を領し、本官故の如し。（天嘉）五年、父を葬るを以て、表を拜して自解し、詔して絹布五十匹、錢十萬を賜い、葬訖るまで宅に停まりて郡事を視せしむ。服闋き、還りて本職に復す。其の年秩滿ち、尹を解き、散騎常侍を加え、將軍・尚書並びに故の如し。（『陳書』巻十七　袁枢伝）

陳代に丹陽尹となった袁枢は、父の喪に服するため一旦丹陽尹を解き、父の埋葬を終えて復帰した。その後、秩満、すなわち任期満了によって丹陽尹を解かれている。後者はまさしく前節にて引用した唐律中の得替による以理解官の事例といえる。

ついで免と解の差異を明示する史料を挙げておこう。

孝建三年、太常に除され、意尤とも悦ばず。これを頃らくして、表を上して職を解かんとして曰く…僧達文旨抑揚あれば、詔して門下に付す。侍中何偃其の詞不遜なるを以て、南臺に付さんことを啓し、又た坐して官を免ぜらる。（『宋書』巻七五　王僧達伝）

宋の孝建三年、太常に任ぜられた王僧達はそれを不服として解職を求めたが、その言いぐさが孝武帝の癇にさわったのか、王僧達の上奏文はまず門下省に下されて審議された後、南臺すなわち御史に案件がまわされた結果、王僧達が希望した解職ではなく免とされてしまった。

時に殿内隊主呉璡、及ぶ宦官李善度・蔡脱児等多く請属する所あるも、（蕭）引一に皆な許さず。引の族子密時に黄門郎爲り、引を諫めて曰く「李・蔡の勢、在位皆なこれを畏れ憚る。亦た宜しく小く身計を爲すべし」と。引曰く「吾の身を立つること、自ら本末あり、亦た安くんぞ李・蔡の爲に行いを改むること能わん。就し平らかならざらしまば、職を解くに過ぎざるのみ」と。呉璡竟に飛書を作り、李・蔡これを證し、坐して官を免ぜられ、家に卒す。時に年五十八。（『陳書』巻二一　蕭引伝）

陳の後主期、建康令であった蕭引は、呉璡や李善度・蔡脱児の請託を頑として受け付けなかった。族子の蕭密が諫めても、せいぜい解職程度ですむとたかをくくっていたのだが、呉・李・蔡三名の結託によって蕭引は免官となったのであった。

南朝では、唐代と同様、免官せられた官人は、一定期間の禁錮（仕官禁止）の後、罷免された時より低い地位からキャリアを再スタートさせていたことはつとに知られていて、西晋時代に既に同様の規定があったことを岡部毅史氏が推測しておられるが[11]、解にかんしてもやはり単なる離職を示す西晋期の事例を挙げることができる。

咸寧の初め、父の爵を襲い、太子洗馬を拝し、尚書右丞に累遷す。出でて冀州刺史と為るも、繼母杜氏（傅咸の官に之くに隨うを肯ぜず、自ら表して職を解く。三旬の間、司徒左長史に遷る。（『晋書』巻四七　傅咸伝）

傅咸は冀州刺史を解職したのち、わずか三十日で司徒左長史となっており、ここには当然免官のニュアンスは含まれてはいない。しかし、曹魏では解・解官などの用例を見いだすことができない。魏晋に先立つ漢代においては、人事用語としての解は「解印綬去」という形でしか用いられず、これは魏晋南朝の「輒去官」に相当する一種の職務放棄であり、晋南朝では免とされてしまうのである[12]。よって、単純に官職から離れるだけの解と、ペナルティが付加される免との差異が設けられたのは西晋から始まると推測することができるだろう。

さて、前節において、唐律にみえる以理去官・以理解官に関する規定を引用したが、唐令にも以理去官・以理解官に関する規定が見える。

凡そ職事官の應に覲省及び疾を移すべきは、程を過ぎるを得ず（謂うこころ、身に疾病の百日に滿つるあり、若しくは親しくする所の疾病二百日に滿つ及び當に侍すべき者、並びに官を解きて省に申べ以て聞せよ。其れ應に人に侍すべきも才用灼然、要にして駆使に籍る者は官を帯びて侍養せしめよ）。（『大唐六典』巻二　吏部）

仁井田陞氏が選挙令に比定したこの規定によれば、自身の病気が百日に満ちた場合に加え、親の病気が二百日に満ちた場合でも官を解くことができた。この規定は、漢代のそれと比べたとき非常に大きな差異を見いだすことができる。

集解、如淳曰く…或いは賜告と曰い、官を去りて家に帰るを得。與告、官に居るも事を視ず。
索隱…按ずらく、注の賜告とは、官を去りて家居するを得。予告とは、官に居るも事を視ざるなり。（両者とも『史記』巻一二〇　汲黯伝注）
漢律、吏二千石予告・賜告あり。予告とは、官に在りて功の最たるあらば、法の當に得るべき所の者なり。
賜告とは、病三月に滿たば當に免ずべきも、天子優賜し、其の告を復し、印紱を帯び、官屬を將い、家に帰りて疾を治むるを得しむるなり。（『史記』巻八　高祖本紀・孟康注）

ここに引用した漢代の賜告・予告にかんしては大庭脩氏の専論があり[13]、氏の結論に筆者が何かを付け加える余地はない。さて、前引の唐令と比較しなければならないのは病気となった官人に特別に皇帝から賜与されるという賜告である。『史記』汲黯伝の各注には「得去官帰家」あるいは「得去官家居」と、「官を去る」旨が記されてはいるものの、高祖本紀の孟康注に引用された漢律によれば、官職のシンボルというべき印綬を帯びたまま家に帰っており、実際に職を解かれてはいないことがわかる。換言するならば、漢代では病気の際には、一般には一定期間を過ぎると罷免され、特例としても休暇が与えられるだけに過ぎなかったのであり、規定の日数を満たす必要があるもののいったん離職して療養させる唐制とは発想が根本的に異なるといえる。

それでは、何故西晋時代に免とは別個に解なる制度が生じたのであろうか。後漢以後、儒教道徳が浸透し、その結果、礼の過剰なアピールが社会風潮となっていった。それに足並みを合わせるように、公卿・二千石・刺史が親のために三年の喪に服することが一時的に許可されたことはあったが、不便であるとして短期間で取りやめられ、結局漢代では、親への三年服喪は制度として確立されず、三六日間の忌引きが与えられただけであったという。これはやはり大庭脩氏が指摘するところである。

しかし、魏晋交代によって司馬炎が即位すると、まず即位の恩典として、三年の喪に服すべき将吏に服喪を遂げる許可を与えたことを嚆矢として、泰始三年には二千石が、太康七年には大臣が両親のために三年の喪に服することが許可された。[14]『晋書』巻二十　礼志中が

太康七年、大鴻臚鄭默の母喪し、既に葬れば、當に舊に依りて職を攝るべきも、固く陳べて起たず、是において始めて大臣に制して喪三年を終えるを得しむ。然るに元康中、陳準・傅咸の徒、猶權奪を以て、禮を終えるを得ず、茲れより已往、以て成比と爲るなり。

と述べるように、大臣の服喪は、途中で強制的に終了させられることがまま存在したが、[15]制度上、大臣・二千石が三年の喪に服することが可能となったのである。前に引用した傅咸の解の事例は泰始と太康の間にあたる咸寧年間のものなので、司馬炎の即位の恩典の際、あるいは新た施行された泰始律令に解の規定が定められたのであろう。[16]

いったん解職規定が定まると、解職理由はなし崩しに広がっていくことになるが、その理由として考えられるのが九品官人法——特に清議の影響である。九品官人法施行後、違礼行為が清議によって弾劾され、さらには郷品の引き下げへと直結するようになると、官人の挙措は否が応でも礼を重視する方向にむかわざるをえなくなった。

神矢法子氏の指摘によれば、西晋以降、職名・赴任地名が父の諱に触れる、あるいは属僚の諱が父のそれと同じ、などの理由で官人が解職を要求し、皇帝がそれを承認、あるいは配置換えするようになったという。[17]

つまり、西晋初に解職規定が定められたことにより、親をダシにすれば免に付随するペナルティを科せられることなく解職し、堂々とサボタージュできるようになったのである。[18] 前述の傅咸の事例も、継母を理由としたものであった。

官人が解職あるいは配置換えを要求した理由の中には、礼書の定める規範を逸脱するもの含まれていた。神矢氏も検討した、孔安国の事例を挙げよう。

太元十三年、孔安國を召して侍中と爲す。安國表するに黄門郎王愉の名私諱を犯し、連署するを得ざるを以てし、解かんことを求む。有司議して云く「名は終りてこれを諱む、心の同じくする所有り、名を聞きて心瞿る、亦た前誥に明かなり。而して禮に復た、君所私諱無く、大夫の所公諱有り、と云えば、私諱無し。又た云わく、詩書は諱まず、文に臨みては諱まず、と。豈に公義私情を奪い、王制家禮を屈するに非ざらんや。尚書安衆男臣先表すらく、中兵曹郎王祐の名父の諱を犯し、職を解かんことを求む。明詔爰に發し、曹を換うるを聴許す。蓋し是の恩制の外に出るのみ。而して頃者互いに相い式を瞻、源流既に啓かれ、其の極を知る莫し。夫れ皇朝の禮大にして、百僚職を備え、官を編み署を列ね、動もすれば相い經渉す。若し私諱を以て、人其の心を遂ぐれば、則ち官を移し職を易え、遷流已むこと莫からん。既に典法に違い、政體を虧く有り。請一にこれを斷ぜんことを請う」と。これに從う。（『晋書』巻二十　礼志中）

東晋孝武帝の太元十三年に、孔安国を侍中に任じようとしたところ、属僚である黄門郎の王愉が父の諱と同じであることを理由に配置換えを要求した、という記事である。孔安国の希望は結局かなわなかったものの、彼が配置転換を願い出たのには先例があったからで、尚書（五兵尚書と思しい）安衆男であった先なる人物が――安衆男という爵号と、その父の諱が祐であることから、八王の乱の際に殺害された劉祐の子であり、[19] 東晋初期の事例と考えられる——属僚である中兵曹の尚書郎の諱が父の諱と同じであることを理由に配置換えを要求し、それが許可されて別の曹の尚書となった、というのである。

有司の議が『礼記』曲礼の一節を引用して「君所無私諱」と述べるように、君主の前では己の父の諱を避けない、というのが本来の礼の規定であった。しかし過剰な孝の実践によって、「家礼」が「王制」に優越する事態を招いてしまったのである。

このように、私諱などといった、礼の規定では本来は許されないはずの理由によって解職が可能となっていった裏側で、自身の疾病を理由にした解職も許可されるようになったのではないかと推測する[20]。そしてそれは晋南朝を通じて、自身のみならず両親の病気、あるいは両親が老いたことを理由に解職が可能となるまで拡大していったのであった[21]。

上記のごとく、西晋にて生じた解・解職の制度は晋南朝を通じて、唐律・唐令の制度へと近づいていくのだが、前節にて晋南朝では省官によって官を解かれた際には、唐制のごとく現任と同等の地位が保証されず、それがまた晋南朝の制度的特質であると述べた。具体例を挙げよう。

大明二年、東海王禕の平南司馬・尋陽太守、行江州事に除せらる。復た義陽王昶の前軍司馬と為り、（尋陽）太守故の如し。昶尋で府を罷め、司馬の職解け、寧朔将軍を加え、太守を改めて内史と為す。（『宋書』巻八四袁顗伝）

ここに挙げたのは、宋孝武帝期の袁顗の人事記録である。解説すると、袁顗は大明年間に、平南将軍・江州刺史であった東海王劉禕の司馬に除せられ、尋陽太守を帯び、行江州事となった。ついで後任の江州刺史、義陽王劉昶の前将軍司馬となり、引き続き尋陽太守を帯びた。大明三年、劉昶が護軍将軍へと転出するのにともない、後任として桂陽王劉休範が冠軍将軍・江州刺史となったが[22]、袁顗は劉休範の軍府の一員とはならず、従前の前将軍司馬にかえて寧朔将軍を加えられ、さらに大明四年に孝武帝の皇子、劉子房が尋陽王となったことにより[23]、尋陽太守から尋陽内史となった。

袁顗は足かけ三年の間に三度人事異動があったわけだが、ここで注目しなければならないのは、前将軍司馬のかわりに寧朔将軍が与えられている点である。袁顗が前将軍司馬を解かれているのは、劉昶の転出によって、前将軍府が消滅したからであり、まさしく省員による解職である。しかし、当時の官人の地位は、必ずしも単独の官職によって表象されるのでなく、加官などを含めた、官人が帯びた官職全体によって表象されていた。よって、任期満了前に満叙や満報を与えることなく一方的に解職してしまうと、現任と同等の地位を保証してやることができず降格となってしまうために、前将軍司馬の代替として寧朔将軍が加えられたわけである。換言すれば、前将軍司馬が寧朔将軍に置換されているのである。

服闋き、五兵尚書に遷るも、猶お瘵に頓《くる》しむこと時を經、拜受に堪えざるを以て、乃ち更めて散騎常侍を授け、歩兵校尉を領し、東宮に侍せしむ。尋で改めて中庶子を領す。昭明太子薨じて官屬罷め、又た右游撃を領す。國子祭酒に除され、常侍故の如し。(『梁書』巻二七　殷鈞伝)

次に挙げるのは、梁武帝期の殷鈞の事例である。殷鈞は母の喪に服した後五兵尚書となったが、疾病のため散騎常侍領歩兵校尉となり、その後歩兵校尉にかわって太子中庶子を領した。しかし昭明太子が薨去して太子不在となり、皇太子関連の官職は全て廃止されたため、右游撃将軍を領し、最終的には国子祭酒・散騎常侍へと転じている。これも先程と同じく昭明太子の死に伴う省員によって太子中庶子を解職され、殷鈞の地位を保証するために太子中庶子と同じく十二班の右游撃将軍が加えられており、やはり太子中庶子が右游撃将軍に置換されているのである。

上述の事例において、解職された官職の代替として用いられているのが、将軍号——しかも内号・外号を問わない——である。無論、省員による解職の際に、虚号化しなかった領軍・護軍将軍や左右衛将軍が代替として用いられることはなかったであろうし、将軍号だけが代替となったわけではなかった。殷鈞と同じく、昭明太子の死によって太子中庶子を解かれた陸襄の例を挙げよう。

服闋き、太子中庶子に除され、復た管記を掌る。中大通三年、昭明太子薨じて官屬罷む。妃蔡氏金華宮に別居し、（陸）襄を以て中散大夫・領歩兵校尉・金華宮家令・知金華宮事と爲す。（『梁書』巻二七 陸襄伝）

陸襄は昭明太子の死後、その妃に仕えるため、中散大夫・領歩兵校尉・金華宮家令・知金華宮事となっている。このように代替として大夫を用いる例も存在したのであろうが、晋南朝の大夫は隋唐以後の大夫ほどバリエーションが充実しておらず、外号・内号ともに幅広い序列を形成していた将軍号の方が官職の代替として用いられる頻度は高かったと思しい。

省員によって解かれた官職と将軍号が置換された事例を挙げたが、任期満了前に解職された場合においても、代替として将軍号が加えられていたことを推測しうる。

（元嘉）十二年、侍中に遷り、中庶子故の如し。尋いで改めて游撃將軍を領す。十三年、彭城王義康司徒左長史劉斌を以て丹陽尹と爲さんと欲すれど、上許さず、乃ち尚之を以て尹と爲す。（『宋書』巻六六 何尚之伝）

何尚之は宋文帝の元嘉十二年に侍中領太子中庶子となり、翌十三年に丹陽尹に任ぜられたのであるが、丹陽尹へと転出する前に、中庶子にかわって游撃将軍を領していて、殷鈞の散騎常侍領太子中庶子から散騎常侍領右游撃将軍への異動とほぼ同様の措置であるということができる。(24) 先に南朝の地方官の任期が六年から三年に短縮されたことを述べたが、残念ながら当時の中央官の任期は不透明といわざるを得ない。しかし、一年に満たない間に太子中庶子の任期が満了したとは到底考えられず、省員によって解かれた官職の代替が充当されたと同様、任期満了前に官職が解かれた場合にも（無論過失による解職ではないことが条件であろうが）代替として将軍号が加えられたと考えることができる。

　文帝に続く孝武帝期にも同様の事例が見える。

　會たま世祖位に即くも、任遇改たむる無し。大司馬長史に除され、侍中に遷り、太子中庶子を領す…改めて驍騎将軍を領し、親遇隆密なること、舊臣に加うるあり。吏部尚書に轉ず。（『宋書』巻五九　何偃伝）

何尚之とは異なり、何偃の異動が何年になされたのか具体的な年次を明らかにし得ないが、やはり何尚之と同様に、太子中庶子にかわって驍騎将軍が与えられており、これも官職の置換とみなすことができよう。

　さらに、辞退した官職の代替として将軍号を用いる事例もある。

　昇明二年、左軍長史・尋陽太守に轉ず。府に随いて鎮西長史・南郡太守に轉ず。府主豫章王（蕭）嶷既に王に封ぜられ、（王）秀之遷りて司馬・河東太守と爲るも、郡を辭して受けず。寧朔将軍を加う。（『南斉書』巻四六　王秀之伝）

王秀之は宋末に、使持節・散騎常侍・都督江州予州之新蔡晋熙二郡軍事・左将軍・江州刺史であった蕭嶷の長史となって尋陽太守を帯び、蕭嶷が使持節・散騎常侍・都督荊湘雍益梁寧南北秦八州諸軍事・鎮西将軍・荊州刺史へと転任するのに従って、引き続き長史のまま今度は南郡太守となった。宋斉交替を経て蕭嶷が予章王に封ぜられた後、彼は司馬となり（長史から司馬への異動は降格となるが、このケースは単なる軍府の長史から皇子の軍府司馬への転任であり、少なくとも横滑りか、あるいは昇進であったと思われる）今度は河東太守を帯びさせようとしたが、王秀之がそれを辞退したために、太守にかえて寧朔将軍を加えている。

（天監）十一年、位を司空に進め、侍中・尹故の如し。（王）茂京尹を辭し、改めて中權將軍を領す。（『梁書』巻九　王茂伝）

つづいては梁代の事例。侍中・司空・丹陽尹となった王茂（王茂先）が丹陽尹を辞退し、かわって中権将軍を与えられていることがわかる。

また少々特殊ではあるが、次の事例も辞退した官職の代替として将軍号を用いた事例といえるだろう。

入りて侍中・護軍將軍と爲る。國憂を以て侍中を解き、中軍將軍を加う。（『南斉書』巻三五　高帝十二王伝・蕭晃）

斉高帝の皇子であった長沙王の蕭晃は建元年間に侍中・護軍将軍となったが、高帝の崩御によって侍中が解かれ、かわりに中軍将軍が加えられている。宋以後の皇子達は上級官僚となり、侍中・散騎常侍など貂蟬をつける官を加えられることが多いが、父母の死に際しては、一般の官人が離職して喪に服すのとは異なり、侍中や散騎常侍を解いて貂蟬をはずすことによって喪に服すのである。(25) 父母の死によって侍中・散騎常侍を解かれた皇子全てに将軍号が加えられたわけではないが、辞退した官職の代替として将軍号が加えられた事例に含めることは可能であろう。この類例として次のようなケースもある。

出でて都督荊湘雍益梁巴寧南北秦九州諸軍事・鎮西将軍・荊州刺史と爲り、持節・常侍故の如し。鼓吹一部を給す。國憂を以て散騎常侍を解き、號を征西に進む。（『南斉書』巻三五　高帝十二王伝・蕭映）

これはやはり斉高帝の皇子、臨川王蕭映の事例で、先に引用した蕭晃の同母兄にあたる。弟同様、父の喪に服するために散騎常侍を解き貂蝉をはずしたのであるが、代替として新たに将軍号を加えるのではなく、既に与えられていた鎮西将軍が征西将軍へと引き上げられているのである。

しかしながら、当時の全ての官人に解かれた官職の代替が与えられたわけではなかった。前節で引用した蕭昭文・蕭鸞の詔勅では、両名潜竜時代の王国の官人は、五品以上のものには満敘が賜与されて地位が保証されたが、六品以下は解遣――解散させられていた。「其れ仕えんと欲する者、其の樂う所を適えよ」とは言うものの、王朝内交替とでもいうべき蕭昭文・蕭鸞の即位の際、下級官人の望みを叶えられるだけのポストを用意できたかははなはだ疑わしい。彼らには代替の将軍号など与えられず、換言すれば蕭昭文・蕭鸞即位直前に彼らの王国にて勤務したキャリアは無かったことにされた可能性が高い。

また、前将軍司馬を解かれたかわりに寧朔将軍を与えられた袁顗の例を先に引いたが、それ以下の参軍レベルの場合、

輔國參軍に起家するも、府解けて家に還る。（『宋書』巻六二　羊欣伝）

（天監）二年、呉平侯蕭景南兗州刺史と爲るに、引きて冠軍録事と爲す。府遷りて職解く。（『梁書』巻三十　裴子野伝）

とあって、解職後に代替が与えられることもなく、ケアが全くなされていない。つまり、解職と代替として

将軍号を用いるという制度は中級・上級官人のみを対象としていたのである。こうした制度的欠陥が晋南朝の貴族制を支えていたと見ることもできるであろう。すなわち、皇子や一流貴族が頻繁に転任し、足早に出世していく裏側で、下級官人は上司の転出や省員などによって職を解かれ、キャリアを蓄積させることもかなわず足踏みを余儀なくされていたのである。しかし、解職の代替が与えられることなく切り捨てられていった連中は、時として「失職の武人」として、王朝を動揺させる力となったのであった(26)。

むすびにかえて

以上、満報と満敘の解釈、また省員や任期満了前に解かれた職の代替として将軍号が用いられてきた事例を紹介してきた。周知の通り、梁代に九品制から十八班制へと移行した際、外号将軍は十八班から切り離され、独自の序列を形成するにいたる。従来の研究では、『大唐六典』などの記述を無批判に受けいれ、梁代に独立した外号将軍を唐代武散官のごとき階官とみなしてきた。近年、岡部毅史氏はそうした先行研究に対して疑義を呈し、梁代の外号将軍は独立した序列を形成してはいるが、隋唐散官のごとく官人の本品を表示する機能はなかったと指摘した(27)。本論で見てきたように、南朝を通じて解かれた官職の代替として用いられた将軍号に内号・外号の区別はなかったという点も岡部氏の結論を補強するであろう。

ただし、陳奕玲氏が指摘するように、疾病や免官からの復職に際して、さながら階官のごとく将軍号が用いられる場合もある(28)。

明帝立つや、文季を起てて寧朔将軍と為す。(『南斉書』巻四四　沈文季伝)

沈文季は中書郎であったが、父・沈慶之が前廃帝によって自殺させられた際、兄弟達とともに捕らえられるところを逃れた。明帝の即位後、寧朔将軍として復帰している。これはまさしく官人の地位が将軍号のみによって表示されている事例である。しかし『南斉書』沈文季伝は続けて

太子右衛率、建安王司徒司馬に遷る。緒圻平らぐや、宣威将軍、廬江王太尉長史と為す。

とも記す。沈文季は太子右衛率、建安王司徒司馬を経て廬江王劉褘の太尉長史となる際に、将軍号は宣威将軍とされており、将軍号の官品は四品から八品へと降格している。無論、これは単純な降格人事ではなく、寧朔将軍のまま太尉長史にしてしまうと昇進しすぎてしまうので、将軍号を逆行させてバランスを取っているのである。

前引の『南斉書』沈文季伝の記述は、岡部氏の結論をさらに補強する史料といえる。しかし筆者が指摘したいのは、晋南朝の将軍号が、本品であるか否か、換言すれば唐制と同じか否かという議論に終始するのではなく、唐制へと転換をとげる前段階としての晋南朝の制度的特質にも注意を払うべきだ、という点である。西晋に解職という制度が生まれ、解職理由が晋南朝を通じて拡大するのと対応して、省員などによって任期満了前に解かれた官職の代替として主として内号・外号を問わず将軍号が用いられた。時には将軍号一つだけで官人の地位全体が表象される場合もあれば、官人の地位の一部のみを表象する場合もあったのである。隋唐散官が形成される前段階として、一見無節操ではあるけれども、晋南朝期において将軍号が弾力的に運用されてきた事実に注意しておくべきであろう。

[注]

（1）大庭脩二〇〇三。野田俊昭一九七七b。ただし、題名が示すように、大庭氏の研究対象は魏晋南朝のみならず北朝をも対象としている。
（2）越智重明二〇〇〇b。中村圭爾一九八七c。岡部毅史二〇〇一。
（3）宮崎市定一九五六、第二編第三章、「南朝における流品の発達　九　勲位の成立」。中村圭爾氏もこの記事に注目しているが（中村圭爾一九八七a）、満報については触れていない。
（4）『南斉書』巻三七　虞悰伝
昇明中、世祖爲中軍、引悰爲諮議參軍…建元初、轉太子中庶子。
（5）鮑照『鮑参軍集』「侍郎満辞閤」
臣言、臣所居職限滿、今便收迹。金閨雲路、從茲自遠、鮹經沈蔵、方絕光景、祗戀遲迴、結涕濡洒。
（6）梁朝成立後に、蕭衍の覇府から転出した人物として、次のような例を挙げることができる。
高祖霸府開、以瞻爲大司馬相國諮議參軍、領録事。梁臺建、爲侍中、遷左民尚書、俄轉吏部尚書。（『梁書』巻二一　王瞻伝）
霸府開、以志爲右軍將軍・驃騎大將軍長史。梁臺建、遷散騎常侍・中書令。（『梁書』巻二一　王志伝）
高祖霸府開、以充爲大司馬諮議參軍、遷梁王國郎中令・祠部尚書・領屯騎校尉。（『梁書』巻二一　張充伝）
梁臺建、以爲驃騎記室參軍、遷相國西曹掾。天監元年、除撫軍長史、母憂去職。（『梁書』巻二六　陸杲伝）
高祖霸府建、引爲相國主簿。天監初、臨川王已下並置友・學。以率爲鄱陽王友。（『梁書』巻三三　張率伝）
高祖平京邑、霸府開、引爲驃騎主簿、甚被禮遇、時勸進梁王及殊禮、皆遲文也。高祖踐阼、拜散騎侍郎。（『梁書』巻四九　文学伝上・丘遅）
一見して明らかなとおり、覇府からの異動先は特定の官署に限定されていない。
（7）川合安一九九五参照。
（8）大庭脩一九八二d。
（9）佐藤達郎一九九六。
（10）『資治通鑑』巻二〇九　唐紀二五・中宗景竜二年条胡三省注

品式令、前官被召見、及赴朝參、致仕者在本品見任上、以理解官者在同品下。

なお、品式令は公式令のあやまり。

(11) 岡部毅史二〇〇一。

遷博士、未召拝、親疾、輒去官免。（潘岳「閑居賦」（『文選』巻十六））

(12) 後述するように、親の疾病による解職も可能となるのだが、ここでは理由申請せずに、勝手に官を去ったために免とされているのである。類似の例として、

臧榮緒晉書曰、崇爲大司農、坐未被書擅去官免。（『文選』巻四五　石崇「思帰引序」注）

を挙げることができる。なお、漢代の平時においては「擅去官」に対する禁令が存在しなかったことを趙翼が指摘している（『廿二史札記』巻五　擅去官者無禁）。

(13) 大庭脩一九八二e。

(14) 『晋書』巻三　武帝紀

（泰始元年十二月）詔曰…諸將吏遭三年喪者、遣寧終喪。

（泰始三年）三月戊寅、初令二千石得終三年喪。

（太康七年十二月）始制大臣聽終喪三年。

(15) 陳戌国一九九五。

(16) 『初学記』巻二十に引用された『晋起居注』には「孝武太康元年、詔大臣疾病、假滿三月解職」という、疾病による「大臣」の解職規定がみえるが、孝武帝は東晋、太康は西晋であって、これではいつの規定かわからない。『太平御覧』巻六三四にも同じ引用がみえ、「孝武帝太元元年」とする。太元は孝武帝の年号であり、東晋の規定であるかのようにみえるが、後述するように、西晋時代には既に、「大臣」とは言い難い郡太守の疾病による解職事例がみえること、また、この箇所を劉道薈『晉起居注』として蒐集した黄奭が、『白氏六帖』巻十二　休暇にみえる「晉起居注、武帝詔大臣疾假滿三月不差、解職」を引用して指摘するように、武帝期の規定と考えるべきであろう。

前引したように、漢代の規定では「病滿三月當免」であった。しかし、『晋起居注』では、対象者が「大臣」に限定されてはいるものの「免」が「解職」へと改められており、西晋のごく初期において解に関する規定が既に定められていたことを示唆する。

（17）神矢法子一九七八。

（18）無論、こうした官人の我が儘が全て認められたわけではなく、当局によって拒否される場合もあった。神矢法子一九七八参照。

（19）劉祐の一族は漢代から安衆侯を襲封してきたが、安衆男に封ぜられたのは劉祐の父・劉喬で、西晋の恵帝期のことである。

劉喬字仲彦、南陽人也。其先漢宗室、封安衆侯、傳襲歴三代。…豫誅賈謐、封安衆男、累遷散騎常侍。…時河間王顒方距關東、倚喬爲助、不納其言。東海王越移檄天下、帥甲士三萬、將入關迎大駕、軍次于蕭、喬懼、遣子祐距越於蕭縣之靈壁。劉琨分兵向許昌、許昌人納之。琨自滎陽率兵迎越、遇祐、衆潰見殺。喬衆遂散、與五百騎奔平氏。（『晋書』巻六一　劉喬伝）

（20）西晋時代の疾病による解職事例として次の例を挙げることができる。

入爲散騎郎、遷城陽太守。伐呉有功、封安陽郷侯。在郡雖有職務、好學不倦、以疾自解。頃之、拝黄門郎。（『晋書』巻三三　石崇伝）

石崇は城陽太守となった後、病と称して郡守の任を「自解」したが、その後おなじ五品官の黄門郎となっており、免官とは異なる。ただし「以疾免」（『晋書』巻六八　紀瞻伝）「以久疾免官」（『宋書』巻七十　袁淑伝）などの事例もあるので、おそらく病気である旨を申告した上で解職を申請するなどの手続きが必要があったと思われる。

（21）親の疾病による解職申請として次の例を挙げることができる。

累遷梁仁威南康王限内記室、書侍御史。以父疾陳解。（『南史』巻三十　何烱伝）

また親が老いたことを理由に解職可能であったことは次の史料から推測可能である。

母本側庶、籍注失實、年未及養、而籍年已滿、便去職帰家。時鎮軍将軍顧覬之爲州上綱、謂曰、尊上年實未八十、親故所知。州中差有微祿、當啓相留。子平曰、公家正取信黄籍、籍年既至、便應扶侍私庭、何容以實年未滿、苟冒榮利。且帰養之願、又切微情。（『宋書』巻九一　孝義伝・何子平）

事平、爲司徒左西曹。母年八十、籍注未滿、岱便去官從實還養、有司以岱違制、將欲糾擧。宋孝武曰、觀過可以知仁、不須案也。（『南斉書』巻三二　張岱伝）

『宋書』孝義伝では、戸籍の誤記によって母親が八十歳となる前に何子平は官を去った。一方『南斉書』張岱伝では母親は八十歳となっていたが、籍注が満ちる前に張岱は官を去っているため、両者とも「便去職」「便去官」（輒去官に同じ）とされているが、親が八十歳となり、籍年・籍注が満ちれば問題なく官を去ることができたと推測することができる。

(22)『宋書』巻六　孝武帝紀

（大明三年七月）戊子、以衛將軍・護軍將軍東海王禕爲南豫州刺史、衛將軍如故。江州刺史義陽王昶爲護軍將軍、冠軍將軍桂陽王休範爲江州刺史。

(23)『宋書』巻八十　孝武十四王伝・劉子房

大明四年、年五歳、封尋陽王、食邑二千戸。

(24)宋斉時代の游撃将軍にかわって梁代に游騎将軍が置かれ、その一班上に新たに左右游撃将軍が置かれた。しかし、侍中や散騎常侍が領する際には、新設された游騎将軍ではなく、宋斉以来盛んに行われた游撃将軍との組み合わせが重視されたと思しい。第二章参照。

(25)『南斉書』巻二二　豫章文献王伝

太祖崩、嶷哀號、眼耳皆出血。世祖即位、進位太尉、置兵佐、解侍中、増班劍爲三十人…服闋、加侍中。

(26)『宋書』巻七二　文九王伝・劉景素

由是冠軍將軍黄回・游撃將軍高道慶・輔國將軍曹欣之・前軍韓道清・長水校尉郭蘭之・羽林監垣祇祖、並皆響附、其餘武人失職不得志者、莫不帰之。

(27)岡部毅史一九九八。

(28)陳奕玲二〇〇二。

第五章　寒門軍功層の台頭とその昇進経路の形成

はじめに

第二章において、侍中領衛をはじめとする侍中と内号将軍からなる序列について検討した際、侍中領驍騎・游撃将軍以下の組み合わせには、職責が期待されていなかったことを明らかにした。その直接の理由は、病気であることを理由に侍中領驍騎将軍以下のポストが与えられていたからであるが、宋の孝武帝以後、侍中が才能ではなく外見によって選ばれていたこと、また宋の明帝期以降、驍騎・游撃将軍以下の内号将軍が虚号となっていたことがその背景にあった。

これらの内号将軍が虚号となったのは、『宋書』巻四十　百官志下に

驍騎より強弩将軍に至るまで、先に並びに各おの一人を置く。宋太宗泰始以來、多く軍功を以て此の官を得、今ま並びに復た員無し。

とあるように、宋の明帝泰始年間以降、軍功をあげた連中に濫発されたからであるが、こうした連中の台頭によって、東晋以来形成されてきた清濁にもとづく昇進経路が乱されないわけはなかった。例えば、宋に続く斉においては、

建武以後、草澤底下悉く化して貴人と成る。（『梁書』巻二十　陳伯之伝）

とあるように、本来貴人となれないはずの連中が成り上がってきたことが批判されているし、斉に続く梁初の状況について、鍾嶸は以下のように述べている。

天監の初め、制度革まると雖も、而れども日ごとに暇給あらず。嶸乃ち言いて曰く「永元亂を肇め、坐して天爵を弄び、動は戎に即くに非ず、官は賄を以て就く。一金を揮いて九列を取り、片札を寄せて以て六校を招けば、騎都市を塞ぎ、郎將街を填む。服既に纓組なるも、尚お臧獲の事を爲し、職は黄散たりと唯ども、猶お胥徒の役を躬らす。名實淆紊すること、茲れ焉れ甚しきは莫し。臣愚謂えらく、軍官は是れ素族にして、士人自から清貫有り、而して斯れに因りて爵を受くれば、一に宜しく削除して、以て僥競を懲らしめん。吏姓寒人の若きは、其の門品を極むるを聽し、當に軍に因り、遂に清級を濫すべからず。傖雜の傖楚の若きは、應に綏撫に在るべし、正に宜しく祿力を嚴斷し、其の正しきを妨ぐるを絶ち、直だ虚號を乞わしむべきなるのみ。謹しみて愚忠を竭し、衆口を恤えざらん」と。敕して尚書に付してこれを行わしむ。(『梁書』巻四九文学伝上・鍾嶸)

ここで鍾嶸が非難しているのは、主に売官の問題であるが、「職は黄散たりと唯ども、猶お胥徒の役を躬らす」と述べているように、清官であるはずの「黄散」——黄門侍郎と散騎侍郎が、徭役に服さなければならないはずの、本来与えられるはずのない連中にも与えられていたことを批判している。加えて、「當に軍に因り、遂に清級を濫すべからず」と述べているように、「清級」——清官によって構成される階級が、「軍」によって乱されていることも批判している。こうした、「清級」を乱す「軍」とは、「軍官は是れ素族」と述べているように、軍功によって内号将軍を獲得した連中であることは疑いない(以下、本章においては、虚号化した内号将軍を獲得して昇進した連中を寒門軍功層と称する)。

内号将軍に関する先行研究としては、張金龍氏の専著が最もまとまったものである(1)。ただし張氏の研究は内号将軍の職掌の検討に重きが置かれており、内号将軍就任者を列挙してはいるものの、基本的にその出自を検討するのみで、当時の遷官制度に与えた影響については論じていない。

内号将軍就任者の分析という点においては、小尾孝夫氏の研究も重要だが、宋の孝武帝期を検討の対象としており、内号将軍が虚号化する以前の分析に留まっている(2)。

陳勇氏は虚号化した後の内号将軍について言及してはいるが、寒門軍功層が内号将軍を足がかりに高官に達したことを指摘するのみで、どういう経路を通ったか、という点については言及していない(3)。

内号将軍と遷官制度の関連について、重要な指摘をしたのは閻歩克氏である(4)。閻歩克氏は「武職」に任命された連中が、そのキャリアにおいてしばしば内号将軍に任命されている点に注目し、内号将軍が「銜位上昇的階梯」となっていることを指摘した。おそらく閻氏は、驍騎・游撃将軍が虚号化された以降の時期を念頭に置いているのであろうが、虚号化していない左右衛将軍や領軍・護軍将軍も「銜位上昇的階梯」の紹介事例に含められており、なぜそうした序列が形成されたか、また、内号将軍による昇進経路が当時の遷官制度にいかなる影響を与えたかについては、やはり指摘していない。

本章はこうした状況をふまえ、まず東晋時代における領軍・護軍将軍の就任者を分析し、これらの内号将軍は基本的には侍中経験者が就任する清官であり、また、『通典』および『大唐六典』にみえる、侍中から司空へといたる昇進経路が同時代においてほぼ完成していたことを確認した上で、就任者の傾向が宋末から斉代にかけて変化すること、そしてその理由として、やはり清官であった左右衛将軍の門戸が同時代に台頭する寒門軍功層に開かれたことを明らかにする。

第一節　東晋期領軍・護軍将軍の任官状況と宋斉における変化

南朝においては、侍中が昇進の関門となっており、その侍中を起点として、三公の一つである司空へといたる、最上級の官人を対象とした昇進経路を中村圭爾氏が復元したことを、第二章第一節において述べた（その論拠となる史料および具体的な昇進順序は第二章を参照されたい）。その、侍中から司空へといたる昇進経路は、一品官の司空を除いて、みな三品官によって構成されており、侍中および尚書八座と中書令という、門下・尚書・中書の主要な官職が中心となっているが、それ以外には、九卿筆頭の太常と領軍・護軍将軍および中領軍・中護軍が含まれているのが特徴である。なかでも、領軍・護軍将軍は尚書僕射に、中領軍・中護軍は吏部尚書に匹敵する扱いを受けているのである。

領軍・護軍将軍、中領軍・中護軍とは前述したとおり中央軍を率いる内号将軍の一つで、その頂点に位置するものであり、領軍将軍は建康城内の軍を、護軍将軍は建康城外の軍を率いる(5)。また、領軍・護軍将軍と、中領軍・中護軍との関係であるが、領軍将軍と中領軍、および護軍将軍と中護軍が同時に存在することはなく、任命された者の資――キャリアの蓄積が少なければ中領軍もしくは中護軍に任命され、キャリアを積んだものであれば領軍将軍あるいは護軍将軍に任命されるのである（以下、領軍・護軍将軍および中領軍・中護軍の総称を領軍・護軍と略記する(6)）。

さて、中村圭爾氏が昇進経路の復元に用いた史料の一つである『大唐六典』巻十四　太常には、

宋の太常尚書を用い、亦た轉じて尚書と爲る、選曹尚書・領護等に好選す。齊これに因る。

とあり、太常から領軍・護軍への異動（厳密には中領軍・中護軍への異動であり、「好選」という抜擢人事ではある。

なお、この箇所はもと「如選」とするが、『通典』巻二五によって改めた）が宋斉時代の慣例であったかのように記されているが、侍中（もちろん加官としての任用ではない）より尚書令へといたる昇進経路、ことに、その途中に領軍・護軍を位置づけた経路は、既に、東晋時代に形成されていたと考えられる。

　東晋時代の領軍・護軍将軍および中領軍・中護軍就任者と、侍中から尚書令へといたる昇進経路との関連を整理したものが、附表1である。[7] 領軍・護軍将軍および中領軍・中護軍の就任者は、王彪之の重複を除くと計66名いるが、官歴不明の5名（2、15、32、33、42）を除いた61名のうち、29名（6、8、11、13、16、17、18、19、23、25、26、27、28、31、34、36、38、41、43、44、46、47、49、53、55、58、59、63、66）が領軍・護軍就任前に侍中を経由していることがわかる。また、20の何充と24の王羲之は侍中任官を拒否しているが、侍中に擬官されたことは疑いないので、計31名が侍中を経由したことになる。

　また、侍中は経由していないものの、太常や中書令など昇進経路中の他の官職を経由しているものが9名（3、9、22、37、40、45、60、61、62）いるので、東晋の領軍・護軍のうち、ほぼ三分の二が昇進経路に従っていることになる。

　残りの連中にしても、7、51、54、67は宗室であり、4、5、21、29、30、35、52は、秘書郎・吏部郎・中書郎・黄門郎・司徒左長史などの清官を経由しているので、領軍・護軍は軍職ながら清官として扱われていたことは疑いない。

　そうした清官と縁がなかった連中といえば、東晋を簒奪する56の劉裕と、その一族である64の劉懐慎・65の劉義欣であり、換言すれば、権臣が自身やその係累をねじ込まないかぎり、東晋時代の領軍・護軍は、基本的には清官を経由し得るような人物にしか与えられなかったのである。

　また、明帝から成帝期にかけての領軍・護軍就任者は軒並み侍中を経た人物であり、王敦・蘇峻の乱に

吏部尚書	中領軍・中護軍	尚書僕射	領軍・護軍将軍	尚書令	備考	出典	No.
	中護軍(不拝)		護軍（不拝）			『晋書』69	1
		○	領軍		官歴不明	『晋書』6	2
○		+	護軍			『晋書』69	3
			領軍	○	中書郎	『晋書』67	4
			護軍		中書郎、黄門郎	『晋書』73	5
○		○	護軍			『晋書』90	6
			領軍		宗室	『晋書』7、59	7
		○	領軍		寒素	『晋書』68	8
○			領軍	+		『晋書』70	9
			護軍			『晋書』70	10
		+	領軍			『晋書』77	11
			領軍		自称	『晋書』100	12
	中護軍	+	領軍／護軍+			『晋書』77	13
	中護軍		領軍+／護軍+			『晋書』78	14
			護軍（仮）		官歴不明	『晋書』78	15
	中護軍				頻居顕職	『晋書』61	16
○		+	護軍+／領軍+			『晋書』78	17
○		+	領軍	+		『晋書』21、39、77	18
○		○	領軍	○		『晋書』83	19
○			護軍／領軍+	+		『晋書』77	20
			領軍（辞）		黄門郎	『晋書』73	21
			護軍		黄門郎	『晋書』19、77	22
		○	領軍			『晋書』76	23
不就			護軍			『晋書』80	24
	中領軍		護軍			『晋書』81	25
○		○	護軍+			『晋書』56	26
○	中領軍	+	護軍+			『晋書』69	27
○		○	領軍			『晋書』76	28
	中領軍				中書郎、司徒左長史	『晋書』65	29
？	中領軍				中書郎	『晋書』75、79	30
	中護軍					『晋書』75	31
	中領軍		領軍		官歴不明	『晋書』73、93	32
	中領軍				官歴不明	『晋書』73	33
			護軍(固辞)			『晋書』73	34
	中領軍		領軍			『晋書』74、81	35
○	中護軍	+				『晋書』79	36
○	中領軍	+			吏部郎、司徒左長史	『晋書』65	37
	中護軍				少歴清官、吏部郎	『晋書』65	38
			護軍+	○		『晋書』76	39

附表1　東晋領護表

No.	姓名	郡望	皇帝	起家官	侍中	列曹尚書	太常	中書令
1	戴淵(戴若思)	広陵	元帝	司馬倫掾属？		○(晋王)		
2	王邃	琅邪臨沂	元帝	不明				
3	周顗	汝南安成	元帝	秘書郎				
4	郗鑒	高平金郷	明帝	趙王倫掾		△(不拝)		
5	庾亮	潁川鄢陵	明帝	鎮東将軍西曹掾				△
6	鄧攸	平陽襄陵	明帝	呉王文学	○			
7	司馬祐	河内温県	明帝	不明				
8	紀瞻	丹陽秣陵	明帝	大司馬東閤祭酒	○	○		
9	卞壼	済陰冤句	明帝	著作郎				
10	応詹	汝南南頓	明帝	公府掾属				
11	陸曄	呉郡呉県	明帝	安東将軍祭酒	○	○	○	
12	蘇峻	長広挺県	成帝	郡主簿				
13	褚翜	河南陽翟	成帝	行本県事	○	◇		
14	陶回	丹楊	成帝	大将軍参軍				
15	趙胤	淮南	成帝	王導従事中郎				
16	周謨	汝南安成	成帝	不明	○			
17	孔愉	会稽山陰	成帝	丞相掾	○		○	
18	諸葛恢	琅邪陽都	成帝	試守即丘長	◇	△		○
19	顧和	呉郡呉県	成帝	揚州別駕	○		△	
20	何充	廬江灊県	成帝	大将軍掾	不拝			◇
21	庾冰	潁川鄢陵	成帝	秘書郎				
22	馮懐	長楽	成帝	不明	？		？	
23	顧衆	呉郡呉県	成帝	揚州主簿	○	○		
24	王羲之	琅邪臨沂	穆帝	秘書郎	不就			
25	桓景	譙国銍県	穆帝	不明	○			
26	江虨	陳留圉県	穆帝	平南将軍参軍	○			
27	周閔	汝南安成	穆帝	不明	○			
28	王彪之	琅邪臨沂	穆帝	著作佐郎	○		◇	
29	王洽	琅邪臨沂	穆帝	不明				△
30	范汪	南陽順陽	穆帝	護軍参軍				
31	王淡	太原晋陽	穆帝？	不明	○	△		
32	王恪	太原晋陽	海西公	不明				
33	庾龢	潁川鄢陵	海西公	不明				
34	庾希	潁川鄢陵	海西公	秘書郎	○			
35	桓秘	譙国竜亢	簡文帝	秘書郎				
36	謝安	陳郡陽夏	簡文帝	征西大将軍司馬	○			
37	王劭	琅邪臨沂	孝武帝	不明				
38	王薈	琅邪臨沂	孝武帝	不明	○	◇		
39	王彪之	琅邪臨沂	孝武帝	著作佐郎		○		

吏部尚書	中領軍・中護軍	尚書僕射	領軍・護軍将軍	尚書令	備考	出典	No.
			領軍		中書郎、黄門郎	『晋書』9、67	40
	中護軍					『晋書』83	41
	中領軍				官歴不明	『晋書』74	42
	中領軍	○	領軍			『晋書』10、75	43
△			護軍			『晋書』20、83	44
	中護軍	+				『晋書』93	45
		+	護軍+			『晋書』79	46
○			領軍			『晋書』75	47
			護軍			『晋書』81	48
		○	領軍			『晋書』83	49
	中護軍					『晋書』74	50
	中領軍+			+	宗室	『晋書』64	51
	中護軍				吏部郎	『晋書』20、74	52
		○	領軍			『晋書』78	53
	中領軍				宗室	『晋書』64	54
△			領軍			『晋書』65	55
			領軍			『南史』1	56
			護軍			『晋書』65、85	57
			護軍		少歴顕位	『晋書』76	58
	中領軍					『晋書』65、99、『南史』23	59
	中領軍	○	領軍			『晋書』79、『宋書』62	60
	中領軍					『晋書』90	61
○		○	領軍		黄門郎、司徒左長史	『宋書』52	62
		○	領軍+	+		『宋書』54	63
	中領軍+					『宋書』45	64
	中領軍					『宋書』51	65
			護軍			『宋書』60	66
			護軍		宗室	『晋書』64	67

宜的に二つに分けた。

No.	姓名	郡望	皇帝	起家官	侍中	列曹尚書	太常	中書令
40	郗愔	高平金郷	孝武帝	散騎侍郎(不拝)			不拝	
41	江灌	陳留圉県	孝武帝	州主簿	○	○		
42	謝輶	会稽？	孝武帝	不明				
43	王国宝	太原晋陽	孝武帝	尚書郎(不拝)	○			○
44	車胤	南平	孝武帝	荊州従事	○	？	○	
45	何澄	廬江灊県	孝武帝	秘書郎		◇	○	
46	謝琰	陳郡陽夏	孝武帝	著作郎	○			
47	韓伯	潁川長社	孝武帝？	著作佐郎(不就)	○		△	
48	桓伊	譙国銍県	孝武帝？	不明				
49	王雅	東海郯県	安帝	州主簿	○	◇		
50	王凝之	不明	安帝	不明				
51	司馬元顕	河内温県	安帝	侍中	○			＋
52	桓修	譙国竜亢	安帝	不明				
53	孔安国	会稽山陰	安帝	不明	○	？	○	
54	司馬遵	河内温県	安帝	不明			○	
55	王謐	琅邪臨沂	安帝	秘書郎	○			○
56	劉裕	彭城彭城	安帝	冠軍将軍司馬				
57	劉毅	彭城沛県	安帝	州従事				
58	虞嘯父	会稽余姚	安帝	不明	○	○		
59	王嘏	琅邪臨沂	安帝	不明	○	○	？(楚王)	
60	謝混	陳郡陽夏	安帝	不明				○
61	呉隠之	濮陽鄄城	安帝	輔国将軍功曹		○	○	
62	謝裕(謝景仁)	陳郡陽夏	安帝	前軍行参軍				
63	孔靖(孔季恭)	会稽山陰	安帝	郡功曹史	○			
64	劉懐慎	彭城彭城	安帝	鎮軍将軍参軍		△(宋王)		
65	劉義欣	彭城彭城	安帝	員外郎(不拝)				
66	范泰	順陽山陰	恭帝	太学博士	○	○	○	
67	司馬宝	河内温県	安帝？	不明			○	

凡例　○…昇進順序に合致する。
＋…昇進順序に合致し、別の官職も付加されている。
△…昇進順序に合致しない。
◇…昇進順序に合致せず、別の官職も付加されている。
？…昇進順序が不明。

なお、Noは、万斯同の『東晋将相年表』を参照して便宜的につけたものである。

また、王彪之は穆帝期に領軍将軍となった後、尚書への左降をへて、孝武帝期に護軍将軍となったため、便よって東晋の基盤がまだ安定しない同時期において、既にこの昇進経路がほぼ成立していたことになる。むしろ『大唐六典』が慣例として挙げる宋斉時代――特に斉において、昇進経路から大きく外れた人物が領軍・護軍に就任しているケースが登場する。具体例をいくつか挙げてみよう。

呂安国　建威将軍↓累至寧朔将軍・義陽太守↓（泰始五年）督司州諸軍事・寧朔将軍・司州刺史↓（泰始六年）領義陽太守↓稍遷右軍将軍・仮輔師将軍↓（元徽二年）晋熙王征虜司馬・輔師将軍↓游撃将軍↓持節・都督青兗冀三州縁淮前鋒諸軍事・輔師将軍・兗州刺史↓（元徽四年）進号冠軍将軍↓游撃将軍加散騎常侍・征虜将軍↓（昇明元年）湘州刺史・征虜将軍↓進号前将軍↓（建元元年）右衛将軍加給事中↓以本官使持節・総荊郢諸軍北討事↓（建元四年）使持節・散騎常侍・平西将軍・司州刺史・領義陽太守↓（永明二年）都督南兗兗徐青冀五州諸軍事・平北将軍・南兗州刺史↓都督・湘州刺史↓光禄大夫加散騎常侍↓都官尚書領太子左率↓（永明六年）領軍将軍↓散騎常侍・金紫光禄大夫↓（永明八年）卒。年六十四↓贈使持節・鎮北将軍・南兗州刺史・散騎常侍（『南斉書』巻二九）

崔慧景　国子学生↓（泰始中）歴位員外郎↓長水校尉・寧朔将軍↓前軍将軍↓武陵王安西司馬・河東太守↓（昇明三年）鎮西司馬・兼諮議参軍・河東太守↓平西府司馬・南郡内史↓南蛮長史・輔国将軍・南郡内史↓（建元二年）持節・都督梁南北秦沙四州軍事・西戎校尉・梁南秦二州刺史・輔国将軍↓進号冠軍将軍↓（永明三年）以本号還↓黄門郎領羽林監↓随王東中郎司馬・輔国将軍↓（永明四年）持節・督司州軍事・冠軍将軍・司州刺史↓（永明九年）以本号徴還↓太子左率加通直常侍↓右衛将軍加給事中↓（永明十一年）持節・督豫州郢州之西陽司州之汝南二郡諸軍

事・冠軍将軍・豫州刺史→進号征虜将軍→散騎常侍・左衛将軍→加冠軍将軍→（建武四年）度支尚書領太子左率→平北将軍→改領右衛将軍・平北・仮節如故（未拝）→（永元元年）護軍将軍、尋加侍中→加平南将軍、都督衆軍事→平西将軍、仮節・侍中・護軍将軍如故→（永元二年）為漁父所斬。時年六十三（『南斉書』巻五一）

王珍国　冠軍行参軍→累遷虎賁中郎将・南譙太守→（永明初）桂陽内史→大司馬中兵参軍→安成内史→越騎校尉、冠軍長史・鍾離太守→巴東・建平二郡太守→游撃将軍→以父憂去職→輔国将軍→（永泰元年）寧朔将軍・青冀二州刺史→右衛将軍（辞不拝）→（永元三年）徐州刺史（固乞留京師）→右衛将軍加給事中→左衛将軍加散騎常侍→都官尚書・散騎常侍→使持節・都督梁秦二州諸軍事・征虜将軍・南秦梁二州刺史→員外散騎常侍・太子右衛率加後軍将軍→左衛将軍→使持節・都督湘州諸軍事・信武将軍・湘州刺史→（天監十二年）護軍将軍→通直散騎常侍・丹陽尹→（天監十四年）卒→贈車騎将軍（『梁書』巻十七）

繁雑ではあるが、行論の都合上、起家から没するまでのキャリアを全て記述してある。呂安国は斉の武帝の永明六年に領軍将軍に、崔慧景はおなじく斉の東昏侯の永元元年に護軍将軍に、王珍国は梁の武帝の天監十二年に護軍将軍に、それぞれ任命されていることがわかる。彼らは、加官として与えられた場合を除いて、侍中を経験することなく領軍将軍・護軍将軍となっている。崔慧景が国子学生から員外郎となったのを除けば、起家官はお世辞にも高いとは言えず、そのキャリアの大半を地方官として過ごしており、また、驍騎・游撃将軍以下の内号将軍が虚号となった宋の明帝・泰始年間以降にキャリアをスタートさせた連中である。

彼らの経歴の中で注目すべき点は、彼らが各種の内号将軍を経由しているという点である。それぞれの経歴から内号将軍をかいつまんで抽出すると、次のようになる。

呂安国　右軍将軍・仮輔師将軍…游撃将軍…游撃将軍加散騎常侍・征虜将軍…右衛将軍加給事中…領軍将軍

崔慧景　長水校尉・寧朔将軍…前軍将軍…右衛将軍加給事中…散騎常侍・左衛将軍…護軍将軍、加侍中

王珍国　虎賁中郎将・南譙太守…越騎校尉、冠軍長史・鍾離太守…游撃将軍…右衛将軍（辞不拝）…右衛将軍加給事中…左衛将軍加散騎常侍…左衛将軍…護軍将軍

閻歩克氏の指摘通り、内号将軍が昇進の階梯となっていたことが想定できるが、何度も指摘したように虚号となったのは驍騎・游撃以下の内号将軍であり、領軍・護軍将軍となる前に、両者の間に位置し、やはり虚号とはなっていない左右衛将軍を経由している点が注目される。

以上の三例は、昇進経路において尚書僕射に匹敵する領軍・護軍に到達した事例であるが、それより低い列曹尚書に達した事例も多い。呂安国・崔慧景・王珍国の三名も列曹尚書を経由していたが、以下の二例も、

胡諧之　初辟州従事主簿、臨賀王国常侍、員外郎、撫軍行参軍、晋熙王安西中兵参軍、南梁郡太守→徙邵陵王南中郎中兵・領汝南太守（不拝）→射声校尉、州別駕→左軍将軍（不拝）→邵陵王左軍諮議→江州別駕→北中郎征虜司馬・扶風太守→（建元二年）給事中、驍騎将軍→黄門郎領羽林監→（永明元年）守衛尉→加給事中→（永明三年）散騎常侍、太子右率→（永明五年）左衛将軍加給事中→（永明六年）都官尚書→太子中庶子領左衛率→改衛尉、中庶子如故→（永明八年）兼巴東王長史行事→有司奏免官、権行軍事如故→衛尉領中庶子→（永明十年）度支尚書領衛尉→

劉懐珍　（永明十一年）卒、年五十一→贈右将軍・豫州刺史（『南斉書』巻二七）

本州辟主簿→驃騎長兼墨曹行参軍→振武将軍・長広太守→（孝建初）大司馬参軍・直閤将軍→太宰参軍→建武将軍・楽陵河間二郡太守→豫章王車騎参軍・竜驤将軍→（泰始初）寧朔将軍・東安東莞二郡太守→羽林監・屯騎校尉・寧朔将軍→前（軍）将軍、(8) 加輔国将軍→游撃将軍・輔国将軍→（泰始四年）使持節・都督徐兗二州軍事・輔国将軍・平胡中郎将・東徐州刺史→寧朔将軍・竟陵太守→巴陵王征西司馬・領南義陽太守→建平王右軍司馬→南郡太守・寧朔将軍→安成王撫軍司馬・領南高平太守→（元徽三年）冠軍将軍・豫章太守（固請不就）→黄門郎領虎賁中郎将→前将軍→使持節・督豫司二州郢州之西陽軍事・冠軍将軍・豫州刺史→（昇明元年）進征虜将軍→進左将軍→（昇明二年）進平南将軍・増督南豫・北徐二州→都官尚書領前軍将軍→相国右司馬→（建元元年）左衛将軍加給事中→（建元二年）左衛将軍加散騎常侍→以本官加平西将軍・仮節→光禄大夫・散騎常侍→使持節・安北将軍・本官如故（未至、事寧、解安北・持節）→（建元四年）卒。年六十三→追贈散騎常侍・鎮北将軍・雍州刺史（『南斉書』巻二七）

先の事例と同様、虚号となった内号将軍を段階的に昇進したのちに列曹尚書に、また、左右衛将軍にも到達していることがわかる。本来、領軍・護軍や列曹尚書にはつけないはずの寒門軍功層にとって、左右衛将軍がカギとなっていることが予測されるのである。

また、もう一つ重要なのは、崔慧景・胡諧之・劉懐珍の三名は、加官の有無があるものの黄門郎を経由しているという点であり、冒頭に紹介した鍾嶸の指摘を裏付けている。

虚号となった驍騎・游撃以下の内号将軍と左右衛将軍がなぜ接続し得たのか、また、こうした寒門軍功層になぜ黄門郎が与えられるようになったのか、節をあらためて検討したい。

第二節　寒門軍功層とその昇進経路

(一) 左右衛将軍

左右衛将軍は、内号将軍としては領軍・護軍に次ぐ地位にあり、宿営の衛兵を率いることを職掌とする[9]。本来の官品は四品であったが、将軍としては珍しく、その地位が引き上げられていたことが野田俊昭氏によって指摘されている[10]。野田氏は『宋書』巻五三の張茂度伝の

清資・吏部郎・右衛將軍・侍中・呉郡太守を歴たり。

という記述などから、左右衛将軍が清官であり、また、宋斉時代には左右衛将軍の実質的官位が三品に引き上げられていた、とする。野田氏のいう実質的官位という手法については、序章で述べたように筆者は疑問をいだいているが、左右衛将軍が清官であり、その地位が上昇していたという指摘は従うべきと考える。また、第二章第二節の(四)において指摘したように、梁代に、左右衛将軍は侍中と同じく十二班とされており、侍中よりはやや劣るものの宋斉時代では同格であったと思われる。

左右衛将軍の地位が引き上げられた正確な時期については残念ながら不明であるが、おそらく、下位の内号将軍が軒並み廃止され、結果として侍中領衛が登場することになった桓温の省官併職政策が、左右衛将軍の地位引き上げの契機ではないかと推測するが、東晋末にはほぼ侍中にならぶ地位にあったようである。

さらに言えば、前節において、侍中が尚書令・司空へと続く昇進経路の関門であり起点であったことを述べたが、左右衛将軍もどうやら侍中と同じ役割を果たしていたと考えられるのである。

呉隠之　輔国功曹→征虜参軍→奉朝請・尚書郎→累遷晋陵太守→中書侍郎・国子博士・太子右衛率→散騎常侍領著作郎→守廷尉・秘書監・御史中丞、領著作如故→左衛将軍→（隆安中）竜驤将軍・広州刺史・仮節、領平越中郎将→進号前将軍→度支尚書・太常→中領軍→（義熙八年）光禄大夫、加金章紫綬→（義熙九年）卒→追贈左光禄大夫、加散騎常侍（『晋書』巻九十）

謝裕（謝景仁）　前軍行参軍・輔国参軍事→著作佐郎→太尉行参軍→大将軍参軍事→（楚臺）黄門侍郎→（桓玄簒位）黄門侍郎領驍騎将軍→大将軍記室参軍→大将軍従事中郎→司徒左長史→鎮軍司馬、領晋陵太守→車騎司馬→大司馬左司馬→右衛将軍加給事中→吏部尚書→白衣領職→（義熙八年）領軍将軍→（義熙十一年）尚書右僕射→尚書左僕射→（義熙十二年）卒、年四十七→追贈金紫光禄大夫、加散騎常侍（『宋書』巻五二）

ここに挙げた呉隠之・謝裕（謝景仁）の両名は東晋領護表の61・62にあたる。この二人は、侍中に任命されることなく昇進経路中の他の官職を経由して領軍・護軍に任命されているが、列曹尚書や吏部尚書など、昇進経路中の侍中より上位に位置する官職に任命される前に、呉隠之は左衛将軍、謝裕はそれよりやや格上の右衛将軍加給事中に任命されていることがわかる。すなわち、この両者の経歴において、左右衛将軍が侍中の代替となる、バイパスとしての機能を果たしていたと推測できるのである(11)。

さて、東晋に続く宋においては、左右衛将軍の役割が大きく変化する。その契機となったのが孝武帝期である。孝武帝は、文帝を弑逆した元凶こと劉劭を打倒して即位したものの、即位当初に叔父の南郡王劉義宣に反乱を起こされるなど、その立場は甚だ不安定であった。特に、武帝劉裕の遺詔によって、皇子達が刺史として出鎮するようになってから三十年以上が経過しており、そうした州鎮が中央に対する脅威となっていた。そもそも孝武帝自身が中央に反旗を翻した州鎮であり、対策の必要性を痛感していたことは疑いない。

孝武帝がとった州鎮への対応策とは、中央軍の改変であり、本来は首都を防衛する内号将軍が、外征に派遣されるようになったことを小尾孝夫氏が指摘している(12)。結果、孝武帝期以降、領軍・護軍以下の内号将軍は北魏への迎撃などに派遣されることになるが、もっぱらその中核を担ったのは左右衛将軍であったらしい(13)。このように左右衛将軍が外征の指揮官へと性質を変えると、就任者の傾向も当然ながら変化することになる。

小尾孝夫氏は孝武帝時代の左右衛将軍就官者を分析しているが、当該時期の左右衛将軍には、即位前の孝武帝の幕僚が多いこと、また、柳元景・宗慤・王玄謨・檀和之は軍事方面で活躍してきた人物であったことを指摘している。この四人のうち、檀和之が元嘉年間に黄門郎領越騎校尉となったのを除けば、いずれも清官とは縁のない連中であった。

柳元景　江夏王国中軍将軍→殿中将軍→司空行参軍→司徒太尉城局参軍→広威将軍・随郡太守→安北府中兵参軍→後軍中兵参軍→加建威将軍→弘農太守→寧朔将軍・京兆広平二郡太守→冠軍司馬・襄陽太守、寧朔将軍→（世祖入討元凶）諮議参軍、領中兵、加冠軍将軍、襄陽太守→（孝武即位）侍中領左衛将軍→（元嘉三十年）使持節・監雍梁南北秦四州荊州之竟陵随二郡諸軍事・前将軍・寧蛮校尉・雍州刺史→（元嘉三十年）護軍将軍領石頭戍事（不拝）→領軍将軍加散騎常侍…以下略（『宋書』巻七七）

宗慤　（元嘉二二年）振武将軍→随郡太守→（元嘉三十年）南中郎諮議参軍、領中兵、輔国将軍→（孝武即位）左衛将軍（本紀作右衛）→広州刺史→（孝建三年）平西将軍・豫州刺史・監五州諸軍事→左衛将軍→（大明五年）金紫光禄大夫→坐免官→復職→（大明六年）中護軍…以下略（『宋書』巻六、七六）

王玄謨　徐州従事史→（少帝末）南蛮行参軍・武寧太守→（元嘉中）鎮軍中兵参軍、領汝陰太守→輔国司馬・彭城太守→（元嘉二七年）寧朔将軍→（元凶弑立）冀州刺史→（元嘉三十年）徐州刺史、加都督→左衛将軍[14]→（孝建元年）仮輔国将軍、豫州刺史→（孝建二年）青冀二州刺史→加都督・前将軍→免官→豫州刺史→寧蛮校尉・雍州刺史、加都督→金紫光禄大夫領太常→以本官領起部尚書、又領北選→（大明五年）平北将軍・徐州刺史、加都督→（大明八年）領軍将軍…以下略（『宋書』巻六、七六）

檀和之を除いた三名の経歴を簡介したが、柳元景は侍中領衛という破格の待遇を与えられて以降、宗慤・王玄謨も左右衛将軍への就任を契機として、昇進経路中の官職についていることがわかる。また、宗慤と王玄謨には金紫光禄大夫が与えられているが、光禄大夫への就任は、軍人にとってはよろこばしい「文授」であった[15]。換言すると、左右衛将軍が、軍人を本来は辿り着けないはずの上級の清官へと導く関門へと変質し始めたことになる。

左右衛将軍就任者の傾向がさらに変化するのが明帝期である。明帝は前廃帝を廃位する際に、左軍将軍であった柳光世を右衛将軍に任命している。

前廢帝景和中、左（軍）將軍[16]、閤に直す。太宗亂を定めんとするに、光世謀に參じ、以て右衞將軍と爲し、開國縣侯に封じ、邑千戸を食む。（『宋書』巻七七　柳光世伝）

孝武帝は外藩時代の幕僚を内号将軍へとスライドさせたが、明帝は外任に出ていた期間が短く、むしろ中央で内号将軍――ことに領軍・護軍に任命されていた期間の方が長かったため、[17]中央軍の内情をよく把握していたと考えられる。柳光世はのち誅殺されるが、明帝期には、孝武帝期以降において内号将軍を昇進してきた連中が左右衛将軍に任命されている。経由した内号将軍を簡単に整理すると次のようになる。

張興世　左軍将軍…游撃将軍…（泰始五年）左衛将軍（『宋書』巻五十）
呉喜　　歩兵校尉…前軍将軍…驍騎将軍…（泰始五年）兼左衛将軍（『宋書』巻八三）

これらの例に、屯騎校尉を経由して右衛将軍となった劉勔（『宋書』巻八六）、右軍将軍を経由して左衛将軍領太子中庶子となった沈攸之（『宋書』巻七四）――二人とも数多くの軍職を経験している――を加えても大過あるまい。一方、本来の、清官経験者の任官は、黄門郎を経由した劉道隆（『宋書』巻四五）、駙馬都尉・著作佐郎から起家して侍中領右衛将軍となった褚淵（『南斉書』巻二三）程度にすぎない。

宋斉交替を目前とした順帝期には、蕭道成が自己の党与を続々と左右衛将軍に任命したことにより、寒門軍功層の左右衛将軍就任が慣例化する。先ほどと同様に経由した内号将軍を整理すると次のようになる。

陳顕達　游撃将軍…散騎常侍・左衛将軍（『南斉書』巻二六）
垣閎　　後軍将軍…游撃将軍…[18]（昇明初）右衛将軍（『宋書』巻八、『南斉書』巻二八）
王敬則　越騎校尉…驍騎将軍…（昇明二年？）右衛将軍加員外散騎常侍（『南斉書』巻二六）
劉善明　屯騎校尉…後軍将軍…（昇明三年）右衛将軍（辞疾不拝）（『南斉書』巻二八）
李安民　越騎校尉…驍衛将軍（驍騎将軍？）…（昇明三年）左衛将軍領衛尉（『南斉書』巻二七）

江謐　　右軍将軍…游撃将軍…（昇明三年）右衛将軍（『南斉書』巻三一）
蕭景先　驍騎将軍…兼左衛将軍（『南斉書』巻三八）

これらの例のうち、江謐は寒門軍功層とは言い難いが、他の連中と同様に内号将軍の序列を経由している。さらに、前節ですでに挙げた呂安国もこの事例に加えることができる。

つづく斉代においても、この傾向は変わらなかった。斉代の左右衛将軍就任者と、内号将軍就任を中心とした経歴を整理したものが附表2である。[19] 斉代の左右衛将軍就任者は、管見の限り43名いるが、うち宗室が12名（7、10、12、14、16、17、18、19、21、22、25、26）、準宗室というべき連中が3名（4、29、31）、内号将軍経由者が15名（1、2、3、8、9、11、15、20、23、24、33、38、39、40、43）、清官を経由したものが9名（5、6、13、28、30、32、35、37、41）となっている。斉の左右衛将軍就任者の三分の一以上を寒門軍功層が占め、本来任用されるべきである清官経験者の就任数を上回っており、左右衛将軍が寒門軍功層に与えられるポストとして定着したことを示している。

以上を整理すると、東晋末から宋初にかけて侍中と並ぶ清官であった左右衛将軍は、本来清官を経由した人物に与えられるポストであったが、宋の孝武帝の中央軍改変によって軍人にも与えられるようになったことを契機として、明帝期以降、内号将軍を昇進してきた寒門軍功層にも門戸が拡大された結果、斉代において寒門軍功層向けのポストとして定着する、というプロセスを辿った。左右衛将軍は、侍中と同じく、尚書令・司空へといたる昇進経路の関門・起点としての役割を担っていたが、寒門軍功層にも与えられるようになってからは、そうした連中が本来は辿り着けないはずの領軍・護軍あるいは列曹尚書などの清官へと参入させることとなった。その結果、寒門軍功層に濫発されて虚号となった驍騎・游撃以下の将軍と左右衛将軍

前後左右	驍騎・游撃	左右衛	備考	出典	No.
前軍＋	游撃＋	左衛＋		『南斉書』27	1
後軍	游撃	右衛＋	宋・昇明年間より右衛	『宋書』8、『南斉書』28、『南史』25	2
右軍＋	游撃	右衛＋		『南斉書』29	3
		左衛＋	太祖従祖弟	『南斉書』38	4
		左衛＋	中書郎、黄門郎、侍中	『南斉書』44	5
		左衛＋／右衛＋	太子中庶子、侍中	『南斉書』42	6
		左衛＋／右衛＋	宗室	『南斉書』6	7
	游撃＋	左衛＋		『南斉書』24、25	8
右軍	驍騎	左衛		『南斉書』30	9
		左衛	宗室	『南斉書』35	10
前軍＋	驍騎	右衛＋		『南斉書』29	11
		右衛	宗室	『南斉書』40	12
		左衛	黄門郎、司徒左長史	『南斉書』37	13
		左衛	宗室	『南斉書』35	14
左軍(不拝)	驍騎＋	左衛＋	黄門郎	『南斉書』37	15
		右衛＋	宗室	『南斉書』40	16
		左衛	宗室	『南斉書』35	17
		左衛	宗室	『南斉書』40	18
		左衛＋	宗室	『南斉書』40	19
	驍騎＋	右衛＋		『南斉書』27	20
		左衛（未拝）	宗室	『南斉書』35	21
		右衛＋	宗室	『南斉書』40	22
左軍＋	游撃＋	右衛／左衛＋		『南斉書』29	23
前軍		右衛＋／左衛＋／右衛＋	黄門郎	『南斉書』51	24
		右衛＋	宗室	『南斉書』40	25
		右衛（未拝）	宗室	『南斉書』40	26
		左衛		『南斉書』6、46	27
		右衛	中書郎	『南斉書』42	28
		右衛＋	黄門郎、蕭誕(31)の同族	『南斉書』42	29
		右衛＋	中書郎、黄門郎、侍中	『南斉書』37	30
		左衛	太祖絶服族子	『南斉書』42	31
		左衛＋	中書郎、黄門郎、吏部郎	『梁書』13	32
前軍	游撃＋	右衛＋		『南斉書』30	33
		右衛＋		『南斉書』7、42	34
		右衛（未拝）	早歴清官、黄門郎、太子中庶子	『梁書』20	35
		右衛？左衛？	官歴詳細不明	『南斉書』26、51	36
		右衛＋	中書郎、黄門郎、吏部郎、侍中	『梁書』21	37
前軍		左衛＋		『梁書』10	38
	游撃	右衛＋／左衛＋		『梁書』17	39
後軍		右衛		『梁書』10	40
		左衛＋	黄門郎、侍中	『梁書』16	41
		右衛＋	梁武帝弟	『梁書』22	42
游撃		右衛＋		『梁書』9	43

附表2　斉左右衛表

No.	姓名	皇帝	年号	起家官	五校尉
1	劉懐珍	高帝	建元元年	州主簿	屯騎＋
2	垣閎	高帝	建元元年	南中郎参軍	
3	呂安国	高帝	建元元年	建威将軍	
4	蕭赤斧	高帝	建元？	奉朝請	
5	沈文季	高帝	建元	主簿・秘書郎	
6	王晏	武帝	永明初／永明八年	臨賀国常侍	
7	蕭鸞	武帝	永明元年／永明十一年	安吉令	
8	垣崇祖	武帝	永明元年？	州主簿	
9	薛淵	武帝	永明元年？	不明	
10	蕭嵩	武帝	永明二年	冠軍将軍・領石頭戍事	
11	周盤竜	武帝	永明三年	不明	
12	蕭子響	武帝	永明三年	輔国将軍・南彭城臨淮太守	
13	到撝	武帝	永明三年？	太学博士	
14	蕭鏘	武帝	永明四年	督・北中郎将・雍州刺史	
15	胡諧之	武帝	永明五年	州従事	射声
16	蕭子卿	武帝	永明六年	都督・冠軍将軍・郢州刺史	
17	蕭鋒	武帝	永明七年	輔国将軍・南彭城平昌太守	
18	蕭子真	武帝	永明七年	輔国将軍・南琅邪彭城太守	
19	蕭子隆	武帝	永明七年	輔国将軍・南琅邪彭城太守	
20	王玄邈	武帝	永明八年？	驃騎行軍参軍	射声
21	蕭鑑	武帝	永明九年？	都督・前将軍・益州刺史	
22	蕭子懋	武帝	永明十年	都督・南中郎将・南予州刺史	
23	王広之	武帝／鬱林王	永明年間／隆昌元年	馬隊主	越騎＋
24	崔慧景	武帝／鬱林王／東昏侯	永明十年／隆昌元年？／永元元年	国子学生	長水
25	蕭子罕	鬱林王	隆昌元年	北中郎将・南琅邪彭城太守	
26	蕭昭冑	鬱林王	隆昌元年	寧朔将軍・会稽太守	
27	蕭恵休	明帝	永泰元年	不明	
28	江祏	明帝	建武二年	晋熙国常侍	
29	蕭坦之	明帝	建武元年	殿中将軍	射声＋
30	劉悛	明帝	建武二年	州従事	
31	蕭誕	明帝	建武二年？	殿中将軍	
32	沈約	明帝	建武年間？	奉朝請	
33	曹虎(曹虎頭)	明帝／東昏侯	永泰元年	不明	屯騎
34	劉暄	東昏侯	永元元年	南陽国常侍	
35	劉季連	東昏侯	永元元年	不明	
36	左興盛	東昏侯	永元二年	不明	
37	王志	東昏侯	永元二年？	駙馬都尉	
38	楊公則	和帝	中興元年？	員外郎？	
39	王珍国	和帝	中興元年？	冠軍行参軍	越騎＋
40	蔡道恭	和帝	中興元年	雍州主簿	越騎
41	張稷	和帝	中興元年？	著作佐郎(不拝)	
42	蕭恢	和帝	中興元年？	寧遠将軍	
43	曹景宗	和帝	中興元年？	奉朝請	屯騎

凡例　＋…別の官職が付加されている。
ただし、五校尉、前後左右、驍騎・游撃については、侍中や太子中庶子などの清官が帯びた事例は省いてある。

とが結合した、内号将軍によって構成される寒門軍功層の昇進経路が形成されたのであった。

（二）黄門郎

つづいて、黄門郎について検討する。黄門郎は侍中の副官にあたるが、侍中がそれより上級の官職へといたる昇進経路の起点・関門となっていたのと同様に、黄門郎も侍中にむけて昇進するための関門であった。第一節にて、領軍・護軍の昇進経路に関する資料を引用したが、同様に、やはり中村圭爾氏が使用した、黄門郎の昇進経路に関する資料を挙げると以下のようになる。

（黄門郎）宋制、武冠、絳朝服、多く中書侍郎を以てこれと爲す。（『通典』巻二一　門下侍郎）

（尚書左丞）中書郎に視《なぞら》え黄門郎に遷る。（『通典』巻二二　尚書左右丞）

天監元年、復た改めて廷尉と爲す。舊《も》と黄門を用い、後祕書監に視う。（『通典』巻二五　大理卿）

これらをまとめると、次のような昇進経路を復元できる。

廷尉 ←―― 黄門郎 ←┬― 中書郎
　　　　　　　　　　└― 尚書左丞

廷尉から先の経路を示す資料は残ってはいないが、侍中へといたる経路として

梁の吏部郎舊と中丞に視え、侍中に遷る。（『通典』巻二三　吏部郎中）

とあり、吏部郎から侍中へと昇進する経路が存在していたことがわかる。黄門郎と廷尉・吏部郎の関係について、たしかに黄門郎から廷尉をへて吏部郎となった事例はいくつか存在するが(20)、中書郎・黄門郎を経歴し

た人物が廷尉を経由せずとも吏部郎、そして侍中に到達している事例は枚挙に暇がなく、黄門郎から侍中へと昇進するためには、廷尉への任官が必ずしも必要ではなかったといえる。

中村圭爾氏によると、秘書郎・著作佐郎のような最高の起家官からキャリアをスタートさせた連中はもちろんのこと、それより地位の劣る国官・太学博士・奉朝請から起家した連中も黄門郎に就任できたとするが、寒門軍功層にとっては狭き門だったようである。

明帝の即位当初、晋安王劉子勛による大規模の反乱が勃発し、明帝側は窮地に立たされた。泰始二年四月、赭圻での決戦に備え、明帝は吏部尚書の褚淵を派遣し、官職を授与することによって前線の士気を揚げようとした。

> 時に（劉）胡等の兵衆強盛にして、遠近疑惑す。太宗人情を綏慰せんと欲し、吏部尚書褚淵を遣して虎檻に至りて將帥以下を選用せしめんとするに、申謙之・杜幼文此れに因りて黄門郎を求め、沈懐明・劉亮中書郎を求む。（『宋書』巻八四　鄧琬伝）

その際に、申謙之と杜幼文が黄門郎を、沈懐明と劉亮が中書郎の任官を希望していることがわかる。この資料は安田二郎氏もとりあげており、申謙之・杜幼文・沈懐明・劉亮は、いずれも「中央貴族社会から排斥された将家・将門の出身」――すなわち寒門の軍人であったとする。また、彼らが吏部郎あるいは侍中へと昇進できる黄門郎や中書郎への任官を希望したのは、従来、北来の門閥貴族によって、中央官界から排斥されていた彼ら「豪族土豪」の将帥たちが、劉子勛の反乱で功績を立てることを、中央官界・貴族社会への進出願望をかなえる絶好の機会とみなしたため、とも指摘している(21)。第四章一節の冒頭にて、劉子勛の乱に対する軍資金を捻出するため明帝が売官を行っていた資料を挙げたが、要するに、明帝は寒門の軍人から足下を見られていたのである。

しかし、この話には続きがあって、

　建安王休仁即ち褚淵をして擬選せしめんとするも、上許さず、曰く「忠臣國に殉ずるに、其の報を謀らず。難に臨みて以て朝典を干《みだ》すは、豈に臣下の節ならんや」と。

と、明帝は彼らの黄門郎・中書郎への就任を「朝典を干す」として許可しなかったのである。のちに杜幼文は黄門郎となってはいるが、泰始五年に柳欣慰が廬江王劉禕を擁立する謀反を画策し、杜幼文を抱き込もうとした際、杜幼文はそれに荷担せず告発したという功績によるものであり[22]、単純に軍功を積み重ねただけでは獲得できなかったことがわかる。

寒門軍功層にとって黄門郎が容易に獲得できなかったことを示す事例として、蕭道成の黄門郎任官を挙げることができる。泰始六年、明帝は蕭道成を黄門郎領越騎校尉に任命しようとするが、これは安田二郎氏によると、当時、淮陰に出鎮し、大軍閥へと急成長した蕭道成を危険と感じ、中央に召還するための措置であった[23]。黄門郎は蕭道成を釣り上げるためのエサとして用いられたわけだが、換言すると、杜幼文の事例と同じく、寒門軍功層にとって、黄門郎は特別なことがない限り任命されない高嶺の花であったといえる。

この傾向は、斉代においても変わらなかった。斉代において寒門軍功層の中から黄門郎に就任した人物は、高帝期の崔文仲（『南斉書』巻二八）、胡諧之（『南斉書』巻三七）、垣栄祖（『南斉書』巻二八）、荀伯玉（『南斉書』巻三一）、武帝期の周山図（『南斉書』巻二九）、崔慧景（『南斉書』巻五一）、海陵王期の裴叔業（『南斉書』巻五一）、および和帝期の呂僧珍（『梁書』巻十一）程度に過ぎない。

彼らのうち崔文仲、垣栄祖、荀伯玉は宋代に高帝蕭道成の幕僚、胡諧之は武帝蕭賾の属僚を経験している[24]。

また、周山図は蕭道成に沈攸之への備えを提言し、また沈攸之の乱においては、蕭賾の副将として活躍した人物[25]、崔慧景は蕭道成が淮陰に出鎮していた頃からの党与である[26]。さらに、裴叔業は、海陵王を傀儡とし、皇帝即位をもくろむ蕭鸞（明帝）の元幕僚であり[27]、呂僧珍も斉梁交替を目前に控えた梁の武帝・蕭衍の元幕僚である[28]。すなわち、斉においても、黄門郎は寒門軍功層一般に門戸が開放されたわけではなく、皇帝あるいは次期皇帝との個人的な関係が評価されて任命されたに過ぎない。

さらに言えば、これら寒門軍功層が黄門郎に任命されたといっても、キャリアが劇的に変化することはなかった。第一節にて、寒門軍功層から領軍・護軍となった人物として呂安国・崔慧景・王珍国の三名の経歴を挙げたが、黄門郎となった崔慧景と、黄門郎とはならなかった残り二名の経歴の間には、地方官はともかく中央官の差は殆どなく、結局は内号将軍の序列を昇進していくのである。また、前引の『通典』に見える黄門郎から廷尉、さらには吏部郎・侍中へという経路に転身した人物もいない。

ただし、厳密にいえば、侍中に任命しようとはしたが阻止されたことはある。

（永明）六年、都官尚書に遷る。上（胡）諧之を遷さんと欲し、嘗て従容として諧之に謂いて曰く「江州幾くの侍中有らんや」と。諧之答えて曰く「近世唯だ程道恵一人有るのみ」と。上曰く「當に二有らしむべし」と。後に以て尚書令王儉に語るに、儉の意更に異れば、乃ち以て太子中庶子と爲し、左衞率を領せしむ。

（『南斉書』巻三七　胡諧之伝）

これは第二章第四節でも引用した史料であり、北来の門閥貴族の代表である王倹が南人を抑圧した史料としてもよく用いられるものである。胡諧之は既に侍中の昇進先にあたる列曹尚書となっており、また前述したように黄門郎ともなっているが、侍中への任命は阻止されたことになる。

寒門軍功層による昇進経路と、黄門郎および侍中を起点とする昇進経路との関係を整理して図示すると次ページのようになろう。宋末から斉にかけて、軍功を挙げた寒門が内号将軍を昇進して、清官である左右衛将軍に任命されることが慣例化し、そこからさらに列曹尚書あるいは領軍・護軍といった、最上級の官人が任命される官職にも進出する。また、皇帝との特別な関係が必要であったとはいえ、寒門軍功層が清官の代表の一つであり、昇進における関門である黄門郎にも任命されるようになった。

この文脈によって、王倹による胡諧之の侍中任官阻止を再解釈するならば、単に南人からだけではなく、清官にじわじわと浸透してくる寒門軍功層から侍中を死守せんとする門閥貴族の追い詰められた姿が浮かび上がってこよう。こうした状況下において斉から梁への交替がなされたのである。

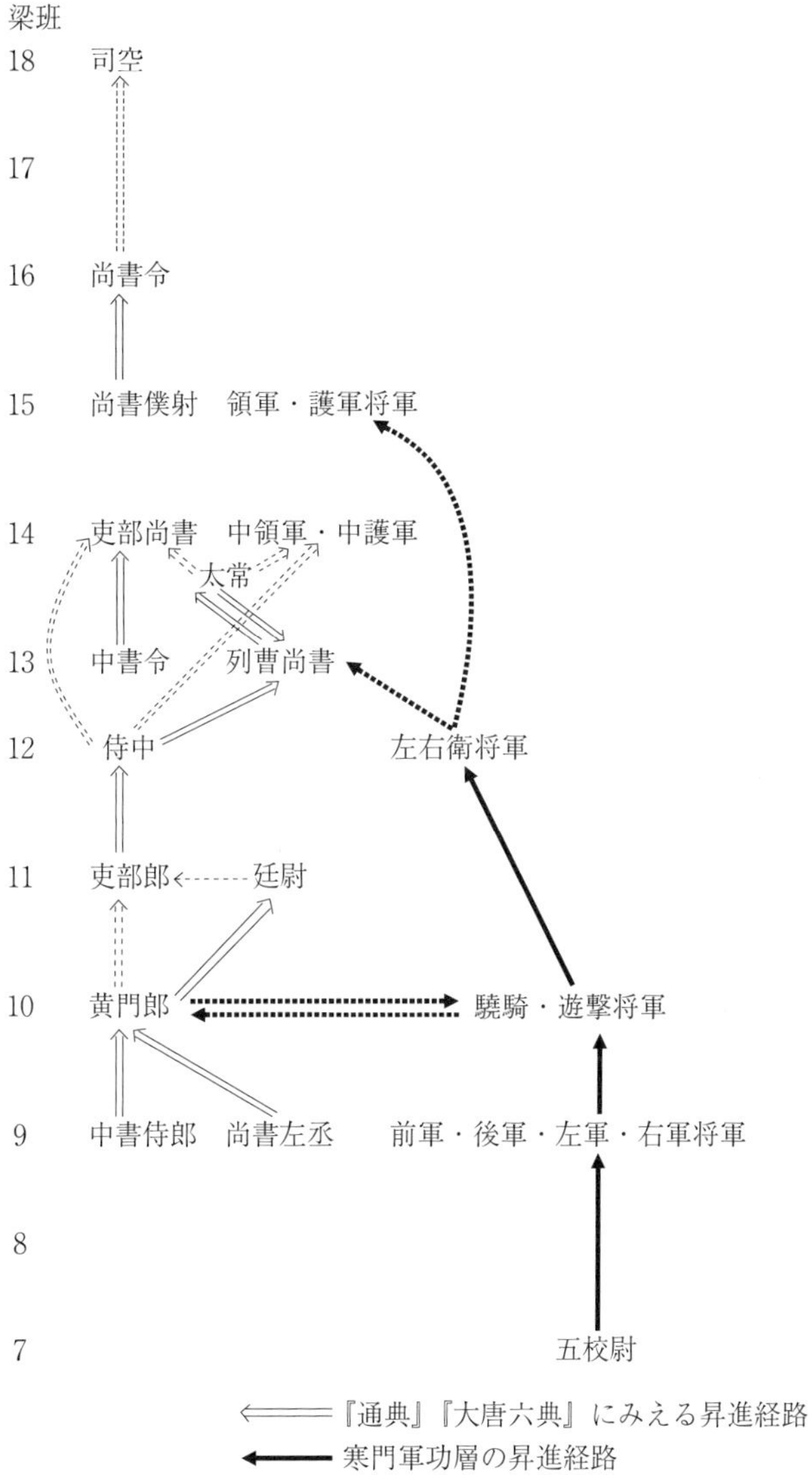
梁班
18
17
16
15
14
13
12
11
10
9
8
7
司空
尚書令
尚書僕射　領軍・護軍将軍
吏部尚書　中領軍・中護軍
太常
中書令　列曹尚書
侍中　左右衛将軍
吏部郎　廷尉
黄門郎　驍騎・遊撃将軍
中書侍郎　尚書左丞　前軍・後軍・左軍・右軍将軍
五校尉
『通典』『大唐六典』にみえる昇進経路
寒門軍功層の昇進経路

むすびにかえて

前節において述べてきたように、軍功によって五校尉、前軍・後軍・左軍・右軍将軍、驍騎・游撃将軍といった内号将軍を獲得し昇進する寒門軍功層が、本来は清官で、東晋末から宋代にかけて侍中とならぶ地位を獲ていた左右衛将軍へと任命されるようになると、それを突破口として、列曹尚書さらには領軍・護軍へと進出する。それと同時に、皇帝との個人的関係を必要としたものの、侍中へと続く関門である黄門郎にも進出していく。

このように、宋末から斉代にかけて台頭してきた寒門軍功層が、侍中を上下から挟み込みつつあった状況下において、冒頭に引用した鍾嶸の提言がなされ、梁の武帝はそれを実行に移すことになる。武帝が目指したのは貴族制の再編――ただし単純な再編ではなく賢才主義を加味したもの――であり、軍人の排除――そこには当然寒門軍功層も含まれる――を意味していた。そのため、梁建国の功臣となった武将達は誅殺されることはなかったものの、政治の場からは排除された。

この方針にもとづいて、武帝期においては、黄門郎が寒門軍功層に与えられることはなくなり、左右衛将軍についても、ときおり叩き上げの軍人が任命されたが、斉代のように寒門軍功層が全就任者の三分の一強もの割合を占めるような状態にはいたらなかった。さらに、領軍・護軍については、普通三年から四年にかけて護軍将軍となった昌義之（『梁書』巻十八）を最後に、寒門軍功層が任命されることはなくなった。かくして、領軍・護軍、左右衛将軍、黄門郎は宋斉時代に台頭した寒門軍功層の手から離れたのである。

大通年間以降において、かわりに領軍・護軍に任命されたのはもっぱら宗室達であったが、全てではない。正式な任命時期は不明ながら、普通から大通年間の間に領軍将軍となった蕭琛は、斉代に太学博士として起家し、また永明年間には、北魏への修好の使者となった人物で、儒教的教養を身につけた人物であった[29]。また、大同二年に中領軍となった臧盾は、梁初に中書舎人となった経歴をもつ。梁代の中書舎人、ことに梁初のそれを与えられた人物は、武帝の賢才主義によって登用されたことを示すが[30]、彼の中領軍としての働きぶりはそれに恥じぬものであった。

大同二年、中領軍に遷る。領軍天下の兵要を管し、監局事多し。盾の人と爲り敏贍にして、風力有り、撥繁に長じ、職事甚だ理まる。天監中、呉平侯蕭景此の職に居り、聲稱を著す。是れに至りて盾も復たこれを継ぐ。(『梁書』巻四二　臧盾伝)

領軍に属する監局の職務は非常に繁多であったが、臧盾はそれをうまく取り収め、結果、天監年間に領軍となった蕭昺(蕭景)に次ぐ評価を得た、というのである。その蕭昺が得た評価も、制局監の綱紀を粛正したことによるのである。

(天監)七年、左驍騎將軍に遷り、領軍將軍を兼ぬ。領軍天下の兵要を管し、監局の官僚、舊と多く驕侈たり。景職に在ること峻切たれば、官曹肅然たり。制局監皆な近倖、頗る命に堪えず、是れを以て久しくは中に留まるを得ず。(『梁書』巻二四　蕭景伝)

制局監は領軍に属する武器製造局であったが、「近倖」――皇帝の側近寒人が任命された結果、長官である領軍の職権をしばしば壟断することが問題となっていた[31]。蕭昺はそれを是正しようとしたのである(その結果、蕭昺は早々に任を解かれたようではあるが)。つまり、臧盾にしても蕭昺にしても、領軍の属吏たちを抑え込む行政能力が評価されたのであって、軍人としてのそれが評価されたわけではない。

そもそも領軍・護軍を宗室に与えるようになったからといって、彼らに軍人としての才覚が芽生えるはずもなく、また武帝の目指した賢才主義も、儒教的教養を有する人材の登用であって、有能な軍人の抜擢ではなかった。そうした連中を領軍・護軍に任命しても問題にならなかったのは、梁は宋斉と異なり、首都周辺での軍乱が――少なくとも侯景の乱までは――生じなかったからである。

侯景の乱時、内号将軍の最高位であり、建康城内の中央軍を率いるべき中領軍に任じられていたのは朱异であった。彼は中書舎人を兼ね続けていたことからもわかるように、能吏として台頭した人物で、武帝の賢才主義を体現したような人物であったが、実際に建康城内の指揮を執ったのは朱异ではなく、北魏から梁に帰順した羊侃であった[32]。すなわち、南朝の首都建康を東魏からの降将が攻撃し、北魏からの降将が防衛するという奇妙な構図となったのだが、当の朱异といえば、左衛将軍に任命された経験すらあったにもかかわらず、侯景の乱を招いたことを皇太子に詰問されて憤死するという有様であった。同じ領軍であっても、東晋初期、蘇峻の乱の際に、病をおして奮戦して戦死した卞壼とは雲泥の差である[33]。朱异の後任として中領軍となったのはやはり朱异と同じく中書舎人を兼ねた傅岐であった。彼は侯景の和約提案が偽りであることを看破する鋭さをみせたが、時既に遅く、建康は陥落する。

梁建国の功臣を政治に参与させなかったことは、たしかに梁の安定と繁栄に貢献したであろうが、当時は天下が統一されていない乱世であり、しかもそうした功臣達があらかた退場した大通年間以降は、北魏が東西に分裂して中原の情勢が流動化する時期であった。そのような情勢において、有能な軍人・武将に首都防衛の任を担う高位の内号将軍を与えなかったのは、明らかに失策であった。

侯景の乱は、梁の武帝と朱异の判断ミス――政治上の失態によるものであったが、建康城防衛という本来の職責を果たせない人物に領軍・護軍を任命するという人事制度ではそのミスを取り繕うことができず、結果、南朝貴族制は事実上の終焉をむかえたのである。

[注]

(1) 張金龍二〇〇四。
(2) 小尾孝夫二〇〇四。
(3) 陳勇一九八八。
(4) 閻歩克二〇〇〇a。
(5) 『宋書』巻四十　百官志下
　領軍將軍、一人。掌内軍。……護軍將軍、一人。掌外軍。
(6) 『宋書』巻四十　百官志下
　領・護資重者爲領軍・護軍將軍、資軽者爲中領軍・中護軍。
(7) 東晋の領軍・護軍の就任者については、張金龍二〇〇四、第三編第十章、「東晋禁衛武官制度　三　門閥士族与東晋禁衛軍権」を参照しているが、荀崧のような西晋時代の就任者を含めているなどの問題がある。附表1は、張金龍氏が集めた就任者をさらに検討した上で掲載しているが、いちいち注記しない。
(8) この箇所を、本伝は前将軍とするが、前将軍とした場合、前将軍に輔国将軍を加えられたことになって、外号将軍を二つ帯びたことになる。また、この前には屯騎校尉、この後には游撃将軍になっていることから、ここは前将軍ではなく前軍将軍に任命されたと判断した。
(9) 『宋書』巻四十　百官志下
　左衛將軍、一人。右衛將軍、一人。二衛將軍掌宿衛營兵。
(10) 野田俊明一九八九。
(11) つづく宋代における類似の事例として、
　趙伯符　(略)…左衛将軍→(元嘉十五年)徐兗二州刺史→(元嘉十八年)領軍将軍→(元嘉二一年)豫州刺史→(元嘉二二年)護軍将軍→丹陽尹→卒(『宋書』巻五、四六)

劉秀之（略）…（大明元年）右衛将軍→丹陽尹→（大明三年）尚書右僕射→尚書右僕射領太子右衛率→（大明五年）使持節・散騎常侍・都督雍梁南北秦四州郢州之竟陵随二郡諸軍事・安北将軍・寧蛮校尉・雍州刺史→尚書左僕射（事未行）→（大明八年）卒、時年六十八（『宋書』巻八一）

などがある。なお、趙伯符が左衛将軍から徐兗二州刺史へと異動したことは、列伝ではなく『宋書』巻五　文帝紀にみえる。

（元嘉十五年）八月辛丑、以左衛將軍趙伯符爲徐兗二州刺史。

（12）小尾孝夫二〇〇四。

（13）例えば、明帝の即位当初に起きた晋安王子勛の反乱の際、皇帝となった劉子勛は張悦を領軍将軍に任命したが、実際に反乱軍を統合して攻撃してきたのは張悦ではなく、左衛将軍の孫沖之と右衛将軍の陶亮であった。

立宗廟、設壇場、矯作崇憲太后璽、令群僚上偽號於子勛。泰始二年正月七日、即位於尋陽城、改景和二年爲義嘉元年。…張悦領軍將軍・吏部尚書、征虜將軍如故。

…琬遣孫沖之率陳紹宗・胡靈秀・薛常寶・張繼伯・焦度等前鋒一萬、來據赭圻。沖之於道與子勛書曰、舟楫已辦、器械亦整、三軍踊躍、人爭效命、便欲沿流挂颿、直取白下。願速遣陶亮衆軍、兼行相接、分據新亭・南州、則一麾定矣。乃加沖之左衛將軍、以陶亮爲右衛將軍、統諸州兵俱下。（『宋書』巻八四　鄧琬伝）

（14）王玄謨が左衛将軍となったことは、列伝ではなく『宋書』巻六　孝武帝紀にみえる。

（孝建元年二月）辛卯、左衛將軍王玄謨爲豫州刺史。

（15）『南斉書』巻二九　呂安国伝

有疾、徵爲光祿大夫、加散騎常侍。安國欣有文授、謂其子曰、汝後勿作袴褶驅使、單衣猶恨不稱、當爲朱衣官也。

（16）この箇所、原文は左将軍であるが、以下に示す様に同時期に直閤となった連中がいずれも内号将軍を帯びているため、改めた。

前廢帝景和中、爲右軍將軍、直閤、封開國縣男、食邑三百戶。（『宋書』巻八三　武念伝）

前廢帝景和元年、召爲遊擊將軍、直閤。（『宋書』巻八三　宗越伝）

孝建三年、遷屯騎校尉・直閤、領南清河太守。景和元年、前廢帝誅群公、金等並爲之用。帝下詔曰、屯騎校尉南清河太守譚金・強弩將軍童太壹・車騎中兵參軍沈攸之、誠略沈果、忠幹勇鷙、消蕩氛翳、首制鯨凶、宜裂河山、以酬勳義。金可封平都縣男、太壹宜陽縣男、攸之東興縣男、食邑各三百戶。金遷驍騎將軍、增邑百戶。（『宋書』巻八三　譚金伝）

（17）　潜竜時代の明帝が出鎮したのは
　　南蘭陵下邳二郡太守〜南彭城東海二郡太守（元嘉三十年〜孝建二年正月）
　　徐州刺史（大明八年二月〜七月）
　　南予州刺史（永光元年正月〜六月）
　　雍州刺史（永光元年六月〜景和元年八月）
　　南予州刺史（景和元年八月〜十一月）
と、概算で四年弱であるのに対し、内号将軍となったのは
　　中護軍（孝建二年正月〜十一月）
　　侍中領游撃将軍（孝建二年〜孝建三年）
　　左衛将軍（孝建三年〜大明元年正月）
　　中護軍（大明元年正月〜大明三年三月）
　　領軍将軍（大明七年四月〜大明八年二月）
　　領軍将軍（大明八年九月〜永光元年正月）
約七年以上となる。

（18）　垣閎が後軍将軍・游撃将軍となったことは、列伝ではなく『宋書』巻八　明帝紀にみえる。
　　（泰始元年十二月）後軍將軍垣閎爲司州刺史。
　　（泰始三年閏月）戊寅、以游擊將軍垣閎爲益州刺史。

（19）　斉の左右衛将軍の就任者については、張金龍二〇〇四、第四編第十三章、「南斉禁衛武官制度　四　左・右衛将軍」を参照しているが、王琨のような宋代の就任者を含めているなどの問題がある。附表2は附表1と同じく、張金龍氏が集めた就任者をさらに検討した上で掲載しているが、いちいち注記しない。

（20）　黄門郎から廷尉を経て吏部郎となった人物として、羊玄保（宋・文帝期。『宋書』巻五四）、王琨（宋・文帝〜孝武帝期。『南斉書』巻三二）、張永（宋・孝武帝期。『宋書』巻五三）を挙げることができる。また、黄門郎を経てはいないが、中書郎から廷尉を経て吏部郎となった人物として張茂度（張裕。宋・武帝〜少帝期。『宋書』巻五三）がいる。なお、宋・文帝〜孝武帝期の孔覬は、黄門郎から吏部郎に異動できずに廷尉となった（『宋書』巻八四）。

(21) 安田二郎二〇〇三a。

(22) 『宋書』巻六五　杜幼文伝

後以發太尉廬江王褘謀反事、拝黄門侍郎。

『宋書』巻七九　文五王伝・廬江王褘

時褘住西州、故謂之西方公也。泰始五年、河東柳欣慰謀反、欲立褘、褘與相酬和。欣慰要結征北諮議參軍杜幼文・左軍參軍宋祖珍・前郡令王隆伯等。褘使左右徐虎児以金合一枚餉幼文、銅鉢二枚餉祖珍・隆伯。幼文具奏其事。

(23) 安田二郎二〇〇三b。なお、蕭道成はこの黄門郎領越騎校尉への任官を拒否したが、召還するための「エサ」が散騎常侍・太子左衛率に引き上げられると、召還に応じている。

(24) 崔文仲は蕭道成の驃騎諮議参軍と司馬（『南斉書』巻二、二八）、垣栄祖は同じく驃騎諮議参軍（『南斉書』巻二八）、荀伯玉は驃騎中兵參軍と太尉中兵参軍を経歴している（『南斉書』巻三一）。胡諧之は蕭賾が江州刺史であったときの別駕であった（『南斉書』巻三七）。

(25) 『南斉書』巻二九　周山図伝

太祖輔政、山圖密啓曰、沈攸之久有異圖、公宜深爲之備。太祖笑而納之。武陵王贊爲郢州、太祖令山圖領兵衞送。世祖與晉熙王燮自郢下、以山圖爲後防。攸之事起、世祖爲西討都督、啓山圖爲軍副。

(26) 『南斉書』巻五一　崔慧景伝

太祖在淮陰、慧景與宗人祖思同時自結。

(27) 『南斉書』巻五一　裴叔業伝

高宗爲豫州、叔業爲右軍司馬、加建威將軍・軍主、領陳留太守…叔業早與高宗接事、高宗輔政、厚任叔業以爲心腹、使領軍掩襲諸蕃鎭、叔業盡心用命。

(28) 『梁書』巻五一　呂僧珍伝

既至、高祖命爲中兵參軍、委以心膂。

(29) 蕭琛が領軍将軍となった正確な時期は不明だが、就任時期は、普通元年に宗正となってから、大通二年に特進・金紫光禄大夫となる間のことである。『梁書』巻二六　蕭琛伝参照。

(30) 榎本あゆち一九八五。

（31）越智重明二〇〇〇a。

（32）『梁書』巻五六　侯景伝

景即分襲姑孰、執淮南太守文成侯寧、遂至慈湖。於是詔以揚州刺史宣城王大器爲都督城内諸軍事、都官尚書羊侃爲軍師將軍以副焉。南浦侯推守東府城、西豐公大春守石頭城、軽車長史謝禧守白下。

羊侃は蕭大器の副官となっているが、実際に建康城防衛の指揮をとっているのは羊侃であった。『梁書』巻三九　羊侃伝参照。

（33）『晋書』巻七十　卞壷伝

峻至東陵口、詔以壷都督大桁東諸軍事・假節、復加領軍將軍・給事中。壷率郭默・趙胤等與峻大戰於西陵、爲峻所破。壷與鍾雅皆退還、死傷者以千數。壷・雅並還節、詣闕謝罪。峻進攻青溪、壷與諸軍距撃、不能禁。賊放火燒宮寺、六軍敗績。壷時發背創、猶未合、力疾而戰、率厲散衆及左右吏數百人、攻賊麾下、苦戰、遂死之、時年四十八。

終章

第一節　各章の要旨

まず各章の要旨をまとめておく。

第一章では、隋唐の文散官の一つである特進について検討した。特進は、漢代に設置されたものである。漢代の朝政・儀礼において重要な位置を占める朝会は、主として三公九卿などの高級官僚によって構成されていたが、二十等爵の最高位に位置する列侯も参加することができた。特進とは本来そうした朝会に参加する列侯に一等高い席次を与えるだけの加官であった。後漢末の戦乱によって、高位の将軍が濫発されると、従来の官僚身分体系が大幅に乱れることになった。そのため西晋において、身分を区分する基準を従来の官秩から官品へと切り替える改革がなされたが、その際あらたに五等爵が制定されたことによって列侯爵は実質的価値を失い、特進は爵の影響から切り離されることとなった。その後のごく一時期、特進は単独で用いられていたが、東晋から南朝にかけて、席次を与えるだけという特進とほぼ類似の機能を持つ光禄大夫の序列に吸収された結果、左右金紫光禄大夫＋開府儀同三司（一品）→左右金紫光禄大夫＋特進（二品）→左右金紫光禄大夫（二品）→銀青光禄大夫（三品）という、隋唐文散官の上位序列の祖型が形成されることとなった。如上の、列侯の加官から光禄大夫への加官へという特進の転換は、西晋における身分体系の変化が直接の理由ではあったが、それのみならず、列侯爵が有していた機能が南朝の光禄大夫、ひいては隋唐の散官へと引き継がれていることが傍証するように、漢から唐にかけての制度改変を象徴する動きでもあった。

第二章では、東晋から南朝にかけて、官品ではなく官職の清濁が昇進の基準となり、そのため官職の兼任を昇進とみなす事例が生じることとなったが、兼任によって官僚の地位が具体的にどう変動するか言及されたことはなかったため、侍中が内号将軍を兼任した事例を中心に、兼任による地位の変動について検討した。南朝には侍中→列曹尚書→中書令、太常→吏部尚書、中領軍・中護軍→尚書僕射、領軍・護軍将軍→尚書令という昇進経路が存在した。これと平行して、侍中→侍中領五校尉→侍中領前軍・後軍・左軍・右軍将軍→侍中領驍騎・游撃将軍→侍中領左右衛将軍（→尚書令）という侍中と内号将軍による序列が形成されていた。こうした侍中の序列が形成された理由は以下の通り。

一、東晋末から宋初にかけて、侍中領左右衛将軍に任命された人物が王朝交代の際に重要な役割を演じたため、侍中領左右衛将軍は南朝において「宰相の便坐」などと高く評価される地位となっていた。二、侍中は南朝においてほぼ虚職であったものの、侍中からみて昇進先にあたる列曹尚書よりも清官とみなされ、官人は昇進ルートを逆行してでも侍中を望むようになった。そのため昇進ルートを逆行した際に降格人事となることを防ぐために侍中に内号将軍を兼任させるようになった結果、侍中領左右衛将軍へと続く侍中の序列が形成された。三、魏晋期において、散騎常侍が加官として濫発され、その地位を低下させることになった。こうした濫発を避けたい当局にとって、散騎常侍と同じく皇帝の近侍たる内号将軍は散騎常侍の適当な代用品であり、南朝では高級官僚の間でさかんに内号将軍が兼任されるようになったことも、侍中と内号将軍の序列を形成する一因となった。

第三章では、内号将軍と同様に、南朝においては、ある官職と外号将軍を兼ねる官人が別ポストに昇進した際、同時に帯びる外号将軍を引き下げることによって、官人の地位を微調整することが行われていたことを確認した。こうした外号将軍の逆行において特徴的なのは、宋斉時代に関していえば、異動する官職に地方官や、刺史として出鎮した皇子の軍府の属官を含むことが非常に多いという点である。

魏晋においては、規定上は州刺史と郡太守・内史は同格の五品官であったが、東晋以降、州と郡の間に格差が生じ、また州と郡の内部においても揚州や丹陽尹を頂点とする序列が形成され始めた。そうした地方官における格差を調整し、過度の昇進を防ぐために外号将軍を逆行させていたと考えられる。

州刺史は都督制の進展によって、郡太守は八王の乱・永嘉の乱時における将軍の濫発によって外号将軍を帯びるものが数多く存在していた。また、皇子軍府の属官である長史や司馬は、皇子が担当する州内の郡太守を帯びることが多かったが、皇子とこうした属僚との統属関係を回避するために、皇子府の属僚が外号将軍を帯びることが期待されていたと思しく、この二点が外号将軍の逆行による地位調整を可能とした背景にあった。

梁陳時代においても、引き続いて外号将軍の逆行による地位調整が行われていたが、宋斉時代では起家官すら判明しない武人達の昇進を抑えるという側面をも有していたのに対し、梁陳時代では、外号将軍の序列が独立・肥大化することによって武人の昇進を遅らせる仕組みが形成されたことにより、もっぱら宗室、特に梁の武帝の皇子の間で突出した者がでないように地位を微調整することへと目的が変化した。

こうした外号将軍の逆行による官人の地位調制は、外号将軍の序列の上に位置する三公、また外号将軍と対になる光禄大夫の序列においても行われていた。

第四章では、南朝正史にみえる満報あるいは満叙なるタームを検討した。満報・満叙とは、それを賜与することによって、官人の任期を強制的に満了させて無官とし、現任と同等の地位を保持させることを意味する。換言すれば、某官の任期を無事満了すれば、離職した後も現任と同等の地位が与えられていたのであり、漢代における功次による昇進が南朝に継承され、なおかつ唐代における前資官という概念が既に存在していたことを示す。しかし、実際には南朝では過失がないにもかかわらず任期を全うしないうちに職を解かれる事例が非常に多かった。当時は官職を複数保持することによって官人の地位が表象されており、一方的に官職を解かれると降格人事となってしまうため、解かれた官職の代替として内号・外号将軍が用いられていた。ただし代替の将軍号を与えられたのは、もっぱら上級・中級官人であった。南朝ではエリート達が短期間で官職を遷転していくのになかば振り回される形で、下級官人は己が所属する地方幕府の解体などによって職を解かれても代替を与えられることはなく、キャリアを蓄積することができなかったのである。

第五章では寒門軍功層の昇進経路について検討した。『大唐六典』および『通典』には、侍中から尚書令・司空へといたる、最上層に位置する官人の昇進経路がみえる。この昇進経路は、三公・九卿および、三省の長官クラスの官職によって構成されているが、その中に、領軍・護軍将軍および中領軍・中護軍も含まれている。これら領軍・護軍は最上位の内号将軍で、東晋時代においては、その就任者の半数以上が侍中経験者であり、のこる半数においても前述の昇進経路中の官職、あるいは吏部郎や中書郎・黄門郎など下位の清官を経歴している。換言すれば、領軍・護軍は清官であり、また前述の昇進経路が東晋時代にはほぼ完成していたことを意味する。

しかし、領軍・護軍の就任者は宋末から斉にかけて変化する。宋の明帝期以降、驍騎・游撃以下の内号将軍は、軍功にたいする褒賞として濫発されて定員を失ったが、そうした驍騎・游撃以下の内号将軍を獲得し昇進してきた寒門軍功層が領軍・護軍に就任するようになった。こうした連中は本来清官とは無縁であるが、左右衛将軍を経由していることが注目される。左右衛将軍は宋初において侍中とほぼ同格の地位を獲得していた清官であったが、宋の孝武帝による中央軍改変によって軍人が任用されるようになると、寒門軍功層はそれをバイパスとして列曹尚書さらには領軍・護軍へと進出するようになり、結果として、内号将軍によって構成される、寒門軍功層の昇進経路が形成されるに至った。また、同時期には、皇帝との個人的関係が必要ではあったものの、寒門軍功層が侍中の下に位置する清官である黄門郎にも任命されるようになる。こうした寒門軍功層による清官への侵蝕が深刻化する中で即位したのが梁の武帝であった。

梁の武帝は貴族制の再編を目指したため、寒門軍功層が黄門郎に任命されることはなくなり、左右衛将軍および領軍・護軍の任命者における寒門軍功層の割合も激減した。ただ、武帝は賢才主義にもとづき、中書舎人を経験した能吏を領軍・護軍に登用したが、こうした能吏には軍人としての素養はなかった。侯景の乱時において中領軍であったのは、賢才主義の象徴というべき朱异であったが、建康城の守備という本来の職掌を果たすことができないまま建康城は陥落し、南朝貴族制は事実上壊滅したのであった。

第二節　魏晋南朝遷官制度の特質

本書が対象とした魏晋南朝は、我が国においては、卑弥呼と壱与（台与）、そして倭の五王（讃・珍・済・興・武）の時代に相当する。彼らはいずれも中国に貢納し、結果として称号が与えられているが、正式な称号が判明しない壱与を除くと、卑弥呼と倭の五王との間で、与えられた称号が異なっている。すなわち、卑弥呼には「親魏倭王」という王爵のみが与えられたのに対し、倭の五王には王爵のみならず、将軍号と都督もあわせて賜与されたのである。倭の五王の時代の中国は、まさしく将軍と都督の時代であった。その背景にあったのは、第一章で述べたように、本来常設の官職ではなかった将軍の、後漢末の戦乱による増殖・常官化である。そしてその増殖が、東晋南朝における外号将軍の虚号化を招き、それにやや遅れる形で、ごく一部を除いた内号将軍の虚号化をも招き、結果、南朝の将軍は官人の地位を調整するための分銅へと転化していく。

さて、倭の五王のうち、倭王珍は、宋に貢納した際、自称するところの使持節・都督倭百済新羅任那秦韓慕韓六国諸軍事・安東大将軍・倭国王の正式任命を要求したが、宋が与えたのは安東将軍・倭国王に過ぎなかった(1)。このときの宋の皇帝は文帝・劉義隆であるが、その兄の劉義真は、宋に先立つ東晋の義熙年間に、安東と同格である安西将軍から建威将軍にあっさり逆行している（第三章の事例3）。前述したように、東晋末から南朝の人間にとって、外号将軍は地位調節のための分銅に過ぎなかった。しかし、倭王にとっては、高句麗や百済の王と地位を比較する直接の指標となり得るからこそ、安東大将軍を自称し、また宋に承認を求めたのである。両者の間で、外号将軍に対する感覚が異なっていたことは疑いあるまい。

倭王に与えられた将軍号が降格するのは倭王が代替わりをしたときだけであり、倭王一個人に与えられた外号将軍は昇進している(2)。なぜ倭王の外号将軍が逆行しなかったかといえば、外国の王である倭王が他地域に異動することなどありえなかったからであり、上下し得る変数が将軍号しかなかったからであるが、むしろ倭王の将軍号の方が、年功序列によって官位を少しずつ上昇させていく中国専政時代の官僚制の常識に近いのであって、内号なり外号なり将軍号を逆行させて過度の昇進を抑えなければならなかった東晋南朝の遷官制度の方が異常だったのであり、抑制しなければならない程の過度の昇進は、尋常ならざる速度での異動によって生み出されていた。

官人の異動の速さは、九品官人法の貴族化が始まる西晋において既に問題視されていた。昇進速度を抑えるべき事を最初に主張したのは傅玄と思しいが、ここでは、傅玄よりやや遅れる李重の意見をみてみたい。

晉始平王文學李重又た等級繁多にして、又た外官軽くして内官重く、風俗をして大いに弊れしむれば、宜しく釐改して、外選を重んじて、階級を簡にして、官をして久からしむべしと以為う。議して曰く「……漢魏以來、内官の貴きこと、今において最も崇し、而して百官の等級遂に多く、遷補轉徙流るるが如し、能否は以て著ること無く、黜陟は彰らかにするを得ず、此れ理を為すの大弊なり。夫れ階級繁多にして官久しきを冀い、官久しからずして理功成るを冀うも、得るべからざるなり。……臣以為えらく、今宜しく大いに群官の等級を幷せ、班を同じくする者をして復た稍遷するを得ざらしめん。又た法外議罪の制を簡にし、試守左遷の例を明らかにすれば、則ち官人の理盡き、士必ず能を量りて爵を受けん。職に居る者日久しければ、則ち政績考うべく、人心自ずから定まり、務めて諸を己に求むるなり」と。帝これを善しとすと雖も、竟に行う能わず。

（『通典』巻一六　選挙四　雑議論上）

「百官の等級遂に多く、遷補轉徙流るるが如し」と述べている様に、速いペースで異動がなされるのは、「百官の等級」が多いためであり、「百官の等級を幷せ」ることによって、簡単に異動ができないようにして、一つのポストに留まる任期を長くすべきだと主張していることがわかる。異動速度を速める原因である、「百官の等級」過多に、常官化した将軍が一役買っていたことは疑いあるまい。

さて、李重によれば、異動スピードを抑える――久任――ためには、ポスト削減――省官――が必要ということになるが、この久任と省官という二つの問題点を、西晋はもとより、後継の東晋南朝の諸政権も克服することができなかった。

九品官人法の貴族化が進展するにつれ、宮崎市定氏が

一歳数遷というのが名流貴族の誇りであるのに反して、何時までも同じ場所に辛抱しているのが寒士、寒人の運命であった。されば列伝を読んで経歴した官名が多いほど名門であり、履歴が少ないほど寒官であった

と結論して誤らないであろう(3)。

と指摘したように、名流貴族の昇進速度は、「一歳数遷」という尋常ならざるスピードへと加速する。寒士・寒人はその下位にて足踏みを余儀なくされていたのであり、その理由の一つとして、省官によって解職された際、彼らには代替となる官職が与えられないためにキャリアを蓄積することができないという人事制度の「欠陥」があったことは、第四章において述べたとおりである。しかし、寒士・寒人達に足踏みを強いる省官は王朝交替や王朝内交替に起因することがあり、宋後半から斉にかけて、しばしばそうした機会が生じた際に軍功を挙げることができれば、彼らもそのスピード競争に参入してゆくことができるようになっていった。とはいえ、貴族であろうと寒人であろうと、「一歳数遷」というペースで異動するのでは、ポストについたところで職能を発揮することはまず不可能である。もっぱら貴族達が任命される上官が頻繁に異動していく一方で、実権は同じポストに甘んじ続けなければならない寒人――特にそうした連中が任命される胥吏――へと移ることになり、結果、将軍のみならず、最上位の将軍と接続する三公や、尚書令といった政府の中枢ポストは障害物競走のチェックポイントへと変質していく。『顔氏家訓』において批判の対象となった南朝貴族の空洞化は、久任の問題と密接にかかわっているのである。

九品官制を再定義するという非常にドラスティックな改革をおこなった梁の武帝も、久任と省官という西晋以来の課題を克服することはできなかった。まず、久任について、武帝は起家の年齢を遅らせることによって、一流貴族が若年で高位に達するのを防ごうとしたようであるが(4)、任期そのものを長くすることはしなかったようである(5)。また、寒門軍功層の昇進を抑えるために、外号将軍の数を大幅に増やしたことは、第三章で述べたとおり、既に高橋徹氏と岡部毅史氏によって指摘されているが、この手段は必ずしも久任とは結びつかないし、省官とは全く逆の手段である。

外号将軍のみならず、武帝はポストを増やす方針を採った。従来あまり指摘はされていないが、武帝は地方官を大幅に増員している。武帝期には領土の変化がほとんどなかったにもかかわらず、即位当初二三であった州の数が、大同年間には百以上に細分化されているのである。(6) また、中央政府のポストについても、東晋において冗員とみなされ、桓温がその一部を削減したこともある九卿を、(7) 武帝は十二卿に増員している。

官職の兼任も省官のケースに類似する。魏晋南朝の官人の肩書きを複雑にした要因の一つとして侍中や散騎常侍がさかんに加えられたことを第二章にて指摘したが、その淵源は、後漢末の尚書令である荀彧、および曹魏の太尉である司馬懿と大将軍である曹爽に侍中が加えられた三例に過ぎない。しかし、曹魏において既に侍中のみならず散騎常侍も加官として与えられるようになり、加えられる対象は中書系統や九卿に拡大し、侍中・散騎常侍の代替として内号将軍が加えられ、さらに侍中領衛のバリエーションも形成されていった。「百官の等級」は省かれるどころか、必要以上に複雑にされてしまったのである。

いったん複雑なシステムが形成されてしまうと、それを単純化することは——ことに、先例遵守を旨とする貴族達が幅をきかせていた時代においては——容易なことではない。第二章でみたように、南斉においては加官としての侍中や散騎常侍の濫発を抑制しようとしてはいたが、その代替として内号将軍を用いていたことからもわかるように、貂蟬濫発を抑制しようとしていただけに過ぎず、官職の兼任による複雑な遷官制度そのものを解消しようとしていたわけではなかった。また、賢才主義を目指したとはいえ、基本的には貴族との協調を目指した梁の武帝にも、抜本的な改革はどだい無理なことであり、結局のところ、省官と久任という西晋以来の懸案が解決されないどころか、逆に悪化する中で、東晋南朝の遷官制度は展開していったといえる。

結局のところ、李重の主張する久任と省官が達成されたのは、九品官人法を廃止した隋、その後継政権である唐の律令官制――すなわち南北朝統一後においてであった。まず久任については、考課の年限が一律四年に定められたことにより、南朝のような「一歳数遷」という状況はなくなった。また、天下を統一した隋の文帝が、州・郡・県という三層の地方行政単位を州県の二層に削減することによって、大幅な省官にも成功している。さらに重要なのは、省官が単なるリストラを名目としたクビ切りではなく、第四章で述べたように、唐律の規定においては、省官によってポストを失った後でも、前資官として官吏待遇を失わなかった、という点である。つまり、ポストを失ったことがマイナスに作用せず、それまでの経歴を生かすことができるシステムが構築されたのである。

これほど抜本的な改革をなしえたのは、隋唐の皇帝権力が、南朝のそれとは比べものにならないほど強大であったことにつきると思われる。隋唐皇帝の淵源である西魏・北周は北朝で培われた官制を放棄して『周礼』の六官制を採用し、たてまえの上では清濁が存在しないという官制を再構築することに成功した(8)。それは、西魏・北周政権が、敵対する東魏・北斉政権に対して小規模であり、なおかつ軍事的に劣勢であったことが直接の原因であろうが、北周は北斉を滅ぼして旧来の山東の名族を軍事的に屈服させ、強権を手に入れることに成功したのである。しかし、北周の禅譲を受けた隋は、屈服させた側である北斉の官制を採用するにいたる。さらにいえば、北斉官制の母体である北魏官制は、墓誌などの新出史料によって根本的な再検討が求められている。こうした北朝官僚制にかんする問題を今後の課題として本書を終えることとしよう。

[注]

(1)『宋書』巻九七　夷蛮伝

讃死、弟珍立、遣使貢獻。自稱使持節・都督倭百済新羅任那秦韓慕韓六國諸軍事・安東大将軍・倭國王。表求除正、詔除安東将軍・倭國王。

(2) 倭の五王のうち、将軍号が変化したのは、済と武であり、前者は安東将軍から安東大将軍へ、武は安東大将軍から鎮東大将軍、さらに征東大将軍となっている。なお、武の征東大将軍という称号は『南史』巻七九　夷貊伝下・東夷にもとづく。

(3) 宮崎市定一九五六、第二篇第四章、「梁陳時代の新傾向　五　蘊位・勲位と胥吏の起源」。

(4) 『梁書』巻一　武帝紀上には、南斉末のこととして、

且聞中間立格、甲族以二十登仕、後門以過立試吏、求之愚懐、抑有未達。

と、甲族――一流貴族が二十歳で起家していたことがみえるが、武帝の即位後、『梁書』巻二　武帝紀中に

(天監)四年春正月癸卯朔、詔曰、今九流常選、年未三十、不通一經、不得解褐。若有才同甘・顏、勿限年次。

とあるように、経書に通じていない限り、三十歳が起家の年齢となった。ただし、『梁書』巻三八　朱异伝に

舊制、年二十五方得釋褐。

とあるように、起家の年齢は二五歳に引き下げられたらしい。詳しくは宮崎市定一九五六、第二篇第四章、「梁陳時代の新傾向　七　梁武帝の貴族主義」および「八　学館と試経制度を参照」。

(5) たとえば『梁書』巻四九　文学伝上にみえる周興嗣は、天監九年に新安郡丞に任ぜられたあと、「秩満」すなわち任期満了により、員外散騎侍郎となった後、天監十二年に給事中に任ぜられている。新安郡丞の任期は長くとも三年となるが、これは宋の孝武帝時代に短縮された任期＝小満に相当する。第四章第一節参照。

(6) 胡阿祥二〇〇五、「中編　六朝政区制度研究　第十章　六朝政区増置与濫置　第一節　増置・濫置的数量統計」。

(7) 川合安一九八四。

(8) 『隋書』巻五六　盧愷伝

自周氏以降、選無清濁。

『隋書』巻七二　孝義伝・陸彦師

隋承周制、官無清濁。

引用文献一覧

和文（著者名五十音順）

阿部幸信一九九九　「漢代の印制・綬制に関する基礎的考察」、『史料批判研究』三。
池田　温一九九七　『唐令拾遺補』、東京大学出版会。
石井　仁一九九一　「漢末州牧考」、『秋大史学』三八。
伊藤徳男一九五四a　「前漢の三公について」、『歴史』八。
――一九五四b　「前漢の九卿について」、『東方学論集』一。
榎本あゆち一九八五　「梁の中書舎人と南朝賢才主義」、『名古屋大学東洋史研究報告』一〇。
越智重明一九六三　「五等爵制」、同氏『魏晋南朝の政治と社会』吉川弘文館、第二篇第四章。
――一九八二　「制度的身分＝族門制をめぐって」、同氏『魏晋南朝の貴族制』、研文出版、第五章。
――一九八五　「宋の孝武帝とその時代」、同氏『魏晋南朝の人と社会』、研文出版、第四章。
――二〇〇〇a　「領軍将軍と護軍将軍」、同氏『中国古代の政治と社会』、中国書店、下篇　魏晋南朝の政治と社会　第二章。
――二〇〇〇b　「六朝の免官、削爵、除名」、同右書、下篇　魏晋南朝の政治と社会　第五章。
大庭　脩一九八二a　「漢王朝の支配機構」、同氏『秦漢法制史の研究』、創文社、第一篇第二章。
――一九八二b　「漢の徙遷刑」、同右書、第二篇第四章。

――一九八二c「前漢の将軍」、同右書、第四篇第一章。

――一九八二d「漢代における功次による昇進」、同右書、第四篇第六章。

――一九八二e「漢代官吏の勤務と休暇」、同右書、第四篇第七章。

――一九九五「漢代の貴族」、村井康彦編『公家と武家――その比較文明史的考察――』、思文閣。

――二〇〇三「魏晋南北朝告身雑考――木から紙へ――」、『唐告身と日本古代の位階制』、学校法人皇学館出版部。

岡部毅史一九九八「梁陳時代における将軍号の性格に関する一考察――唐代散官との関連から――」、『集刊東洋学』七九。

――二〇〇一「晋南朝の免官について――「免所居官」の分析を中心に――」、『東方学』一〇一。

小尾孝夫二〇〇四「劉宋孝武帝の対州鎮政策と中央軍改革」、『集刊東洋学』九一。

小尾孟夫二〇〇一a「晋代における将軍号と州都督」、同氏『六朝都督制研究』、溪水社、第一部第二章。

――二〇〇一b「東晋における多州都督制」、同右書、第一部第三章。

――二〇〇一c「劉宋における州都督と軍事」、同右書、第一部第四章。

――二〇〇一d「南斉における征討都督」、同右書、第二部第八章。

神矢法子一九七八「晋時代における王法と家礼」、『東洋学報』六〇―一・二。

川合　安一九八四「桓温の「省官併職」政策とその背景」、『集刊東洋学』五二。

――一九九五「沈約の地方政治改革論」、中国中世史研究会編『中国中世史研究　続編』、京都大学学術出版会。

――二〇〇四「南朝貴族の家格」、『六朝学術学会報』五。

―――二〇〇五「門地二品について」、『集刊東洋学』九四。

窪添慶文二〇〇三「北魏における「光禄大夫」」、同氏『魏晋南北朝官僚制研究』、汲古書院、第一部第四章。

小林　聡一九九三「六朝時代の印綬冠服規定に関する基礎的考察――『宋書』礼志に見える規定を中心にして――」、『史淵』一三〇。

小林　昇一九四四「両漢を通じて見たる列侯と其の封邑の関係」、『東洋史会紀要』。

坂元義種一九七八「五世紀の日本と朝鮮の国際的環境――中国南朝と河南王・河西王・宕昌王・武都王――」、同氏『古代東アジアの日本と朝鮮』、吉川弘文館、第五章。

佐藤達郎一九九六「漢代官吏の考課と昇進――功次による昇進を中心として――」、『古代文化』四八―九。

下倉　渉一九九六「散騎省の成立――曹魏・西晋における外戚について――」、『歴史』八六。

高橋　徹一九九五「南北朝の将軍号と唐代武散官」、『山形大学史学論集』一五。

礪波　護二〇〇一「唐末五代の変革と官僚制」、同氏『唐宋の変革と官僚制』、中公文庫、Ⅲ。

中村圭爾一九八七a「「品」的秩序の形成」、同氏『六朝貴族制研究』、風間書房、第一篇第一章。

―――一九八七b「九品官制における官歴」、同右書、第二篇第二章。

―――一九八七c「除名について」、同右書、第三篇第一章。

仁井田陞一九三三『唐令拾遺』、東方文化学院。

永田英正一九七二「漢代の集議について」、『東方学報』四三。

野田俊明一九七七a「東晋南朝における天子の支配権力と尚書省」、『九州大学東洋史論集』五。

――一九七七b「晋南朝における吏部曹の擬官をめぐって」、『九州大学東洋史論集』六。

――一九八六「南朝の官位をめぐる一考察」、『九州大学東洋史論集』一五。

――一九八九「南朝の官位と家格をめぐる諸問題」、『史淵』一二六。

――一九九〇「南朝の郡太守の班位と清濁」、『史淵』一二七。

――一九九七「宋斉時代の参軍起家と梁陳時代の蔭制」、『九州大学東洋史論集』二五。

福井重雅一九八八「漢代の察挙制度と政治体制」、同氏『漢代官吏登用制度の研究』、創文社、第四章。

藤川正数一九五〇「魏晋時代における喪服礼に関する学術の経学史的地位」、同氏『魏晋時代における喪服礼の研究』敬文社、序説三。

堀池信夫一九八八「『周礼』の一考察」、同氏『漢魏思想史研究』、明治書院、第一章第四節。

宮崎市定一九五六『九品官人法の研究――科挙前史』、東洋史研究会。（『宮崎市定全集』6、岩波書店、一九九二。『九品官人法の研究――科挙前史』、中公文庫、一九九七）。

守屋美都雄一九六八「曹魏爵制に関する二三の考察」、同氏『中国古代の家族と国家』、東洋史研究会、国家篇第七章。

安田二郎二〇〇三a「晋安王子勛の反乱と豪族・土豪層」、同氏『六朝政治史の研究』、京都大学学術出版会、第Ⅱ編第六章。

――二〇〇三b「南斉高帝の革命軍団と淮北四州の豪族」、同右書、第Ⅱ編第七章。

米田健志一九九八「漢代の光禄勲――特に大夫を中心として――」、『東洋史研究』五七―二。

渡辺信一郎一九九四「孝経の国家論」、『中国古代国家の思想構造――専制国家とイデオロギー――』、校倉書房、第二部第五章。

―――一九九六『天空の玉座――中国古代帝国の朝政と儀礼』、栢書房。

中文（著者名拼音順）

陳戍国一九九五「晋朝喪葬礼儀（下）」、同氏『中国礼制史』、湖南教育出版社、魏晋南北朝巻・第二章第七節。

陳蘇鎮一九八九「南朝散号将軍制度考弁」、『史学月刊』一九八九―三。

陳奕玲二〇〇二「魏晋南朝軍号散階化的若干問題」、『燕京学報』新一三期。

陳　勇一九八八「劉宋時期的皇権与禁衛軍」、『北京大学学報（哲学社会科学版）』一九九八―三。

胡阿祥二〇〇五『六朝疆域与政区研究（増訂本）』、学苑出版社。

黄清連一九八七「唐代散官試論」、『中央研究院歴史語言研究所集刊』五八―一。

廖伯源一九九七「東漢将軍制度之演変」、同氏『歴史与制度――漢代政治制度試釈』、香港教育図書公司。

汪徴魯一九九五『魏晋南北朝選官体制研究』、福建人民出版社。

王徳権一九九一「試論唐代散官制度的成立過程」、中国唐代学会編集委員会編『唐代文化研究会論文集』文史哲出版社。

閻歩克一九九七「《南斉官品》拾遺」、同氏『閻歩克自選集』、広西師範大学出版社。

―――二〇〇〇a「仕途視角中的南朝西省」、『中国学術』二〇〇〇年第一期。

―――二〇〇〇b「南北朝的散官発展与清濁異同」、『北京大学学報（哲学社会科学版）』二〇〇〇―二。

―――二〇〇一「隋代文散階制度補論」、同氏『楽師与史官　伝統政治文化与政治制度論集』、三聯書店。

――――二〇〇二「西魏北周軍号散官双授考」、同氏『品位与職位　秦漢魏晋南北朝官階制度研究』、中華書局、第九章。
厳耕望一九六三「都督区」、同氏『中国地方行政制度史　乙部　魏晋南北朝地方行政制度』、中央研究院歴史語言研究所、上冊、第一章下。
張金龍二〇〇四『魏晋南北朝禁衛武官制度研究』、中華書局。
周一良一九六三「《南斉書・丘霊鞠伝》試釈兼論南朝文武官位及清濁」、同氏『魏晋南北朝史論』、中華書局。（『周一良集』第一巻、遼寧教育出版社、一九九八）。
――――一九八五「将軍位号高下」、同氏『魏晋南北朝史札記』、中華書局、《宋書》札記。（『周一良集』第二巻、遼寧教育出版社、一九九八）。

あとがき

本書は、二〇〇八年三月に、京都大学大学院文学研究科に提出し学位を授与された博士論文に補訂を加えたものである。各章の初出は以下の通り。

序　章　書き下ろし
第一章「特進の起源と変遷――列侯から光禄大夫へ――」、『東洋史研究』五九巻四号、二〇〇一年
第二章「魏晋南朝の遷官制度に関する二三の問題――侍中領衛を中心として――」、『東方学報』第七八冊、二〇〇六年。
第三章「南朝における外号将軍の再検討」、宮宅潔編『中国古代軍事制度の総合的研究　平成二〇～二四年度科学研究費補助金（基盤研究B）研究成果報告書』二〇一三年三月
第四章「満と解――晋南朝人事制度の再検討に向けて――」、『東方学報』第八五冊、二〇一〇年。
第五章　書き下ろし
終　章　書き下ろし

なお、第五章は、プリミエ・コレクションとして出版するにあたって新たに増補したものである。
官僚制度のごく一部分である遷官制度という、とっつきにくい内容である本書の出版について御相談に伺った際、プリミエ・コレクションとして出版するのだから、東洋史以外の分野の研究者や初学者も手に取

りやすいものにしましょうと、出版を快諾頂いたのみならずアドバイスもして下さった、京都大学出版会の鈴木哲也編集長および國方栄二氏のお二方にまず感謝申し上げる。とくに國方氏には、博士論文を査読していただいた諸先生方とは違う角度から問題点を指摘していただいた。また、わたくしの遅筆によってご迷惑をおかけしたこともあわせてお詫び申し上げる。

わたくしに本書の出版を強く勧めて下さったのは、人文科学研究所の冨谷至教授であった。その強い勧めに対して逡巡していたわたくしに、やはり出版を勧めて下さった宮宅潔准教授、研究班などにおいて何かと気をかけて下さり、また漢籍にかんする様々な知識を授けて下さった井波陵一教授、わたくしの研究に対して冗談などまじえつつ問題点を指摘して下さったり、学術や宗教など六朝時代の他分野における研究動向を御教示下さった古勝隆一准教授、これらの人文科学研究所の諸先生方にもあわせて感謝申し上げる。

また、卒業論文、修士論文、博士論文を査読いただいた文学部の諸先生方にも謝辞を捧げたい。

永田英正先生の謹厳実直な研究スタイルは、わたくしの理想とするところである。じつのところ、本書第三章は、永田先生の「居延漢簡の集成」のようなスマートな形に仕上げたかったのであるが、整理しようとすればするほど似ても似つかぬものになってしまい、自身の力量不足を痛感させられた。

礪波護先生の自由闊達でありながら一分の隙も無い研究スタイルもまた憧れるところではあるが、自由に書こうとすれば隙だらけ、隙を無くそうとすれば窮屈になるばかりで、模倣することすら覚束ない。

夫馬進先生には、卒論・修論・博論全てを査読していただいた。その度ごとに、歴史研究の意義と目的について根本から考えさせられるコメントを頂いた。

杉山正明先生には、査問の際、応答に窮するわたくしに対して、思わぬ方向から助け船を出して頂いた事が幾度かあり、それが次の研究の起点やヒントとなっている。

吉本道雅先生には、わたくしの博士論文の主査を担当して頂き、有益なコメントを多数頂いた以外にも、増補すべき新出史料についてもご指摘下さった。

中砂明徳先生にも、わたくしが見落としていた問題点を多数ご指摘頂いた。これらの先生方からの学恩に対して御礼申し上げる。

自身の研究の歩みを振り返ると、その余りの遅さに愕然とする。これは何もわたくしが慎重居士だったからではなく怠惰であったに過ぎないのだが、それ以外にも簡牘や石刻、敦煌・吐魯番写本など、魅力的な資料への「浮気」も原因のひとつであった。この様に二兎どころではない数の兎を追いかけ、一兎だに得られなかったわたくしが、一応なりとも遷官制度にかんする研究成果をまとめることができたのは、二〇〇六年から翌年にかけ、北京大学の中国古代史研究中心に訪問学者として一年間滞在することができたからであった。

その際、本書においてしばしば言及した閻歩克先生にお目にかかることができた。閻先生は北京大学の「最受学生愛戴的十佳教師」にしばしば選ばれる超人気教授だけあって、その講義はつねに受講者で溢れかえっており、なかなか聴講はできなかったけれども、研究室での学生達との討論の場などにおいて先生の学風に接することができ、大いに感激したものである。それに加えて、葉煒先生による非常に密度の濃い講義を受け、また羅新先生が主催された東牌楼漢簡の輪読会にも参加することができ、非常に大きな刺激を受けた。これらの諸先生方にも御礼申し上げる。

最後になるが、わたくしの研究を献身的に支えてくれた家族、とくに妻・真木子と亡父・節雄に本書を捧げたい。

本書の刊行にあたっては、京都大学の平成二十四年度総長裁量経費　若手研究者に係る出版助成事業の助成を受けた。末筆ながらあわせて感謝申し上げる。

二〇一三年三月

著者　識

1　人名索引

【あ行】

【か行】

【さ行】

【た行】

2　事項・官職名索引

【か行】

【さ行】

【た行】

【な行】

【は行】

【ま行】

【や行】

【ら行】

【わ行】

著者略歴

藤井　律之（ふじい　のりゆき）

京都大学人文科学研究所助教

一九七四年　広島県広島市生まれ

二〇〇一年　京都大学大学院文学研究科博士課程中退（東洋史学専修）

二〇〇八年　京都大学博士（文学）

主要論文

「北朝皇帝の行幸」（前川和也・岡村秀典編『国家形成の比較研究』学生社、二〇〇五年）

「罪の「加減」と性差」（冨谷至編『江陵張家山二四七号墓出土漢律令の研究』朋友書店、二〇〇六年）

「西陲発現淮南子時則訓小考」（『敦煌写本研究年報』第三号、二〇〇九年）

プリミエ・コレクション 32

魏《ぎ》晋南朝《しんなんちょう》の遷官制度《せんかんせいど》

二〇一三年三月三十一日　初版　第一刷発行

著者　藤《ふじ》井《い》律《のり》之《ゆき》

発行者　檜山爲次郎

発行所　京都大学学術出版会

〒606-8315　京都市左京区吉田近衛町六九京都大学吉田南構内

電話〇七五(七六一)六一八二　FAX〇七五(七六一)六一九〇

URL http://www.kyoto-up.or.jp/

印刷所　亜細亜印刷株式会社

©Noriyuki Fujii 2013　Printed in Japan

定価はカバーに表示してあります

本書のコピー、スキャン、デジタル化等の無断複製は著作権法上での例外を除き禁じられています。本書を代行業者等の第三者に依頼してスキャンやデジタル化することは、たとえ個人や家庭内での利用でも著作権法違反です。

ISBN978-4-87698-275-2 C3322